高等职业教育财经商贸类专业基础课"经世济民 立德树人"新形态一体化教材
中国商贸经典文化系列教材

中国商贸文化

（第二版）

成光琳 杜 柳——主编

王彦峰 王建强——副主编

中国教育出版传媒集团

高等教育出版社·北京

内容简介

本书是"十四五"职业教育国家规划教材，也是高等职业教育财经商贸类专业基础课"经世济民 立德树人"新形态一体化教材，还是中国商贸经典文化系列教材之一。

本书以中国商贸历史发展为基础，梳理了商贸文化在源远流长的历史中的发展脉络，也参照了当代各界人士对商史的研究和实践探索成果。从中国历史上商贸活动的文化因素切入，介绍了中国商贸文化的起源发展、路径探索、元素构成、道德传承及内涵等方面的内容。

本书在设计理念上以立德树人为引领，强化课程思政教育，突出文化自信，注重多元育人。本书立足于商贸企业与行业需求，全面适应现代服务业的发展要求，在书中融入具体工作岗位技能实践必需的德育元素、知识内容和文化基因，以提升时代性、内涵性和多元性。在结构和内容上，本书分为商史、商路、商人、商帮、商号、商策、商战、商道八个专题，从不同角度和类别介绍中国商贸文化，走进中国商业历史，提炼中国商人的经营智慧，探索面向未来的商贸策略。本书将宏观把握与微观思考相结合，将商贸史料与现代实际相联系，将前人智慧与今人探索相对比，努力集历史性、真实性、知识性、趣味性于一体，具有独特的阅读和学习价值。

本书在中国大学MOOC平台上建有"中国商贸文化"在线开放课程，配套建设有课程标准、教学课件、微课、拓展阅读、习题等类型丰富的数字化教学资源，并将其中的优质资源以二维码形式展示在书中，以方便线上线下混合式教学的开展。具体学习和使用方式请见书后"郑重声明"页的资源服务提示。

本书既可供高等职业教育专科、本科院校，中等职业院校和应用型本科院校财经商贸类专业开展商贸文化教育和文化类通识教育使用，也可供所有对中国商贸文化感兴趣的读者学习参考使用。

商贸的力量——"中国商贸经典文化"总序

　　世界上任何一种文明的兴起和繁盛，几乎都是从商贸开始的。古希腊文明的兴起就是源自其独特的自然地理环境所造就的海外贸易与工商业的发达。古印度文明的兴起也得益于其与古代阿拉伯地区繁荣的贸易往来的推动。古代中国更是如此，我们在讨论先秦历史时，总是要谈到商人与商业在其中扮演的极其重要的角色，以范蠡、白圭、吕不韦等为代表的一大批富商大贾已经成为先秦中国的重要标志。后来，美国的兴起也遵循着这样的规律，它既是因贸易而建国，又是因贸易而发展繁荣直至达到鼎盛，甚至连改变美国历史的美英战争也是因贸易而起。凡此种种，均揭示了商贸在人类文明发展史上的重要影响或强大力量。

　　商路、商帮、商号的崛起，可以说是中国传统社会商业发达的三大标志，也是传统中国发展最为鲜活的推动力量。丝绸之路的兴起，为汉唐盛世奠定了重要的基础，一大批因商而兴的世界级城市拔地而起，成为当时中国富庶与强盛的重要标志，从而使中国文明成为令外人艳美的楷模。宋代以后，陆上贸易在继续发展的同时，海上贸易更是大踏步前进，从汴梁到临安，从宁波到广州，在商业的催生下一大批城市迅速出现，市民经济光彩夺目，文化发展空前繁荣。还出现了世界上最早的纸币——交子。宋室南迁而带动的南方商业的快速发展，更是直接推动了中国经济中心南移国策的最终完成。明清时期，中国的商业经济呈现出一片繁荣景象，此时的中国已然成为世界商业的中心、经济的中心和文化的中心。此时的商人空前活跃，商人地位也日渐提升，以山西商帮、徽州商帮、陕西商帮、山东商帮、福建商帮、洞庭商帮、广东商帮、江右商帮、龙游商帮、宁波商帮"十大商帮"为代表的商帮集团异军突起，对当时的社会、政治、经济、文化发展等各个领域均产生了重要而深远的影响。此时与百姓生活息息相关的一大批知名商号兴盛繁荣。它们以精益求精取胜，研制出一个个世代相传的绝技精品，创造出一块块蜚声中外的金字品牌，今天各种著名的中华老字号主要就是明清传统老字号的延续和发展。同时，为了顺应商贸的发展，钱庄、票号等金融组织日趋发达，机构遍布海内外，对全国统一市场的形成和发展对外贸易发挥了重要作用；"龙门账法"

"四脚账法"等会计方法也促进了商贸管理水平的不断提高，并领先于世界。

从某种意义上说，商路不只是商贸之路，也是文化之路、创新之路。不同地域的文化通过商路而流动传播、交汇融合；商路上的商品和经商手段不断创新，推动着中国传统商业文明的不断进步和中外商业文化和经营理念的不断更新。商帮不仅是商人群体，也是文化群体和创新群体，他们推动传统商业的进步、经济的发展和商业文化的不断传播。商号也不只是商业店铺，也是传统文化的重要载体和创造者。金融也不只是钱庄和票号，其文化更是光辉灿烂，仅就商品交换媒介的货币而言，其本身的制作工艺、文字书法、图案设计等均体现出当时的思想意识形态和精神追求，货币文化随商贸往来而传播各地。同时"龙门账法"和"四脚账法"等会计方法也反映出当时核算经济活动簿记水平的科学高度，并代表着管理者对经济活动收支盈余关系认识的先进水平。正是商路、商帮、商号、钱庄、票号和会计，让中国传统商贸的力量展现得淋漓尽致，使商贸具有了富国福民的意义，成为沟通中外、汇通天下、变革古今的重要载体和力量。也正是它们，为传统中国的辉煌奠定了基础。可以说，它们给传统中国的发展和进步提供了不竭的动力和源泉。

尽管从今天的眼光来看，传统商路、商帮、商号、票号和钱庄不可避免地带有时代局限，传统会计方法也已经作古。但我们认为，任何一种事务只要适应了它所在的时代和社会，并为那个时代的人民利益和社会进步做出了贡献，它本身就是有益的。我们不能以今天的眼光去审视传统，而必须将其放在特定的历史或时代背景下加以认识，加以评判，这样的认识和评判才会更加客观、公正和科学。从这个角度看，传统中国的商路、商帮、商号、票号和钱庄，以及传统会计方法对中国传统社会的发展，无疑起到了非常重要、积极的作用。

与此同时我们也发现，几千年来中国商业在发展的同时，商人的权益和地位却没有得到很好的制度性保障，商业的发展还会遭受种种严苛环境的磨砺甚至限制打击。商人因而往往缺乏一种安全感和对商人身份应有的认同感。正是在这样的一种背景下，抑商现象比比皆是，几乎成为传统时代的一种社会潮流。一面是商业的不断发展和商人队伍的日趋壮大，一面是商业环境的严峻和商人不断被打压，这看似矛盾的场景却在中国传统社会商业发展史上不断上演。这种现象如何认识？对今天有何深刻的启示？这些都是颇值得深思的问题。

　　中国商业史学会与高等教育出版社合作的"中国商贸经典文化"项目，包括《中国商路》《中国金融文化》《中国会计文化》等书，就是要弘扬商贸文化，感受商贸的魅力，让商贸更大地发挥对富强国家、造福人民、传播文化和发展社会的推动力量！同时也要通过考察、研究中国传统时代商路、商帮、商号、票号和钱庄的兴衰发展演变的历史规律，为破解现代中国商业和文化发展的密码提供帮助。同时，我们也希望这几本书能够为财经商贸类、旅游类专业师生和对商贸文化感兴趣的朋友学习选用，为中国传统商业文化的传播做一些有益贡献。如此，则我们的心愿就达到了。

中国商业史学会会长　王茹芹

2017 年 6 月 28 日于北京

第二版前言

中华民族商贸历史源远流长，在漫长的商业活动历史中，逐渐孕育和传承了丰富的商贸文化内涵。这些商贸文化的光辉始终闪耀在历史长河中，对当今的商贸活动具有很好的启发与借鉴意义。

传承了数千年的商贸文化是中国商贸文明的重要组成部分。从三商之源到巨贾先贤，从丝绸之路到茶马古道，从明清商帮到近代民族实业，中国商贸文化一脉相承，若傲然的丰碑屹立于时代的记忆中，成为传承和弘扬中国优秀传统文化的重要内容。

正如中国商贸文化的一以贯之、历久弥新，本书编写组在本次修订中，竭自身之全力，拱三载之积淀，以资坚守弘扬商贸文化之初心。希冀通过我们所做的工作，在繁荣中华民族优秀文化的过程中贡献绵薄之力。

本次修订的目的是紧跟时代步伐，更好地体现中国商贸文化的发展变化。希望读者通过阅读和学习本书，能对中国商贸文化的发展有更明晰的认识、更深刻的体悟。本次修订更新了原有的商史、商路、商人、商帮、商号、商策、商战、商道八个专题，对专题导读、见微知著、深思启慧、知识视窗、传承·创新·创业等栏目进行了完善，提供在线开放课程、教学教件、微课二维码、交互式自测题等数字化教学资源，同时在以下多个方面做了较大的调整：

一是立足新时代，强化课程思政融入。党的二十大报告指出："中华优秀传统文化源远流长、博大精深，是中华文明的智慧结晶，其中蕴含的天下为公、民为邦本、为政以德、革故鼎新、任人唯贤、天人合一、自强不息、厚德载物、讲信修睦、亲仁善邻等，是中国人民在长期生产生活中积累的宇宙观、天下观、社会观、道德观的重要体现，同科学社会主义价值观主张具有高度契合性。""坚守中华文化立场，提炼展示中华文明的精神标识和文化精髓，加快构建中国话语和中国叙事体系，讲好中国故事、传播好中国声音，展现可信、可爱、可敬的中国形象"。此次修订以习近平新时代中国特色社会主义思想和党的二十大精神为指导，注重中国商贸文化的创造性转化和创新性发展，发挥中国商贸文化在激发中华民族文化自信、助力中国商贸力量崛起、推进中国式现代化进程中的重要作用。教材把立德作为育人首要目标，结合专题相应内容，强化课程思政元素、文化要素，注重学生的思想引领、价值塑造、文化熏陶，用商贸历史实现文化传承，用文化传承强化思政育人，落实立德树人根本任务。

二是搭建新结构，强化先进性。在内涵提升方面，编写组对本书的知识点进行了全面梳理，吸收了商业史最新的研究成果，对原先表述模糊的知识点进行了删减与修正，使本书的知识性、人文性得以提升。在专题内容方面，本次修订重点对专题三和专题八进行了整体框架的重构。新的专题三以商人的精神特质内容为重点，落实党的二十大报告中对"弘扬企业家精神"的要求；新的专题八则突出了企业及企业家的社会责任和时代精神，使商道文化的理论性、内涵性、时代性得以提升。

三是融合新内容，提升可读性。在内容设计方面，编者对知识性不强的史料、重复出现的案例、逻辑缺乏自洽的内容进行了大幅精简，特别是对"传承·创新·创业"栏目进行了全面修改，以商贸历史典故入题，以古人经营智慧启发创新创业，使新版教材的可读性、规范性、实用性得以提升。

本书由成光琳、杜柳任主编，负责全书结构的规划与调整、修订内容的统筹与审稿；王彦峰、王建强担任副主编；何慧玲也参加了编写工作。具体编写分工（以专题为序）为：杜柳编写专题一、二；王彦峰编写专题三、四、七；王建强编写专题五；成光琳编写专题六；何慧玲编写专题八。本书由郑州大学周倩教授主审，在此特别致谢。

在编写过程中，编者参阅了大量的学术文献、网络资源及多媒体资料。由于数目较多，无法在参考文献中一一列附，在此一并表示感谢。

中国商贸文化根深叶茂、亘古通今。继承和发扬中华民族数千年创造的优秀文化和民族精神，是我们责无旁贷的历史责任。编者努力从不同的角度和广度勾勒出纵贯数千年、横跨数万里的中国商贸文化的概貌，感知商业文明发展的历史脉搏。但因水平有限，难免挂一漏万；因篇幅问题，无法面面俱到。疏误之处，敬请各界专家学者、广大读者朋友给予批评指正，不胜感激。

成光琳

2023 年 6 月

第一版前言

世界风云瞬息万变、深刻复杂，中国发展举世瞩目、成就卓著。在改革开放 40 周年之际，中国正以昂扬的姿态、坚定的步伐，迈进新时代。"一带一路"倡导不同文化之间的交流互鉴，贸易将在更广泛的领域和更广阔的空间下进行，也会提供和创造出更多的就业机会和工作岗位。

在此背景下，河南经贸职业学院作为以商科为特色的高等职业院校，积极研究高等职业教育人才培养的目标与方案，总结职业教育的成果与规律，使教学内容更加符合时代要求、职业要求、岗位要求，反映时代特征和国家需要，积极研发建设"中国商贸文化"课程。文化是一个国家、一个民族的灵魂，"中国商贸文化"是中国传统文化的重要组成部分，是商科类院校师生需要掌握的文化常识，是对中华文化有兴趣者了解中华传统文化的一扇窗口，是提升读者职业素养与文化素养的一门课程。文化自信是一个国家、一个民族发展中更基本、更深沉、更持久的力量，培育和践行社会主义核心价值观，需要推动中华传统优秀文化的创造性转化、创新性发展。基于以上考虑，河南经贸职业学院于 2015 年在全校范围内开设了素质提升通识课程"中国商贸经典文化"。三年来，本课程得到了学生的广泛接受和好评，也得到了其他同行院校的认可和称赞。在结合授课实践、课题研究成果、学生评价、相关院校反馈和合作企业的建议之后，我们完成了此书的编写和在线资源的建设。

本书以"梳理商贸文化知识、结合创业教育思路、创新教材呈现形式、传承中华传统文化"为编写思路，在编写过程中以中华优秀传统文化为基础，旨在培养学生对传统文化的理解和认同，进而达到由衷欣赏和主动传承之目的。同时结合当前"大众创业、万众创新"的时代要求，在每一个专题之后，以"传承、创新、创业"为主题，将创业意识、创新思路与商贸文化相结合，同时全书以立体化教材的形式呈现。这是本书的特色和创新点。

本书共分为商史、商路、商人、商帮、商号、商策、商战、商道八个专题，制定具体有效的知识目标、能力目标和素养目标，依托史实、结合现实，加入了小故事（见微知著）、问题思考（深思启慧）、知识拓展（知识视窗）小栏目，配有教学大纲、课程标准、微课、教学课件、拓展阅读、交互式测验等大量的教学资料，形成立体化教材。全书系统性强、覆盖面广、结构清晰、层次分明。各专题之间相互独立，可分可合、可先可后。这种编写风格，既便于教，又便于学；既便于讨论，又便于研究；既符合教育规律，又符合认知规律。对于广大青年提升文化素养、建立文化自信、树立创业意识都有一定的指导意义。

　　本书由成光琳、杜柳主编，负责框架和结构设计、指导具体写作和统稿、审稿，王彦峰、张素子、王建强参编。具体撰写分工（以专题为序）为：杜柳编写专题一、二，张素子编写专题三、八，王彦峰编写专题四、七，王建强编写专题五，成光琳编写专题六。本书在编写过程中，参考了有关著作和相关研究成果，限于篇幅，不再逐一列出，在此谨向原著作者致谢。

　　中华优秀传统文化博大精深、内容广泛，因编者水平有限、经验不足，疏漏之处在所难免，恳请专家和广大读者提出宝贵意见，在此深表感谢！

成光琳

2018 年 12 月

微课

导论　探析千年商海风云　传承中华商业文化

目 录

专题一

商史

学习目标

知识目标：
掌握我国历代商业发展的阶段和特征，了解货币的发展历程和呈现形态，熟悉中国古代商品的主要种类和作用。

能力目标：
能够分析我国商业发展、货币演变、商品流通的一般规律，能够辩证看待现实生活中的一般商业现象和特征。

素养目标：
培养对中国商业历史要素的认知、分析和判断能力，形成符合社会主义核心价值观的商业认知和价值标准。

本章导读:

从人类开始社会分工起,商品交换就存在了。随着社会分工的深入发展和生产力水平的不断提高,商品交换得以迅速发展,成为最能体现经济特色的社会活动。专题一从商业发展的三个角度——发展历程、交换介质和贸易物品入手,简要地介绍了中国商业、货币和商品的发展,多角度呈现中国商贸发展的历史。历史悠久、内容丰富的中国商贸文化是中华优秀传统文化的重要组成部分,学习、认知、传承、弘扬中国商贸文化,是莘莘学子的责任与使命。

1.1　商业简史

引言:

你对中国文化的认知是什么?

是朝代更迭、秦皇汉武,还是名士风流、诚臣勇将?是神话传说、仙侠魔怪,还是文采华章、江山诗画?是经史子集、科技发明,还是民族风俗、地方志略?

从远古部落止争息战尝试首次物物交换,到北宋《清明上河图》中繁华热闹的都市坊巷;从商祖王亥始创商业、奔走各国,到商帮纵横、货通华夏、扬名天下,商业发展的脚步从未停息,商贸文化日新月异、精彩纷呈、传承至今。

现在,就从商业发展的视角,感受中国商贸文化吧。

商业是实现商品流通的经济活动,源于原始社会以物易物的交换行为,是人们基于对价值认识的等价交换。商业的本质是交换。

中国古代的商业活动发展曲折、形式多样,对当时的社会产生了巨大影响。

微课

商贸春秋

1.1.1　原始社会时期的商业

原始社会在相当长的时期内,是没有商业的。那时生产力低下,人们共同劳作,物资公有,没有剩余,也就没有交换。后来生产力水平提高了,产品逐渐有了剩余,在部落、氏族或个体之间,出现了偶然性的交换。这种人类最初的简单交换,是直接的物物交换(图1-1-1)。

随着生产力的发展,人类社会出现了第一次大分工,即农业和畜牧业的分离。分工提高了生产效率,增加了剩余产品,扩大了物物交换的范围,交换行为开始变得频繁起来。

到了原始社会末期,随着生产力的继续发展,社会经历了第二次大分工,即手工业从农业中分离出来。手工业者往往从事某一项具体的加工劳动,不直接从事种植、采集或渔猎,于是促进了

🌸 图1-1-1　原始社会直接的物物交换

以交换为目的的商品生产，也进一步促进了商品交换。与此同时，越来越多产品的剩余也使得私有制进一步发展起来，这一切导致部落之间、家族之间、生产者之间的商品交换变得越来越经常和必需，出现了固定的交易场所——市场。商品交换频繁，催生了具有货币功能的一般等价物的出现。一般等价物因各地生产、生活情况的差异而不同，表现为牲畜、皮革、农具、猎具、贝、金属等多种形态。炎黄二帝被认为是最早提倡和发展商业交换的人，之后的尧、舜、禹时期商业都得以发展，舜更是发现了"贱买贵卖"的意义。

南风之时兮，可以阜吾民之财兮。
——《南风歌》

见微知著

『神农为市』和『祝融作市』的传说

在原始社会，是谁最早创办了用来交易的市场？请阅读下文并查找资料进行讨论。

我是神农；	我是祝融；
我是"三皇"之一；	我是上古火神；
我姓姜，农神、药神都是我；	我叫重黎，赐姓祝融，专管火；
我教民种地、灌溉、识药，还有陶艺；	我管火、管灶，还是音乐爱好者；
我设立集市、交换剩余，还规定了交易时间，"日中为市"，中午头，天气暖，是个购物的好时间。	我才是市场之祖，"祝融作市"的传说了解一下？我创办市场，发展贸易，有目共睹。

1.1.2 奴隶社会时期的商业

夏朝的建立标志着原始社会的结束，这个时期的农业、手工业都有了长足的进步，以此为基础的商品经济有了进一步的发展。随着交换的进行，人们发现那些在交易中充当一般等价物的实物货币，如游牧民族常用的牲畜、兽皮，农业民族常用的五谷、农具、陶器、珠玉等都存在一定的缺点，牛猪羊等牲畜不便保管、携带和分割，五谷会腐烂，农具、陶器笨重，珠玉又太少，因此它们都逐渐被淘汰。最终，海贝脱颖而出，成为当时商品流通的货币媒介，从此商品交换进入到一个新阶段。因此，夏朝商业发展的最突出的标志就是开始使用货币。

见微知著	『华商始祖』——王亥

在夏朝，有一个叫作"商"的部落以擅长交换而闻名，其部落有个首领叫王亥。相传他驯服了牛，还驾驶牛车到其他部落进行交易，由于牛车可以拉载更多更沉的货物去更远的地方，所以商部落的生意就越做越大，积攒了财货，扩大了商部落的势力范围，推动了商族的发展。商王朝兴起后，王亥被誉为"商祖"。再后来，人们把从事贸易的人称作"商人"，他们从事的交易活动被称为"商业"，他们买卖的物品就是"商品"。

商王朝建立后，交换活动十分广泛，社会经济繁荣，农业、酿酒业、养蚕业、畜牧业、青铜业、陶器烧制、丝麻纺织、土木营建、玉石骨角制作等都达到了相当的水平。在发掘出土的商都殷墟遗址中，有手工作坊和交易场所"市""肆"，在金文中也有"市"字出现。在商朝，贝作为货币被广泛使用，不但贵族墓中有大量的贝随葬，就是平民墓也不乏贝随葬。在河南安阳一座晚商王室墓葬中，出土了6 000余枚贝。除海贝外，还出现了骨贝与铜贝（图1-1-2）。特别是铜贝的出现，标志着至少在商朝晚期中国就已经有了金属货币。

❖ 图1-1-2　骨贝与铜贝

西周时期，商业被列为"九职"之一，商人成为官方认可的职业。当时商人主要为统治者服务，目的是"通四方之珍异"，市场上的主要商品有奴隶、牛马、珍宝等。国家对市场有一套管理制度，规定体现贵族地位、等级和权威的礼器与兵器不准入市。若贵族想买东西，只能通过手下的管事和仆役去办，自己不能入市，以免有失身份。周朝制定了"工商食官"的制度，当时的手工业者和商贾都是官府的奴仆，要按照官府的规定和要求从事生产和贸易。市场由专职官吏管理，称为"司市"，下设有负责辨别真伪、管理物价、维持秩序、稽查盗贼、管理度量衡、征收商税等工作的专职人员，管理规范，影响久远。西周时大量使用铜铸币，同时统治者对玉器充满兴趣，商业活动也更为频繁，既促进了区域间的交流，增加了商人的财富，也扩展了王朝的视野。伴随着商业的发展，新兴贵族产生，旧贵族没落，新的社会形态也因此呼之欲出。

春秋战国时期，中国商业完成了历史上的第一次飞跃。这一时期，生产力的发展和生产关系的变革交互作用，商业发展达到前所未有的水平。"工商食官"制度被打破，私营商业迅速发展，山泽之利陆续开放，炼铜、冶铁、煮盐等重要手工业陆续归私人经营，改变了过去由官府垄断的局面，出现了范蠡、子贡、吕不韦等巨贾富商，并形成了商业经验的总结。加上城市的兴建，交通的发展，政治局面的逐渐趋于统一，物资得以在更大范围内顺畅流通，商业的发展具备了前所未有的良好条件。在各国的国都以及位于交通枢纽的货物集散之处，都形成了繁荣程度不等的城市。如商业发展较早的齐国都城临淄，春秋时已成为热闹的都市。老少皆知的战国故事"晏子使楚"中，晏婴提到齐都临淄街市"摩肩接踵、挥汗成雨"即为印证。

商品交换的场所被称为"市"，市内列肆成行，商品分类摆放；一些行业出现了"前店后坊"的工商合一模式，并在之后的经济社会中被长期保留下来；牛马交易中还出现了"牙人"，即中间商。市的营业时间有限，朝开夕闭，交易主要在上午，过午渐散，傍晚关市。关税和市税日益成为政府收入的重要来源。黄金开始发挥货币功能并成为上币，贵重商品的买卖都以黄金论价，大宗粮食贸易也使用黄金。这段时期，富商势力快速增长，被认为威胁到君主的权威，于是"抑商"思想开始产生。

1.1.3 秦汉隋唐时期的商业

秦汉至隋唐是中国封建社会的前期，商业发展经历了"上升—下降—上升"的发展曲线。秦至两汉四个半世纪的中央集权统治下，商业发展较快；魏晋南北朝三百多年的分裂割据使商业发展出现倒退；直到隋唐再次统一后，经济恢复发展，商业再现繁荣。由此可见，政权统一有利于商业发展。

秦朝统一后，通关塞、修驰道、统一币制和度量衡，为商业的发展提供了更为有利的条件。但是，秦自商鞅变法后所奉行的抑商政策，却使商业的发展受到很多政策限制。如把各地富豪迁入咸阳就近控制，把商人编入市籍，贬低商人地位等。

西汉时期统治者一度放宽了商业政策，经济得以繁荣发展。由于西汉的赋税征收货币，农民必须多出售产品换钱缴赋，这促使商品交换日益频繁。地主经济也有较大发展，一些地区出现了相当数量的专门以出售为目的的商品生产，如《史记·货殖列传》中记载的"安邑千树枣，燕、秦千树栗，蜀、汉、江陵千树橘""陈、夏千亩①漆，齐、鲁千亩桑麻，渭川千亩竹"等，类似于现代农业产业化，增加了商品品种，为手工业提供了重要原料。关中地区（今陕西）是当时商业最繁盛的地方，黄河流域以及燕赵、齐鲁地区的繁华程度仅次于关中，而淮河、长江流域的楚越地区大部分土地尚未开发，因此当时的经济重心在北方，商业发展在地域上还有很大的局限性。汉武帝时实行盐铁官营，不断改革币制，禁止商人占有土地和奴婢，违抗即没收其全部财产，大力抑商。虽然如此，汉代的商业还是得到了很大发展：与周边地区交流频繁，张骞两出西域，开辟了"丝绸之路"；海外贸易兴起，加强了与东南亚各国的贸易往来。汉五铢钱的铸造与发行稳定了币值，成为中国历史上使用数量最多、流通最久的货币。

深思启慧

汉武帝改变经济政策的影响

　　汉武帝的经济政策主要体现为收归铸币权，垄断盐铁酒专营，增加税赋，推行均输、平准，颁布算缗、告缗，与商人争利。这是从藏富于民到藏富于国的转变，也是从自由经济思想到管制经济思想的转变。

　　（1）积极作用。增加了政府收入，为当时大规模的军事行动提供了强有力的支持，得以兴修水利促进农业生产，打击豪强巨贾，缓解土地兼并，安定社会秩序，加强了专制主义中央集权。

　　（2）消极作用。导致了市场和社会的凋敝，官商一体化阶层兴起，他们盘剥百姓，导致社会矛盾加剧，出现了严重的统治危机。

　　（3）总结。汉武帝时期中央集权的官营工商业虽然在短期取得了巨大成就，但从长期来看限制了经济社会的发展。

东汉时期生产技术有所提高，出现了专业的手工业作坊，但总体来看，即使在全盛时期，其人口、垦地、粮食产量和商业发展都没有超过西汉时期的最

---

① 1亩大约等于666.67平方米。

高水平。黄金流通量减少，其货币作用减退，谷帛等实物时常被用作流通手段，这是商品经济规模缩小的表现。有所进步的是长江以南各郡经济开始发展，人口渐增，商业比过去繁荣，新兴城市发展起来。东汉商业发展变慢的一个重要原因是自给性很强的田庄经济出现，缩小了商品生产的范围，削弱了商品流通的基础。此外，分裂割据的战争破坏了北方经济，使得北方地区城市被毁、人口减少、商业凋敝。

魏晋南北朝时期的对峙局面阻碍了南北经济交流，商贾往来不自由，南北特产的相互供应不足。南方商业虽有一定起色，但田庄经济发展更迅速，致使商品经济进步缓慢。农民因战争或贫困破产而被迫投靠私门，人身依附关系加强，商业发展受阻。这还同赋税、货币制度有关：汉代按货币征收的赋税，到曹魏时正式变成实物税——"户调"（收绢），赋税的实物化，使商品交换在农村倒退了一大步。而这一时期币制更趋紊乱，钱币减重，币值低落，物价高涨，使正常的商品流通受到严重干扰。晋朝统治者抑商、辱商，规定商人不得乘车衣锦，在市场做买卖的人要把自己的名字贴上额头，还要一只脚穿白鞋，一只脚穿黑鞋。

微课
东西市里买
东西

隋唐时期，商业逐渐复苏，走向繁荣。隋统一全国后，生产力发展迅速，政府开凿大运河，新铸五铢钱，便利了商品流通；南方城市商业发展较为迅速，长安与洛阳成为全国最大的商业中心；各地交流商品种类大为增加，糖、茶等新商品进入市场；对盐酒采取开放政策，废止专卖；手工业产品所占比重提高，瓷器成为大宗商品；对外贸易分海陆两路，特别是西北方向的陆上贸易比较发达。

唐朝城市商业大发展，长安店铺数以千计，东都洛阳的繁荣程度不亚于长安，另有扬州、成都、广州等繁荣的商业都市，且不乏西域胡商及大食、波斯等国商人的身影。市与坊的界线被打破，唐末出现了夜市，市场经营时间延长，坊区也出现了店铺。相关的商业服务行业配套健全，有邸店、柜坊、飞钱等服务行业，其中飞钱是中国最早的汇兑制度。民族间贸易发达，唐在与诸多少数民族接壤处设有互市；海外贸易也发达，陆路海路都非常繁荣。唐朝时，中国是整个亚洲的商业中心。按行业不同形成了许多商帮，著名的有南北杂货商、盐商、茶商、米商、酒商等。牙人替买卖双方说合交易、评定价格，从中抽取佣金。出现了"行"，商业资本活跃。唐朝商业的发达繁荣，离不开唐朝政府及统治者的开明，一是不搞专卖，允许民间自由贸易；二是减免关税，减轻市税。当然，唐朝也有抑商现象的存在，如规定工商杂户不得服黄、不得乘马等。"安史之乱"后，唐朝财政陷入困境。五代十国时期，经济发展停滞，商业倒退。

1.1.4　宋元明清时期的商业

宋朝中国的商业发展迎来了历史上第二个高峰期。北宋时期，商业政策宽松，经济繁荣，著名画家张择端的《清明上河图》（图1-1-3）就描绘了这一盛况。商品种类与数量大增，市场上出现了更多的商品粮、农产手工业原料和其他经济作物；坊市制度被彻底打破，有早市、日市、夜市等；市场逐步向农村深入，镇市商业兴起，出现了各种类型的集市，如定期的庙会、专业性的集市以及节令性集市等；城市数量增多，面积扩大；与商业相关的邸店业（货栈）、仓储业、柜坊（钱庄）、交引铺（票据汇兑）、质库（典当）、便钱务（货币汇兑）等商业性服务业大大发展。民族间贸易和海外贸易相当发达，东南沿海的一些城市如广州、泉州、明州等，都成为当时著名的国际港口，政府设置市舶司进行管理。实物货币退出流通，金属货币成为通用货币；北宋确立了年号货币制度，一直沿用到清朝；最值得一提的是出现了纸币，当时称"交子"。南宋虽然比北宋的国土面积小，但是其商品经济仍然持续发展，商业更为繁荣。

图1-1-3　《清明上河图》（局部）

元朝初年，统治者采取多种措施发展农工商业。交通运输业空前发达，驿站制度和内河航运得以发展，如元代的漕运（图1-1-4）非常发达。政府还开辟上海至直沽（天津）、苏州刘家港直达直沽的航道；城市，特别是沿海城市的商业大发展；海外贸易发达。在私营商业中蒙古贵族、官僚、色目人占优势，这是元朝的政策导致的。元朝后期，政府不计后果地滥发纸币，商业再一次出现衰退。

◆ 图1-1-4　元代的漕运

明朝时期，商品经济形成第三次发展高峰。大一统的环境配上政府政策的力度，经济迅速恢复并向前发展。水运方面，内河航运进一步发展，海运有著名的郑和下西洋；陆路方面政府整修了驿道，民信局（邮递业）出现并流行。商品经济繁荣，社会分工的细化、专业化、地域化加速了地区间的商业流通，商品种类增多，需求量增大，城市大发展，新的工商业城市不断出现，更多的农民弃农经商，白银成为主要货币。商业交往方面，政府和少数民族设互市，设有泉州、宁波、广州三个市舶司，实行朝贡贸易，对民间实行海禁政策。商品经济中出现了资本主义萌芽，产生了商业资本向生产转移的现象。商人群体方面，出现了地域性的商帮，这是明中期之后出现的具有中国特色的商人群体，是建立在地缘基础上的商业组织。

◆深思启慧◆　空虚的明朝国库

明朝商业繁荣，国家富庶，隆庆开关后，世界1/3的白银流向中国，2/3的贸易与中国相关。那么为何明朝国库却很空虚呢？

（1）明朝文官集团势力过于强大，税收政策损民众而利官商，导致"官富国穷"。

（2）明朝赋税低。茶税、矿税等大项商税极低，使得府库税收锐减。

<table>
<tr><td>❖深思启慧❖</td><td>空虚的明朝国库</td><td>（3）明朝内忧外患，用钱处多，政府入不敷出，尤其是明神宗万历三大征耗尽大明国力，到崇祯继位后，府库空虚，风雨飘摇。
（4）明朝还要供养不劳作的皇室子孙，他们不事生产，全部由国家供养，是国家财政的沉重负担。</td></tr>
</table>

清初，由于战争破坏，经济凋敝，商业恢复缓慢。清以白银为货币（铜钱为辅币），富商达官储藏白银使货币无形沉淀，加之外贸规模缩小，白银流入锐减，通货严重不足，物价下跌，市场疲软。康熙年间平定台湾后解海禁、开铜矿；雍正年间实行摊丁入亩，赋税货币化程度逐渐提高；乾隆年间继续放宽政策，尽除矿禁，减轻商税，民间手工业发展很快，外贸出超流入大量白银，通货不足状况完全扭转。最重要的是赋税以及地租的货币化，将乾隆时农产品商品化推向新高度，人口增至三亿，耕地面积超过万历时期，粮食亩产增长，商业发展进入清朝的黄金时代。大量人口被东南经济发达地区的城市和新兴市镇的手工业所吸纳，一度夭折的资本主义萌芽重现，且在地区上、行业上、商业与生产结合的形式上都比之前有所发展，商业的质变呼之欲出。

然而，在嘉庆道光年间却出现了转折，财政收不抵支，银贵铜贱，赋税增加，剥削苛重，农民生活困苦，购买力萎缩，商品供应量减少。此时清政府再次加强对矿业、手工业和海上贸易的限制，商税加重，贪污盛行，削弱了贸易基础，阻碍了流通运行。时代的机遇就此错失。清朝末期，社会经济发展已到了停滞并阻碍社会进步的阶段，中国古代商业史也写完了最后一页。

综上所述，在中国历史上，政局的盛衰很大程度上左右着商业的发展，这是一条被多次验证的规律。

1.1.5　近现代时期的商业

鸦片战争之后，中国的自然经济开始解体，近现代机器工业出现，洋务派创立了近代采矿业、运输业和通信业。民国时期处于半殖民地半封建社会，社会矛盾激化，商业在曲折中缓慢发展。当时帝国主义列强和官僚资产阶级控制国家经济命脉，地主阶级占有农村大部分土地，普通百姓生活穷困，农村商业萎缩，城市民营经济在夹缝中生存。从全国范围来看，传统商业虽依旧占比较大，但也不同程度的资本化，粮、布、丝、药等行业都出现公司制，盐商、牙行式微。由于战乱不断，商业的投机性特征尤为显著。

中华人民共和国成立后，学习苏联模式，实行计划经济体制，通过三大改造确立了社会主义制度，改变了中国落后的面貌，为国家工业化奠定了基础。"文革"期间，商业发展遭受重大挫折。十一届三中全会吹响了改革开放的号角，经济体制开始朝有中国特色的社会主义市场经济迈进，商业迅速繁荣，市场活力凸显，国家生产力和综合国力得到巨大提升。经过四十多年的拼搏与努力，中国已成为世界第二大经济体，货物贸易总额、外汇储备、制造业增加值和竞争力已位居世界第一。中国已从农业大国转型为制造大国，取得了举世瞩目的成就。目前，中国经验已推向世界，为世界贡献着中国力量、中国智慧和中国方案。

1.2 货币简史

引言：

它也许是一枚贝壳，也许是一方美玉，可能重如金属，可能轻似纸张，它就像一把尺子，给每个物品定价。它是人类社会最伟大的创造之一，又反过来改变人类社会，影响着人类的行为模式和思维方式。它仿佛是成功的表现，让事物有价，让财富有形；它同时是罪恶的诱因，让欲望无境，让战争不息。人们知道它从哪里来，却不清楚它将到哪里去。它，就是我们熟悉又陌生的货币。

微课
货币

中国古代货币文化很少受外来文化的影响，长期保持着汉民族文化的独有特点，无论是金属货币的铸造，还是纸币的印刷，在选材、形制、币文及货币理论的认识方面，都打上了民族文化烙印，如"钱"的圆形方孔形制、纸币多字少图、钱币值同其所书文字等做法都极具特色。

1.2.1　实物货币

中国货币起源于夏朝。同世界其他文明古国一样，中国最早也使用实物货币，在历史的不同时期，许多生产和生活资料都充当过实物货币，如农具、牛羊、石器、粮食、盐、布帛、贝壳等。实物货币是货币的最初形式，其价值等同于交换物的价值。中国同其他国家一样，在货币发展过程早期使用海贝作为实物货币进行交换，此外，中国还用龟甲作为货币，二者合称"龟贝"。其中，海贝由于携带方便而更为流行，称贝币（图1-2-1），主要是一种带有槽齿的海生齿贝。贝币硬实耐用，大小适中，方便计数。人们将贝币的背面磨平，钻上小孔，用粗线串在一起，方便携带和计数。"朋"是贝币的单位，5个贝币为一串，两串为一朋。

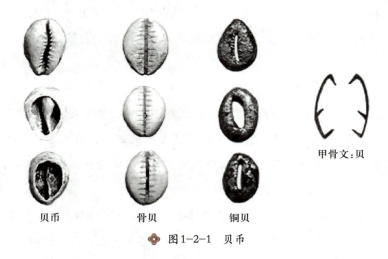

甲骨文:贝

贝币　　　　骨贝　　　　铜贝

❖ 图1-2-1　贝币

夏商周时期是中国实物货币发展的鼎盛期。在著名的殷墟（位于河南安阳）妇好墓中，就出土了7 000多枚贝币，其中有一枚特别大的贝币被考古学家称为"大贝"。商王和贵族对臣下赏赐常常用贝币，在出土的商朝铜方鼎的铭文中，多次出现"朋二百"的记载。在甲骨文中，用"贝"来象征财富，现在汉字中与财富有关的字也都从"贝"字部，如负、贡、贫、贪、财、货、贯、资、贮、赊、赐、贿、购、买（買）、卖（賣）等字。古代还有用"贝"代表百物，像后世"东西"代表百物一样。

由于社会上对贝币的需要量不断增加，以至供不应求，于是出现了珧贝（蜃甲）、蚌贝、骨贝、铜贝等替代品。其中，商代晚期出现的铜贝是实物货币向金属货币过渡的形态。

1.2.2　金属货币

货币不是人类社会一开始就有的，而是人类社会发展到一定历史阶段的必然产物。"随着商品交换日益突破地方的限制，货币形式也就日益转移到那些天然适宜执行一般等价物功能的商品之上，即贵金属之上。"[①]金属货币中只有黄金不受时空限制，其他货币却大多不能跨越自己的国界，甚至不能离开自己的产地。黄金是贵金属，单位价值高，是称量货币，供应和流通量不充沛，不便于日常交易。因此必须有一种单位价值较小，便于流通、便于携带和保存的金属货币来与黄金并行，以弥补黄金的不足。于是，铜铸币大量铸造并成为事实上的主要货币。铜钱有一定铸形，也有固定的成色和重量，便于辨认、计算和保存，而且体积不大，单位价值不高，便于携带和接受，在民间市场上日常交易尤其是零星交易极为方便，故民间使用铜钱的场合比黄金要多。

深思启慧	货币天然是金银	如何理解马克思的名言"金银天然非货币，货币天然是金银"？ 金银天然非货币，是指金银本是普通的商品，有自身的价值和使用价值，后来在物物交换的过程中，充当了一般等价物，最后凭借其自身特点固定成为公认的一般等价物。 货币天然是金银，是指金银本身是包含一定价值的商品，有体积小而价值大的特点，质地均匀、易于分割、不易腐烂、便于保存、便于收藏和携带等自然属性，十分适宜执行货币职能。

东周时期，随着商品生产和商品交换的发展，对货币的需求量逐渐增大，金属铸币广泛流通开来。由于各地经济、政治发展不平衡，在货币制度上，形成了不同的货币流通领域，产生了形态各异的货币和货币体系，但共同特点是以铜币为主要流通货币，杂以黄金、白银、珠玉、布、绢、帛、龟、贝等。各诸侯国自由铸造，体制不一，种类很多，主要有布币、刀币、爰金、蚁鼻钱和环钱。

[①]《马克思恩格斯全集》第23卷，人民出版社1972年版，第107页。

布币（图1-2-2）一般为铜质，主要流通于魏、赵、韩诸国，由一种叫"镈"的小农具演变而来。"布"是"镈"的同音字，所以称"布币"。初期的布币还保留着镈的形状，铸有装柄的空首，形状像铲，故又称"铲币"或"空首布"。布币上一般铸有地名，有的还铸有币值、干支等标识。楚国还有一种银质布币，是我国最早的银质钱。

刀币（图1-2-3）则是一种外形如刀状的铜质钱，起源于东方渔猎地区和手工业较发达的地区，从一种叫作"削"的小刀演变而来，流通于燕、赵、齐诸国，常见的有齐刀、即墨刀、安阳刀、尖首刀、圆首刀等，刀币上都铸有铸造地点等文字。齐国刀币较大，称为"大刀"，形制体大厚重，铸工精细规整，也因此在刀币中字数最多。燕国刀币大部分铸有"明"字，称为"明刀"，体小薄短且制作粗糙。赵国的刀币也较小，铸有"甘丹"（邯郸）等铭文。刀币一般长10～20厘米，宽1.5～3厘米，柄端有环，柄身有两道平行纹，重50克左右，也有小型刀币，计重是以"化"为单位。

爰金和蚁鼻钱（图1-2-4）。楚国的货币爰金是我国最早的原始黄金铸币，也称郢爰、金爰、印子金、饼金。其含金量在90%以上，质量好的可达99%。多铸成方版或长方版形，每版重"楚制1斤"（约250克），表面铸压成带有地名字样的小方戳。零星使用时，可截成小块支付，用特定的等臂天平称量。爰金有着非常重要的历史文化价值，属于国家一级文物。蚁鼻钱是楚国铜币，呈椭圆形，背面平，正面凸起并铸有文字，据推断是爰金的辅币。

环钱（图1-2-5）是一种圆形铜币。它的中央有一圆孔（后来变为方孔），分无廓和有廓两种，钱上铸有文字。在金属铸币中环钱出现最晚，主要流通于周、秦、魏地区，一说是由纺轮演变而成，一说是由璧环演变而成。战国后期除楚国外，各国都有环钱，这反映了货币走向统一的趋势。这一造型的出现，带来了使用和携带的便利。外圆内方的环钱不但可减少钱体磨损，还便于加工，

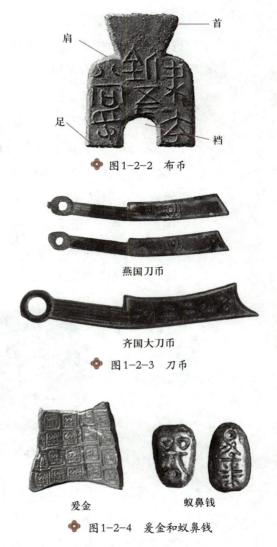

首
肩
足
裆

● 图1-2-2　布币

燕国刀币

齐国大刀币

● 图1-2-3　刀币

爰金　　　蚁鼻钱

● 图1-2-4　爰金和蚁鼻钱

而且这种形制与古人"天圆地方"的宇宙观相适应，符合皇权神授的统治理念。这样将货币外观与自然规律、宇宙秩序、生命伦理、道德观念等意识形态相融合，使器型具有了新的象征意义，包含了更丰富的精神意蕴。与其他币制比较，环钱最便于携带、授受与清点，且节省用料，符合春秋战国时期日益发达的商品交换的需要，因而迅速取代刀币、布币，成为秦统一六国的经济原因之一。

秦统一后，废除六国货币，统一全国币制。秦规定黄金为上币，单位是"镒"，铜钱是下币，单位是"半两"。铜钱每枚重半两，正面铸有"半两"二字，故称"半两钱"或"秦半两钱"（图1-2-6）。其外圆内方的形制沿用了两千多年，并影响了我国周边的国家和地区。在中国封建社会的进程中，虽然改朝换代频繁，但每个朝代都选择了方孔圆钱作为最基本的法定通货。因此，"秦半两钱"在世界货币文化史中占有突出地位。

　● 图1-2-5　环钱　　　　● 图1-2-6　秦半两钱

西汉的通行货币仍是黄金与铜钱。黄金铸成"金饼"，大的每饼1斤，又称"一金"，折合铜钱1万枚；小的每饼1两，折合铜钱625枚。铜钱仍沿用秦半两钱，不过这时的铜钱已越铸越轻，实际根本不足半两。汉武帝实行币制改革，"罢半两钱，行五铢钱"，将铸币权收归中央，严禁民间私铸。汉五铢钱（图1-2-7）是方孔有外廓的圆形钱，它的重量和钱文都是五铢。

五铢钱轻重适度、式样规整、盗铸不易、便于流通，故百姓乐用，流通时间长、范围广。北至乌兹别克斯坦，南到东南亚诸国，东至朝鲜，西到印度，近代都有五铢钱出土。五铢钱是我国历史上流通时间最长的方孔环钱，沿用七百多年而不废，这在世界货币史上堪称奇迹。

魏晋南北朝时期我国处于分裂状态，币制也极为混乱。各国各朝或铸新钱，或用旧币，或新旧并行，但基本保持了五铢钱的式样。这时出现了年号钱（图1-2-8）。这一时期铜钱的计算单位为"贯"，一贯就是用绳索穿在一起的1 000

微课

中国古钱币

枚铜钱。一枚铜钱也叫一文（因为钱上铸有文字，故名）。隋朝时仍铸造使用五铢钱，形制同于汉代。西晋作家鲁褒曾写过一篇题为《钱神论》的散文。他根据铜钱外圆内方的形状，诙谐地称它为"孔方兄"，并对当时唯钱是尊、视钱如神的社会风气予以辛辣讽刺。

钱之为体，有乾则坤，内则其方，外则其圆。其积如山，其流如川。动静有时，行藏有节。市井便易，不患耗折。故能长久，为世神宝。亲之如兄，字曰"孔方"。失之则贫弱，得之则富强。
——《钱神论》

图1-2-7　汉五铢钱

图1-2-8　年号钱

　　唐朝主要通用"开元通宝"（图1-2-9）和"乾元通宝"铜钱。开元通宝始铸于唐高祖武德四年（621年），这一年五铢钱正式废除。"开元"就是开辟新纪元的意思，"通宝"意为通行宝货。此后，铜钱多叫通宝、元宝或重宝，不再称作"钱"。钱在人们的观念中是货币或财富的代名词，但是在唐朝时"钱"变成了计量单位。一钱为十分之一两；并借用"分""厘""毫""丝""忽"作为"钱"下的十进单位。将钱命名为通宝、元宝，反映了人们对货币价值成为财富的思想认识的加深。"开元通宝"钱币的形制仍是外圆内方，但是它一反秦汉旧制，钱文不再书写重量，而是法定每一文（枚）重一钱，每十文重一两，计一百六十文重一斤。自从唐朝创出一枚重一钱的"通宝钱"后，直到清末民初方孔铜钱时代结束，它基本上相袭不变成为制钱的标准重量，与铢钱形成我国的两大铜钱系统。

图1-2-9　开元通宝

　　"银行"一词也出现在唐朝。当时长安、洛阳、成都等城市出现了类"银行"业务，如"飞钱"（异地托收承付）、"柜坊"（僦柜，类似商业银行）、"质库"（抵押贷款）、"长生库"（寺院中小额抵押贷款）、"波斯店"（外资金融机构）、"寄附铺"（有金融功能的贸易仓库）、"书帖"（个人支票）、"文牒"（异地汇票，由经营人员检查真伪，然后异地付款）；此外还有"私举"（向私人借贷）、"官举"（向国有金融机构借贷）等。

1.2.3 纸币与金属货币并行

宋朝由于商品经济空前繁荣，货币需求量猛增，除铜钱外，还大量铸造铁钱。北宋每年的铸币平均数量超过唐朝近20倍。为了便于流通和管理，宋朝继续实行"年号钱"制度，皇帝每改一次年号，就用新的年号命名铸造新钱。宋朝年号前后改了57次，因而宋钱的品种也非常多。宋朝还从仁宗时期起实行

🌸 图1-2-10 大观通宝、崇宁通宝

铸造"对钱"的制度，即同一种钱，其质地、大小、厚薄和内外廓完全一样，只是钱文用不同字体书写，可以配成对。宋徽宗赵佶用"瘦金体"亲自书写的大观通宝、崇宁通宝（图1-2-10）等钱，铸造尤为精致，是宋钱中的精品。宋朝铜钱的计量单位有缗、贯、文。一缗即一贯，一贯则为770文，这与历朝不同。至于铁钱，则三枚相当于一枚铜钱。

宋朝还出现了称作"交子"（图1-2-11）的纸币，这是世界上最早的纸币。交子最早出现于北宋真宗时期，是四川私商发明、印行的，以代替携带不便的铁钱。交子用同一色纸印制，图案有"屋木人物"等，用朱、墨二色，还有各私人铺户的押字暗号，以防伪冒。宋仁宗时期，官府在四川设置"交子务"作为发行交子的机构，定期限额发行交子，并以铁钱作为随时可以兑换现钱的现金准备。兑换时，每贯要扣除三十文的佣金作为手续费。交子的面值有5贯、10贯两种。其使用地区大体限于四川，之后渐渐行用于陕西。宋徽宗时又有"钱引"，由"钱引务"发行，以代替贬值的交子。

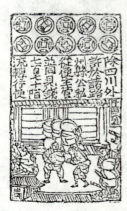

🌸 图1-2-11 北宋交子

南宋时，纸币应用范围更广，有钱引、关子、交子和会子（图1-2-12）。其中，会子通行最广。这是因为，南宋采矿业逐渐衰落，铜钱铸造量大减，加上海外贸易又使铜钱大量外流，政府为了弥补财政不足，大量发行纸币。会子最初是由民间发行的，后归官营，成为全国流通的法定货币。为防止伪造，官方在纸币

选材、图案设计、用印等各个环节上有极大改进，做了一定的技术处理。官方还立法规定，用于印制纸币的那种纸，禁止私自生产和销售。

　　元朝货币以宝钞为主（图1-2-13）。元初，用丝印会子，叫作"丝会"。纸张的丝是用来计算纸张的厚度的，是当时造纸印刷包装专用术语，1丝等于0.01毫米，100丝等于1毫米。当时币值稳定，百姓一度视纸钞重于金银。但后来元政府随意支用钞本，滥发纸币，导致物价飞涨，钞如废纸。

　　明朝继续发行纸币（宝钞）（图1-2-14），但与宋元不同。宋元有铜、有铁、有金、有银或丝为钞本，而明代却无此贮备，发行额也没有限定，所以发行之初钞价就猛跌。尽管明政府采用种种行政手段来维护宝钞，但很快民间交易就唯用金银，宝钞停滞不行。到正德年间，宝钞已无实际意义，人们在日常生活中再次使用银钱。

◆ 图1-2-12　南宋会子

◆ 图1-2-13　元朝宝钞

◆ 图1-2-14　明朝宝钞

◆ 深思启慧 ◆

是否只有纸币会引发通胀？

　　通货膨胀的原因是货币供给增长速度超过了货币需求增长速度，纸币发行量过大就会造成通货膨胀。金属货币时代常见通货紧缩，但也不是没有发生过通货膨胀。例如，罗马皇帝尼禄铸小币，西班牙殖民美洲向本土运回大量金银都造成过通货膨胀。汉文帝铁腕打击私铸钱就是因为通货膨胀。另外，环境改变也会引起通胀，比如革命、战争、地震等。

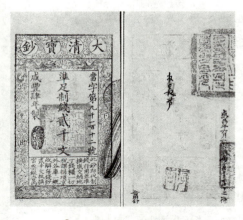

❀ 图1-2-15 大清宝钞

纸币的另一名称"钞票"始于清朝。清朝虽以银钱为主流货币，但因鸦片走私，白银外流，在咸丰年间又大印纸币，主要有"户部官票"和"大清宝钞"（图1-2-15）。为推行纸币，《大清律》规定，伪造钞票者斩监候，"钞票"一词连称便始于此。

明清时期把按照本朝定制、官方铸造的铜币称作"制钱"。清末铸造的新式铜币，则称铜圆。它与传统的圆形方孔钱不同，中间无孔，俗称"铜板"（图1-2-16）。

明清两朝盛行银锭，银锭用白银熔铸而成，形式不一，有元宝（图1-2-17）、中锭、锞子、福珠四种。

❀ 图1-2-16 清朝铜板

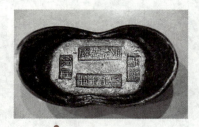

❀ 图1-2-17 元宝

❀ 图1-2-18 光绪元宝

明万历年间，欧洲银圆流入我国。17世纪后期，漳州一带铸造过"漳州军饷"银圆。清道光年间台湾仿制的银圆，称"银饼"。光绪年间，广东开铸"龙洋"，正面有汉文和满文的"光绪元宝"（图1-2-18）四字，四周环以"江南省造"和"库平七钱二分"字样，背面为蟠龙图案，环以英文的省名和重量。明清时的金元宝，一般供保藏用，极少流通。

清朝灭亡之后，战乱不断，社会动荡，中国白银大规模外流，随之而来的便是全面经济衰退。1935年，民国政府开始进行法币改革，废除银本位。然而，民国政府发行的法币和金圆券很快也造成了恶性通货膨胀。

人民币是中华人民共和国的法定货币。中国人民银行是主管机关，负责人民币的设计、印制和发行。人民币的制作技艺随着经济建设的发展以及人民生活的需要而逐步完善和提高，现已形成纸币与金属币、普通纪念币与贵金属纪念币等多品种、多系列的货币体系。目前，数字人民币正在试点探索阶段。

1.2.4 未来货币

去实物化是未来货币可能的发展趋势之一，有人说，货币将进入无实物时代。目前出现的未来货币形式有电子货币、虚拟货币和数字货币等。

电子货币，以数字形式呈现，可以与纸币或实物货币直接对应并相互转换，以实物货币的发行为前提，是实物货币的"去实物化"表现。

虚拟货币不是货币，而是一种以虚拟形式存在的商品。实物货币可以兑换为虚拟货币，但是虚拟货币基本上不能通过官方渠道兑换为实物货币，因此属于单向流动。

数字货币（Digital Currency）是电子货币形式的替代货币，是新的货币形式，央行数字货币（Central Bank Digital Currency，CBDC）是由中央银行发行的数字货币。我国的CBDC是经国务院批准，由中国人民银行发行的法定数字货币，即中国数字货币（DCEP）。目前，数字人民币体系在坚持双层运营、流通中货币替代、可控匿名的前提下，基本完成顶层设计、标准制定、功能研发、联调测试等工作，并遵循稳步、安全、可控、创新、实用的原则。2020年4月，雄安新区管理委员会发展局组织召开了法定数字人民币（DCEP）的试点推介会。2022年以来，数字人民币试点城市逐步增加，试用场景也在不断丰富。

货币数字化有助于优化货币支付功能，提高货币地位和货币政策有效性。数字人民币的本质是央行负债，由中国国家信用背书，具备无限法偿性。它可以直接用于流通，降低现金生产和管理成本，能有效打击假钞假币等违法乱象，还能被用于反贪污洗钱和反恐行动。中央银行可通过大数据监控货币流通和使用情况，在评估货币供应量、流通速度和利率时，能制定更有效的货币政策，从而影响整个经济大局。

纵观我国货币简史，从实物货币到金属货币再到纸币、数字货币，不仅反映了商业的发展和社会的变迁，也反映了政治变革和历史演进的变化轨迹。

1.3　商品简史

引言：

它长袖善舞，多钱善贾，体现着智慧，承载着文化，反映着需求，刺激着竞争，连通了政商，促生了百行。

它神秘莫测，包罗万象，可有形无价，可无形有价，引资本追逐，令供求波动，可引发战争，可换取和平。

它，就是商品。

微课
——
商品那些事儿

商品是用来交换的劳动产品，也是文化的载体，除本身具有的两重性即价值和使用价值外，商品也具有自身的文化属性。中国是一个具有悠久传统文化的国家，千百年来在这片土地上形成的各式各类的商品都凝结着中华民族的传统文化。

1.3.1　中国古代的主要商品种类

1. 官营垄断商品

（1）盐。盐是中国最古老的商品之一。盐成为官方垄断商品的主要原因是其必需性和运输困难。盐是人类生产和生活的必需品，社会需求量大但消费弹性极小。在农业社会，除了盐，大多数的生产生活资料都可以做到自给自足。在众多实行过专卖的商品中，盐是专卖时间最长、范围最广、经济影响最大的商品。中国古代，政府为生产盐的盐户另立户籍，派专人管理，盐户一般不得转行或逃徙，生产的盐也必须全部上交。盐的定价各朝不同，总体价格水平远高于生产成本，价格上涨趋势不断提高；销售时按人数强制摊派，由指定的商人销售，而且划定销售区域，不得私贩私售。

在古代，盐是生活必需品，也是国家财政收入的重要来源，甚至是一种重要的战略资源。盐是保存食物的最重要的防腐剂，食品用盐腌制后可以延长其保存期，从而使商人远行成为可能。而商人的远距离贸易客观上促进了工商业的繁荣、文化的交流、物种的交换、制度的创新和科技的进步。春秋时期齐国就是借鱼盐之利建立起强大的贸易体系，齐都临淄崛起为当时的东方第一大都市。盐的专卖制度历史长久,在古代,专卖称为"禁榷";由于盐的生产非常集中,中国古代历朝历代都非常重视盐税,盐税是政府收入的最大来源之一。盐因其个体消耗量小,具有隐形的征税效果,因此也是古代代价最低的征税手段之一。早在春秋时期,齐国管仲就将盐铁从私有转变为国有,实行盐铁专卖制度。盐因其便于保存和携带,在很多地区还曾被当作实物货币直接用作交易。

（2）铁。铁是中国古代官营的另一大类商品。春秋战国时期,中国的制铁技术基本成熟。古人最早冶铁使用碳还原法,把铁矿石和煤炭分层交错铺烧,由于温度不高,产品含杂质多,成形粗糙。后来鼓风炉的发明提高了炉温,铸铁技术得以发展,人们生产出更精细的农具和武器。汉武帝时期,实行盐铁专营,以增加国家收入,防止盐铁外流。

汉朝时专营产品的经营权下放给了士族权贵,士族实力强大,而普通民众的购买力非常有限。唐宋时期,自耕农数量增加,手工业产品种类开始丰富,政府虽然还是严格控制铁器的生产、销售和使用,可是普通民众已经成了官营手工业产品的主要消费者。

2. 日用消费品

（1）粮。"民以食为天。"粮食安全关系着国计民生,是各朝统治者极其重视的大事。解决粮食问题除了广种多收外,还要重视贸易和储备。夏朝时,我国就建立了粮食流通和仓储制度。粮食流通是激活市场贸易、解决百姓吃饭的民生问题,而粮食储备则是国家的发展战略。起着"平抑粮价,调控市场;赈灾备荒,安民固本;供养军队,备战应战"的作用。西周前,粮食品种以黍、稷为主;春秋战国时期,出现了五谷;东汉魏晋南北朝时期开始推广石磨,把麦子磨成面是一项技术进步,促进了小麦的生产;宋元时,稻麦两熟制逐步形成,双季稻得到推广;明清时,水稻发展,有"苏湖熟,天下足"的说法。此外,玉米、红薯、土豆得以从国外引进,丰富了粮食品种。

两汉时期郡县粮食市场就已初具规模,郡县粮食市场的繁荣促进了专业市场的发展。魏晋南北朝时期的城市中,已出现了许多专门出售粮食的市场。西晋文学家左思的《魏都赋》中记载有专门出售"雍丘之梁"和"清流之稻"的市场。中国历代王朝都重视储粮,如汉朝时营建有长安太仓、甘泉仓、细柳仓等官仓。粮食生产周期长且易受灾,因此历代王朝还建立了较为完善的荒年赈

图1-3-1　陕西大荔县丰图义仓

灾机制。隋朝义仓的创立具有重大意义，它使得赈灾活动由临时措施变为常态机制。义仓"取之于民、用之于民、专粮专用"，弥补了官仓赈济的不足，提高了赈灾效率。建于清光绪八年（1882年）的陕西大荔县丰图义仓（图1-3-1），迄今仍在使用。由于粮食是重要的战略物资，历代帝王都派专员负责水利和屯田，想方设法广积粮，以充实自己的经济基础。为解决粮食问题，历代王朝基本上都有粮食进出口贸易，但大多是鼓励进口、限制出口。

见微知著	无奸不商	这个词最早写作"无尖不商"，是指旧时买米以"升斗"作量器，商家在量米时会以一把木尺削平升斗内隆起的米，以保证分量充足。银货两讫，商家会另外盛点米加在升斗上，已抹平的米表面便会鼓成一撮"尖头"，尽量让利。量好米再加点添点，已成习俗，即但凡做生意，总给客人一点"添头"，这是老派生意人的一种生意经，这一小撮"添头"，很让客人受用，故有"无尖不商"之说。后来随着经济发展，商人实际地位在上升，出现了官方"重农抑商"限制商业发展与民间"崇尚财富"的观念相矛盾的局面。于是"无尖不商"也就演变成了"无奸不商"，意思也发生了翻天覆地的变化。

（2）纺织品。中国古代纺织品以丝、麻、毛、棉的纤维为原料，丝麻纺织技术世界领先。我国出土了新石器时代丝与麻的纺织品残片，新疆哈密五堡遗址（距今3 200年）出土了精美的毛织品。周朝设立专门官职来掌握纺织品的生产和征收事宜，冠服制度开始确立，奠定了丝织品在中国纺织史上的地位。春秋时期，政府专门设立了为宫廷生产锦、绣、纨、绮等高档织物的机构——御府尚方织室，齐鲁之地成为丝绸织绣的生产重地。战国时巴蜀地区蚕织业初具规模，以织锦著称。长沙马王堆汉墓出土仅重49克的素纱禅衣，可见当时纺织品水平之高。魏晋南北朝丝织品以经锦为主，以禽兽纹为特色。

隋唐时期纺织品的生产分工明确，政府设立织染署管理纺织染坊，养蚕技术成熟，提花机出现，织锦绚烂。宋朝纺织业重心南移江浙，丝织品中以花罗和绮绫为多，花纹以牡丹、芍药、芙蓉等花卉为主，出现多种印花技术；棉织品迅速发展成为大众衣料，松江棉布"衣被天下"；宋锦成为当时纺织的主流，有40多个品种，其中重锦最贵重，多用于宫廷、殿堂里的各种陈设品以及巨幅挂轴等；刺绣开始向艺术品过渡，出现了模仿书画的绣品，如闻名世界的缂丝珍品"莲塘乳鸭图"（图1-3-2）（南宋朱克柔作）；染色业与衣、帽、鞋等手工业独立，职业裁缝出现。

图1-3-2　缂丝珍品"莲塘乳鸭图"

元代纺织品以织金锦最负盛名。明代纺织品以江南织造的贡品技艺最高，富于民族传统特色的蜀锦、宋锦、织金锦和妆花锦（云锦）合称为当时的"四大名锦"；棉花种植遍布南北，逐渐取代了丝绸和麻布，成为中国第一大纺织原料；明朝的绣工可以将人物故事题材刺绣于服装之上，产生了苏绣、粤绣、湘绣和蜀绣四大名绣，明末时丝织品通过陆海丝路远销世界各国。清朝出现交织技术，麻丝交织轻盈柔软、坚固耐用。19世纪时，张之洞从德国引进整套纺织设备，中国纺织工业开始走进机器生产时代。

3. 奢侈品

由于中国古代的等级地位差异巨大，权贵阶层对珍奇宝物、精致手工产品的需求量一直很大，而这些物品普通百姓很难见到。在古代最知名的，甚至能够引发战争的奢侈品有隋侯珠与和氏璧等。

1.3.2　中国传统的出口商品

1. 丝绸

中国是蚕丝的原产国，养蚕、取丝、织绸的历史已有五六千年。秦汉时起丝绸成为中国对外贸易最主要商品之一，中国与外国的贸易商路被称为"丝绸之路"。丝路上流通的商品种类繁多，但丝绸是最主要的，也是最受欢迎的商品。早在汉朝前，中原地区的丝绸就已经被西域边疆少数民族所认识和喜爱。张骞"凿通"西域后，丝绸被带到了更远的地方，使西方世界认识了这种华美、轻盈的纺织品。

丝绸产地在唐朝前期以北方为主，主要分布在山东、河南、河北。唐朝后期经济中心南移、气候变化，产地也逐渐南移。

明朝丝绸生产进一步发展，并更加商品化，海外贸易也更为扩大，丝绸成为大宗出口商品。明朝对历次来朝的日本遣明使回赐物中均有大量丝绸类物品，日本使团在中国采购的商品中，丝绸也占很大的比例。明朝朝贡贸易中，东南亚各国每有使团来华朝贡，皇帝都回赐大批丝绸及丝绸衣物。中国丝绸的大量输入甚至改变了东南亚人的衣着装饰习俗。东南亚一些地区还引入了养蚕和生产丝绸的技术，从中国学得养蚕、制绢的方法。在明朝后期与葡萄牙、西班牙和荷兰人为主的国家进行海上贸易时，也以生丝和丝织品为最大宗商品。当时有欧洲商人说：从中国运来的各种丝货，以白色最受欢迎，其白如雪。欧洲没有一种商品能够比得上中国的丝货。

2. 瓷器

瓷器发明于中国，且历史悠久。随着瓷器生产和贸易的发展，瓷器开始出口国外，并成为仅次于丝绸的第二大出口商品，即外销瓷（图1-3-3）。相关文献常将瓷与丝比肩并称，中国在被称为"丝国"的同时也被称为"瓷国"，"丝绸之路"也称"瓷器之路"。与丝绸不同，瓷器易碎且重，不怕水浸受潮，更适合水路运输，甚至不是专门经营瓷器的商船也可将其作为压舱物，因此瓷器主要依靠海路运输。唐宋元时期，中国瓷器出口已具相当规模，并呈不断增长之势。明朝瓷器生产发展到了一个新阶段，同时世界也进入大航海时期，瓷器出口更是持续增长。

🔹 图1-3-3 外销瓷

中国瓷器出口日本的历史相当早。日本现存有唐朝瓷器，宋、元瓷器更多。来中国贸易的日本商人及来学习的僧人回国时购买大量瓷器。日本商人还经常向中国定制特定花色品种的瓷器。当时景德镇青花瓷一般分厚薄两种胎，厚胎一般输往日本，薄胎在国内或其他国家销售。中国瓷器的输入，在某些方面对东南亚的生活方式也产生了一定影响。例如，爪哇人原来是吃食无匙，用盘满盛其饭，浇酥油汤汁，以手撮入口中而食。中国瓷器传入爪哇后，爪哇人的饮食方式发生变化，也采用来自中国的陶器和碗碟。此外，在东南亚各国，有很多人将瓷器用作建筑装饰、供器和陪葬品等。

在中国瓷器大量输入之前，欧洲人使用的器皿以陶器、木器和金属器为主，其中陶器最为广泛。中国瓷器传入之初，整个欧洲为之倾倒，很少有人真正拿瓷器来使用，而是作为财富和身份的象征用来珍藏、展示，或作为国王、王后赠送其他国家国王和功臣的礼物、公主的嫁妆。到17世纪，欧洲很多城市都有经销中国瓷器的商店。随着输入的进一步增加，瓷器才逐渐成为欧洲人餐具和茶具等日常生活用品。此后，欧洲对于中国瓷器的大量需求，一直延续到18世纪晚期欧洲开始大量生产瓷器为止。据统计，17世纪时，贩运到欧洲的中国瓷器达2 000余万件。至今，明清时期的中国外销瓷仍是世界陶瓷收藏中最珍贵的品种之一。

3. 茶叶

中国是茶叶的原产地，历史上，中国茶叶长期独占世界茶市，外销历史悠久，在中国古代贸易中地位突出。自18世纪起，茶叶出口价值超过传统出口商品丝绸、瓷器，成为出口创汇的支柱商品。

虽然中国有数千年茶史，但茶叶外销有据可查的最早史料直到南北朝时期才出现。16世纪起，中国茶传入西方，17世纪走向世界，茶叶贸易因而具有世界意义，茶叶成为中西交流的重要商品。18世纪以后茶叶贸易占我国对外贸易主导地位，输出量迅速发展。连外销茶叶的容器（图1-3-4）也成为抢手的商品。中国古代茶叶贸易取得了辉煌成绩，中国人民对世界饮食文化也做出了突出贡献。

17世纪前，饮茶习俗主要在亚洲流行，由于贸易格局、贸易规格、交通运输及政治因素的制约，输出量不算太大。茶叶贸易真正发展起来是在清政府废除禁海令，允许人民开展南洋贸易后。此时西方饮茶习俗也已经得到发展，茶叶贸易的需求变得迫切。英国是当时欧洲乃至世界最大的茶叶承销国家。

外销茶产区中福建、安徽最重要，其次是江

图1-3-4　外销茶叶的容器

西、浙江等省。最先流入欧洲的茶就是福建武夷红茶。古代中国外销茶可分两个阶段：清朝前期比较复杂，主销江南茶，茶类从团饼茶发展到散茶，以绿茶为主。清朝后期，外销茶产区包括苏浙赣皖粤闽滇湘鄂，除红茶、绿茶外，砖茶、花茶、黑茶、乌龙茶、包种茶也接连外销。至此，奠定了我国外销茶区及茶类的基本框架。

1.3.3　中国传统的进口商品

1. 通过陆上丝绸之路输入的商品

西域输入中国的商品，除了一般物品外，还有农作物、特殊商品、艺术品等。例如，牲畜、金银珠宝、毛皮、毛织品、服饰、药品、玻璃器皿、香料、乐器以及舞蹈杂技、绘画技艺、天文学和外来文化等；还有西域特有的胡桃、红蓝花、石榴、葡萄、苜蓿、胡麻、胡豆、胡葱、胡瓜、豌豆、大蒜、酒杯藤等农作物；以及牲畜饲养技术、农作物栽培技术、葡萄酒酿造技术等生产技术。

（1）牲畜。特指西域所产的马、牛、羊等畜产品。中原地区牧草缺乏，缺少良种马和农耕用的牲畜，而西域地区畜牧业发达，因此中原地区长期引进西域的良种马、牛、羊等牲畜。其中，马、牛、驴、骡在国防军事、战争、农业生产以及载物运输方面具有重要作用；因此这些牲畜备受中原朝廷和广大农民的青睐，它们也就成了陆上丝路商贸中的大宗商品。这些牲畜主要通过官方互市进行交易。

（2）金银珠宝。金银珠宝的种类主要有金银饰品、珍珠、宝石、玉器等，它们自古以来就是财富的象征。

据北宋古书《册府元龟》记载，唐朝开元天宝年间由吐火罗（今阿富汗）、波斯（今伊朗）、大食（今阿拉伯）以及狮子国（今斯里兰卡）等地向朝廷进献的珍宝就有水晶杯、玛瑙瓶、宝香炉、白玉杯、水晶眼药瓶、生玛瑙、生金精、象牙、珍珠、琥珀等。

金银珠宝成为陆上丝路上重要商品的主要原因是：这些物品极大地满足了富贾贵胄、皇室宗亲的奢华生活，同时也是财富地位的象征，还可以装饰美化形象。这些奢侈品价值昂贵，利润极高，市场需求量大，故富商大贾趋之若鹜。因其体积小，重量轻，易于携带贩卖，特别受到西域胡商的青睐。

据文献记载，隋唐时期长安和洛阳及一些大的陆上丝路商镇都经常有买卖金银珠宝的胡商出现，有些胡商因此致富，家资巨万。

2. 通过海上丝绸之路输入中国的商品

通过海上丝绸之路输入中国的商品主要有香料、自然资料、手工艺品、奢侈品等。

（1）香料。海上丝路沿线的东南亚、南亚、阿拉伯半岛及东非各地生产各种香料，如阿曼乳香（图1-3-5）等，早在南朝梁武帝时，就有天竺国遣使贡献多种香料。

唐宋以来随着海上丝路贸易的兴盛，大量香料源源不断输入中国，成为进口贸易的最大宗货物。其中规模较大的有来自东南亚、南亚的胡椒、乳香、木香、檀香等。宋神宗熙宁年间（1068—1077年）仅广州市舶司为政府购买的乳香即多达34.88万斤[①]。除商人贩运外，朝贡贸易中的香料规模也颇为庞大，据史料，1387年暹罗进贡胡椒1万斤、苏木10万斤，1390年又贡献胡椒及苏木17万斤。

❀ 图1-3-5　阿曼乳香

（2）自然资源。自然资源包括矿产品、林产品及海产品等。自唐朝开始就有来自日本的金、银、铜，到清前期日本输华商品仍以贵金属为主，以至于日本政府担心贵金属的大量外流会对本国经济发展带来不利的影响，故改行限制政策。之后日本政府又颁布了"正德新令"，规定中国赴日商船每年限定为30艘，铜输出量不准超过300万斤。在严格的禁令限制下，中国赴日商船逐年缩减。产于东南亚的锡、铅等也是中国自海路进口的重要商品。此外，各种珍贵木材也从日本、东南亚各地大量输入到中国。

（3）手工艺品。自宋代开始，日本的折扇、刀剑就以其精良品质获得中国人的青睐。欧阳修《日本刀歌》有"昆夷道远不复通，世传切玉谁能穷。宝刀近出日本国，越贾得之沧海东"这样的描述。

（4）奢侈品。汉朝时期东南亚的犀角、象牙从海路输入中国，唐宋时期来

---

① 斤非国际标准计量单位，现今1斤=500克。秦、西汉时1斤=258.24克，东汉、魏晋南北朝时1斤=222.73克，隋初1斤=668.19克，隋末1斤=222.73克，唐至清，1斤=596.82克。

自日本的珍珠及东南亚的象牙、犀角、孔雀翎、宝石等商品的进口量大幅增加。宋朝占城国（今越南）进贡物品有象牙、犀角、玳瑁等。据史书记载，宋神宗大中祥符八年（1015年），注辇国（印度半岛古国）派使团来朝，带来象牙60颗、珍珠27 700两、香药3 300斤。明朝初期锡兰山（今斯里兰卡）使节多次来华，带来珍珠、珊瑚、宝石、水晶等贡品。

此外，各种珍禽异兽（如狮子、大象、斑马、长颈鹿、非洲鸵鸟、金钱豹、麂等）和粮食等也是中国自海路进口的大宗商品。

国内外商品的广泛交流，促使经济迅速发展，增进思想交流，使中西方文明在碰撞中相互汲取养分，不断向前发展。

1.3.4   近现代中国的主要商品

鸦片战争之后，帝国主义列强在中国各地兴建通商口岸，掌控中国海关，向中国倾销商品，从粮到布、从火柴到石油、从日用品到工业品无所不有，这些商品的流入客观上丰富了我国商品种类的同时，也沉重打击了我国脆弱的农业经济和新兴的民族资产阶级。洋货大量流入，外资也随之进入，当时的百货业、新兴电料业和车行发展较快，而当时我国出口的商品主要是初级产品如生丝、茶叶和矿产等。

中华人民共和国成立初期，百废待兴，人民生活困苦。当时最重要的商品是粮食和战略物资，工业产品产地仅分布在沿海一些城市，外贸也仅限于苏联和一些社会主义国家。在中国共产党的领导下，全国人民共同努力，迅速恢复了被长期战争严重破坏的国民经济。仅一年时间，全国财政收支就基本达到平衡，工农业生产全面恢复，国民经济迅速复苏，国家统购统销的计划经济政策在当时发挥了积极作用。20世纪六七十年代时，我国国民经济发展遇到曲折，当时的商品种类不多，国民生活水平不高。1978年改革开放之后，我国的经济建设取得了举世瞩目的成就，人民生活水平不断提高，外贸出口突飞猛进，市场繁荣，商品种类繁多，中国外贸产品也完成了从原材料产品、低附加值产品为主向高附加值、制造业产品为主的转变。中国的主要出口商品有服装、鞋、煤炭、农牧产品、酒精饮料、家具、玩具、陶瓷产品、纸及纸制品、各类零件等，主要进口商品有集成电路及微电子组件、车辆及零件、半导体器件、电机、电器、医疗设备、化妆品、药品、石油等。

随着国民生活水平的提高，商品种类不断发生着变化，当今国人最关注的是住房、医疗保健、教育类、文娱类商品。服务业的不断发展则使商品更多地从有形转为无形。在互联网时代，中国电子商务产业迅猛发展，世界各地的商品汇集于网络之上，全球化趋势和现代物流业的发展为商品的迅速流通提供了条件，电子支付手段打破了货币汇兑的壁垒，一切变得迅捷而充满想象。中国的制造业水准不断提高，越来越多的高附加值商品成为外贸的主力，如航空航天产品、电子器材、重型机械等。

随着科技的发展，时代的进步，商品的种类也必将更新迭代，丰富多样，商品交易的模式也必然随之推陈出新，不断发展。

传承·创新·创业
《货殖列传》对"双创"的启示

《史记》是我国第一本纪传体通史，其中的《货殖列传》对我国早期商业、商人的状况进行了专题论述，也记载了许多商业案例。因此，从《史记·货殖列传》中撷英，会给我们的"双创"带来很多启发。

创业需要认真诚心、专注专一的态度。在汉代初期，曾出现了很多从事微贱行业而创业成功的商人。《货殖列传》记载，秦扬以掘土为业，发家致富；雍伯以贩脂为业，收入千金；张氏经营卖浆，成为巨富；雍乐来往行贩，家境富饶；浊氏脍炙胃脯小菜，成一方豪富。掘土、贩脂、卖浆、行贩、胃脯这些行业，在普通人心目中，都是一些简单、微利、卑贱的行业，那么经营此类行业为什么会创业成功呢？司马迁对此的总结是："此皆诚一之所致。"因为他们做到了"诚""一"二字，所谓"诚"指诚心、认真地经营；所谓"一"指专一专注、心无旁骛。古人说："七十二行，行行出状元"。不论从事什么行业，在创业经营的过程中，要想成为这一行业的"状元"，就要具备认真诚心，专注专一的态度。

　　创新需要另寻蹊径，打破常规的思维。白圭，战国时期中原（洛阳）人，名丹，字圭。《货殖列传》说："盖天下言治生，祖白圭"。书中记载了许多白圭的经商话语，"人弃我取"就是其中的一条。这句名言可以从创新创业的角度来进行理解：市场上，人们不愿意做的行业、抛弃的行业，我就拿过来经营。别人不愿做、放弃的项目，要么人们瞧不起这个项目，不屑于做，要么人们还没有认识到其商机、前景，不愿意做。在创业之初，选择什么样的项目好？我们要具有一双慧眼，要敢于打破惯常思维。大家都在做的项目，竞争力大，利润少，市场生存艰难。这时不妨以"人弃我取、人取我与"的思维另寻蹊径。在市场上寻找别人不愿意做的项目，科学论证，发现可能存在的机会。因为没人做，竞争压力小，市场空间可能大，利润相应也会大，那么创业成功的机会就会大。

　　学史以明智，研读商业发展的历史，学习优秀的商业文化，可以用来指导创新创业。《史记·货殖列传》启示我们，要以认真诚心，专注专一的态度，运用另寻蹊径，打破常规的思维，勇于创新创业，实现人生辉煌。

思考题

1. 在我国商业发展中为什么形成了"重农抑商"的思想？这种思想在今天的现代商业社会中还有什么影响？应该如何应对？

2. 货币发展至今已呈现出数字化趋势，在数字货币时代，哪些物品能够保值、增值？为什么？

3. 在商业发展的新时代下，商品会呈现出哪些新的表现形态？

专题测试

专题一
————
交互式测验

专题二

商路

学习目标

知识目标：
了解我国主要商路的形成和发展过程、产生的作用和影响，熟悉商路中的主要商业现象，掌握其贸易形式和商贸特征。

能力目标：
能够分析我国商路发展、演变和贸易的一般规律、规则和方法。

素养目标：
具备对中国商路基本要素的认知能力，能够在现实工作、生活中主动发掘商路文化价值，弘扬商路文化。

本章导读：

　　　　在中国长期的商贸发展过程中，逐渐形成了以中国大运河、陆上丝绸之路、海上丝绸之路和茶马古道为代表的著名商路。这些商路既是盐路，又是粮路，或为丝路，亦为茶路，还是瓷路。这些商路使不同地域互通有无、不同文明相互融合，路贯东西、商通天下。所以，商路不仅仅是商贸之路，还是文化之路、信息之路、富民之路、强国之路。如今，中国向世界发出共建"一带一路"的倡议，并不断在探索中前进、在发展中完善、在合作中成长。商路的时代意义和文化价值吸引着我们学习、认知、发掘、探索，从历史中汲取智慧，再创新时代的辉煌。

2.1　中国大运河

引言:

寄语飞南归北雁,大河头尾是家川。

一条河,沟通南北;一条河,贸易东西。承载着中原厚重的文化,它穿山过水,为燕赵的北国风光添一抹文采风流;携带着帝国繁盛的梦想,它跨州越县,给江南的烟花三月增几许爱恨离愁。

汴水流,泗水流,流到瓜洲古渡头。千百年,它流淌不息,看遍盛衰荣辱;亿万人,它终日为伴,尽观世事冷暖。它联通了黄河长江,打通了帝国的"任督二脉";它转移了经济重心,影响了后世的国家格局。

它,就是伟大的中国大运河。

微课
———
中国大运河

2.1.1　中国大运河的形成

中国大运河由隋唐大运河、京杭大运河、浙东运河三部分组成。它始建于春秋时期,地跨8省27市,全长2 700多公里,是世界上开凿时间最早、工程规模最大、空间跨度最大、里程最长、使用时间最久的运河,2014年被列入世界文化遗产名录,与长城、坎儿井一起并称为中国古代三大人工工程,是中华民族伟大精神的象征之一。

1. 中国大运河的雏形

邗沟是中国最早开凿的运河之一,是中国大运河的重要组成部分,沟通了长江与淮河。邗沟最初由春秋时期吴国为了军事目的开凿的。那时诸侯纷争,战争不断,军资运输频繁,吴国地处水乡,百姓习于舟楫。吴王有争霸天下的野心,但当时江淮间不通水路,绕行海路则增加时间、风险并且贻误战机。所以吴王开凿邗沟,利用自然水域,用于运输军粮与兵丁。

早期的运河	在古代，水运是一种速度快、成本低、运量大的交通方式。有学者认为中国已知的最早的运河是公元前613年楚国开凿的巢肥运河，它沟通了长江、淮水和汉水。战国时期最著名的运河则是魏国的鸿沟，它联通了黄河和淮河。早期的运河多开凿于天然水系条件优越的地方，主要是为了征战和运输。

春秋战国时期开凿的运河和水利工程还有淄济运河、郑国渠、都江堰等，它们的共同特征是都充分利用了自然河道，人工开凿的距离较短，多服务于军事运粮运兵，维护成本较小，也有一些用于农业灌溉，客观上促进了经济的交流与发展，为后来全国性水运交通网的形成奠定了基础。

2. 中国大运河的完善

隋朝的建立和统一结束了近400年的分裂状态。此时饱经战乱的北方已无法满足京城和边防的粮食供应，而分裂时期的江南经济有显著发展，粮食产量丰盛，南粮北运成为大势所趋。但是陆路运输耗费人力巨大，费用高、速度慢、运量小，因此修筑运河进行水运成为当务之急。而且从治理的角度看，江南门阀士族与关陇集团中央政权间的矛盾尖锐，运河的开通也有利于隋政权对南北方的控制，维护国家统一、巩固新生政权。

隋文帝杨坚开挖并疏浚了广通渠，引渭水东流，过潼关通黄河，连接天下。隋炀帝杨广开凿了通济渠，沟通了黄河、洛水与淮水，联通了洛阳和扬州，之后又修筑了从洛阳到涿郡的永济渠，沟通了山东的水陆军事基地。永济渠、通济渠、邗沟和江南河一起，将海河、黄河、淮河、长江和钱塘江五大水系连成了统一的水运网。自此，大运河给后世留下了无尽财富。北宋时，通济渠被称为汴渠，承担着把江南物资运送到都城东京（汴梁）的任务，北宋画家张择端的作品《清明上河图》（图2-1-1）客观记录了当时汴河两岸的繁华景象。

微课

解读清明上
河图

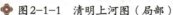

🌸 图2-1-1 　清明上河图（局部）

🌸 见微知著 🌸　《汴河怀古》（其二）

尽道隋亡为此河，至今千里赖通波。
若无水殿龙舟事，共禹论功不较多。

——唐 皮日休

诗文批驳了修大运河是隋亡国之举的传统观点，从历史的角度对隋炀帝的功过是非进行了评价。全诗立意新奇，议论精辟，是唐代怀古诗中的佳品。

中国大运河是世界上最伟大的人工工程之一。大运河的长度、深度、宽度和通航能力在古代世界首屈一指。它的开凿，体现了我国古代劳动人民的聪明才智和创造力，千百年来享誉世界。大运河的开通，沟通了中原和南北地区，促进了运河沿线城市的繁荣，维护了中央集权。

3. 中国大运河的繁荣

元世祖忽必烈建立元朝，定都燕京，后改名大都（北京），当时燕地物产不够丰富，仅靠当地物资无法维持都城的日常运转，富庶的江南又离得太远，黄河改道使元朝重修淮河以北的运河必须另辟蹊径，这导致淮河以北大运河格局和走向要发生根本变化。忽必烈决定直接开挖一条从大都直抵杭州的运河，指派当时著名的科学家、水利工程专家郭守敬负责此事。筑河方案为裁弯取直，北起大都至通州，入德州下聊城进入永济渠、山阳渎，经扬州过长江至江南运河直达杭州，这样比隋运河航路缩短了2 000里①。公元1325年，随着会通河的修成，京杭大运河全线贯通。自北向南分为通惠河、通州运粮河、御河、会通河、济州河、扬州运河、江南运河七部分，实现了海河、黄河、淮河、长江、太湖、钱塘江六大水系的一脉相连，这便是后人所称的"京杭大运河"。此后，明清两朝的运河就是以京杭大运河为基础的，一直沿用到今天。

见微知著　漂来的北京城

　　老北京有句俗话说"漂来的北京城"。这是因为元大都的粮食、丝绸、茶叶、水果等生活必需品，大部分是通过京杭大运河从南方运输来的。明永乐帝迁都北京，营建紫禁城，紫禁城所需的砖石木料大量从南方运往京城，这些砖石木料体量巨大，走水路最为快捷省力，京杭大运河成了首选。于是老百姓就形象地说，北京城是随水漂来的。

2.1.2　中国大运河的功能

1. 军事功能

中国早期的运河，如邗沟，就是吴王夫差为了运输军队与物资，北上与齐国争霸中原而开凿的，其他像鸿沟、灵渠、平虏渠、泉州渠均是如此，直到魏晋南北朝时，在山东开凿的桓公渎也是为了军事征战的需要。除军事因素外，向京城供粮，也是早期运河的重要作用。都城是中国古代王朝的心脏，是统治全国的政治中心，所以聚集了大量的人口与军队，对粮食等物资的需求量十分庞大，修建连通京城的运河，不仅可以满足各类商品的需要，而且对于统治者强化对全国的控制具有十分重要的意义。

2. 经济功能

古代中国长期处于农业社会，对粮食的依赖程度很大。由于当时科技水平较低，农业发展大多靠天吃饭，通过开挖连通自然水域的运河，可以灌地运粮、调控水旱环境、维持区域生态平衡。秦汉时期，统治者多从山东运粮到关

---

① 里非国际标准计量单位，1里＝500米。

中，后来随着政治中心的东移与北移、经济中心南移，运河方向也逐渐由东西向南北演变，特别是到了元、明、清时期，政治中心设在北京，运河裁弯取直，不再经过河南，缩短了距离。

水运映照国运，"夜桥灯火连星汉，水郭帆樯近斗牛"的大运河，成就了唐朝的繁盛。随着漕粮由江南运向北方，民间手工业和商业也随之兴起，明清时期山东境内运河流经的城市迅速成为全国重要的漕运码头、商贸中心、河政要地，呈现出商贾云集的繁荣场面。其中，临清有"繁华压两京，富庶甲齐郡"的美誉，聊城则被誉为"漕运之咽喉，天都之肘腋"，德州因位于商路通达之地，号称"九达天衢"，甚至连当时兖州府的张秋镇也凭借便利的运河交通而一度与苏杭齐名。

随着人口的聚集与经济的发达，不但各地商人纷纷来到运河城市经商贸易，甚至连漕船上的军丁与沿岸百姓也借机做些小生意，增加收入、改善生活。皇家运漕，私行商旅，舳舻相继，百舸争流，运河带动沿岸粮仓、货栈、造船业、盐业、皮革业、烟草业、丝绸业、酱菜业等行业的蓬勃发展。据史料，明清时期每年沿运河流通的粮食数量达数百万吨，布匹、铁器、杂货、干果等商品更是不计其数，朝廷为此专门在天津、临清、济宁、杭州等地设立钞关征收商税，以此来增加朝廷的财政收入。运河贯通南北，为传统商贸发展提供了便利的交通运输条件，形成了影响力巨大的东部运河经济城市群，对沿运河区域的社会经济产生了巨大影响。

3. 水利功能

在京杭大运河沿线，有诸多的闸、坝、堰、堤等水利设施，这些水工建筑不但能够保障漕粮运输，使各类船只顺利通过，而且对于调控水源、控制洪峰、灌溉农田也有重要的意义。如山东济宁的南旺分水枢纽工程，就有着巨大的科技含量，它将附近自然河流与泉源的水集中到运河的最高点，然后实行分水，使七分向北流，以消除北方运河水源匮乏的弊病，三分向南流，使之与南方运河贯通，并在附近置南旺、马踏、安山等湖泊以调节运河水量，形成了一个完善的水利工程系统。这些河工技术在明清数百年间不断发展与进步，不但在当时出版了大量的河工书与水利书，形成了一整套的河工抢修、维护、修缮的措施与办法，而且对现在黄河、运河、淮河水利工程的实施也具有重要的意义。如今，三峡大坝的船闸设计也借鉴了古代船闸的施工原理，大运河的水利技术可谓影响深远。

4. 文化功能

大运河既是经济带，也是文化带，南来北往的人群不但将本土的文化习俗带到了沿运各地，而且与当地文化相互碰撞与交融，逐渐形成了一种新的特色文化。在大运河流域，商业的刺激也促进了小说写作与刻书业的发展，中国古代的"三言二拍"、《金瓶梅》《聊斋志异》等著名书籍里的很多场景均取材于大运河沿线城市，描写出了当时大运河沿岸百姓的日常生活，这充分说明了经济与文化之间的互动关系。随着沿河百姓文化水平的提高，在天津、德州、聊城、临清、杭州等城市涌现出了大量的藏书家与刻书家，书坊、书肆、文具店更是不计其数，戏曲、杂技、信仰也借助便利的交通条件在大运河区域传播与发展，使当地百姓的娱乐生活更加丰富与开放，提高了百姓的文化素养。

2.1.3 漕运与大运河商贸

1. 漕运历史

漕运是我国历史上一项重要的经济制度，特指中国历代封建政府解送粮食至京师或指定地点的水道运输，就是利用水道（河道和海道）调运粮食（主要是公粮）的一种专业运输。运送粮食的目的是供宫廷消费、百官俸禄、军饷支付和民食调剂，这种粮食称漕粮，漕粮的运输称漕运，方式有河运、水陆递运和海运三种。狭义的漕运仅指对通过大运河并沟通天然河道转运漕粮的河运而言，水路不通处辅以陆运，多用车载（山路或用人畜驮运），故又合称"转漕"或"漕辇"。大运河与漕运文化的发展是相辅相成、共生共荣的。

元朝初年，仍通过隋唐大运河北运漕粮，但因大运河年久失修，运力有限，部分漕粮开始采用海运的方式。黄河的改道和变迁导致淮河以北大运河走向发生根本变化。13世纪末京杭大运河开通后，漕粮运输河运和海运兼有。

明朝初年，粮食以海运为主、河运为辅。15世纪初，明朝迁都北京后，粮食需求量大增，加之海运艰险，船只时常倾覆，故重新整治大运河，漕运再次以河运为主。据史料记载，每年仅浙江上缴运往京师的漕粮就达400万石左右，相当于今天的240万吨。1403年，明成祖朱棣任命陈瑄为漕运总兵官，总督漕运，成为明朝第一任漕运总督，从此开启了明、清两朝600年运河漕运的历史。

清朝承袭明制，漕粮仍以河运为主，贮于京师（城内）和当时的通县，以供支用。除开凿河道外，明清政府对于运河的管理与治理也非常重视，每年投入数百万两白银用于黄运分治，修筑水源工程，开凿避湖行运工程，修建蓄水排沙工程等，真正实现了运河漕运的全线贯通。完善了配套的管理制度，漕运总督、河道总督、仓场总督的设立，漕法、漕规、漕例、漕限的制定，运军、河兵、船厂、仓厂制度的完善，粮长、支运、兑运、长运制度的确定，使漕运的管理更加系统化、科学化。

清咸丰年间，吏治腐败、河道淤塞，特别是咸丰五年（1855年）黄河决口后，山东张秋运河被拦腰截断，其北聊城、临清、德州、天津段运道逐渐无法通航。太平天国占领南京后，漕运通道中断，鄂、湘、赣、皖、豫五省漕粮改折银两，苏、浙两省漕粮改由海运，只有山东和江苏北部的漕粮仍经运河运往北京。1855年黄河大改道后，运河浅梗，河运日益困难。1901年，清政府正式下令终止漕运。这项实行了2000多年的经济措施最终退出了历史舞台。

2. 漕运管理与粮食储备

漕粮征收是漕运的第一步，运粮路途极其漫长，浙江漕粮运到北京用时五个多月，若无一整套的管理、调度、控制措施，漕运无法完成。为保证漕粮顺利运输，明朝隆庆六年（1572年）始，政府明确统一了漕运的行程日限，各省漕粮于每年农历10月开仓、11月装船完毕、12月北上，来年农历2月过淮安、3月过徐州入山东、4月达通州。漕粮北运的时限以法令形式确定，北上漕船日夜兼程，河道上的重要节点，必须首先保证漕船通行，因此合理调度是保证船队顺利过闸的关键。历代漕运总督都致力于治理运河、督运漕粮、建立漕运管理制度和体系，形成了从中央（户部）到地方（漕运总督）再到各省（粮道衙门）的分级负责制，使漕运更加高效、规范。

除运输外，仓储是古代物流的重要载体。仓是存粮之所，贮粮以备不时之需。政府设专门机构和官员管理仓库。在唐朝，京师有太仓，州县有正仓，常平仓（均贵贱）和义仓（备不足）是储备性质的仓库，粮仓多分布在运河河道沿途，派专人监管，既减少损耗，又节省人力物力。明朝时，开设临清、德州两大仓，各容粮300万石，洪武年间南京设军需储备粮仓20所，永乐年间北京设37个卫仓，并且根据规定各行省都要设置粮仓。清朝粮仓分为国家级和地方级。

古代仓库有储存、储备两大功能。储存是将漕粮保管起来，供日常消费；储备是为应付战争、灾荒及突发事件时所需。此外，仓储还有平抑物价之功能，粮食丰收时入仓，歉收时出仓赈灾，调控粮食价格，保持政局稳定。

3. 钞关

明朝禁海后，京杭大运河成为全国南北商品流通的主干道。运河繁荣，为政府带来巨大利益，征收京杭运河过往船只和商品关税，成为税收的重要来源，占全国税收的九成以上。明宣德四年（1429年），因商贩拒用大明宝钞，皇帝命令各商运关所商货税款用大明宝钞缴纳，故名钞关，即内地征税的关卡。

当时全国有八大钞关（税收署），其中七个设在运河沿线，运河沿线钞关的设立，既迅速带动了环运河带区域经济网络的建立和运河沿岸城镇的发展，也说明了京杭大运河对明、清政府的重要性和经济地位。京杭大运河上的钞关曾存续了数百年，为明清政府提供了重要的财政支持。行商过关，要按照程序填写税项，钞关按律对各类货品征收数目不等的税款。商人在等待过关验收的同时进行贸易，加速了商品的流转，也带动了钞关附近商业和服务业的发展，便利的交通和繁荣的贸易促使运河各钞关所在城镇逐渐成为区域经济中心和流通枢纽，进而辐射、带动了周边区域经济的发展，促成了沿岸城镇的持续繁荣，也促使城镇人口数量与结构发生变化。

知识视窗　**临清运河钞关**

临清运河钞关是明、清政府设于运河、督理漕运税收的直属机构，也是目前全国仅存的一处运河钞关遗址。临清运河钞关始设于明宣德四年（1429年），由户部直控管理关税。依靠运河，明朝时临清经济迅速发展，成为当时重要的商品集散地，人口激增。通过发达的运河、快捷的贸易和运输网络，其经济活动延伸到几乎全国所有重要经济区域和城市，临清因此在明朝全国著名的33个大城市中占有一席之地，万历年间征收税银83 000余两，居全国八大钞关之首，占全国税收1/4。

4. 大运河商贸

春秋战国时期，越国范蠡利用水运从事商贸活动，被后人称为"商圣"。唐朝形容运河的繁忙景象为"公家运漕、私行商旅、舳舻相继"；元朝记载了运河的贸易与商品情况；明万历年间记载了运河上"日夜商贩而南，日夜商贩而北"的景象。运河的商贸活动沟通了南北，奠定了商品大批量长途流通的基础，运河上商品数量、种类多，流通范围大，在全国的商品流通网络中发挥着重要的作用。运河的贸易可分为商民船贩运、漕船夹带、坐地经营、游商散贩等形式。

（1）商民船贩运。明清时期，最有实力的商人就是贩运商。贩运包括长途和短途，长途贩运的一般是粗重大货，货物规模大、所需资本多、周转时间长、行程艰难，多选择便宜的线路，因此水运成为首选。大运河贯通后，为长途贩运提供了便利条件，大宗商品不再局限于狭小的区域市场，而是被运至更远的地方销售。商品一般集中在粮食、布匹、棉花、盐等几类商品及部分特产和工艺品上，商品数量取决于城市生活消费需求和本地区农业的丰歉。

（2）漕船夹带。主要指运军随漕船夹带的土宜私货。朝廷为体恤运军生活不易，自明洪熙年间始，规定运军可随漕船携带一定数量的"土宜"，沿途买卖，免征课税。不断增加的土产，进一步增大了南北物资的交流。除朝廷明文规定的夹带数量外，运军还夹带腌猪、豆麻饼、棉花、红黑枣、梨、柴、菜等商品，而且数量更大。这从客观上促进了全国物资交流和商品经济的发展，使得城镇中店铺林立，商贾辐辏，百货集聚。

（3）坐地经营。明清时期，朝廷对长途贩运行商的管理非常严格，行商出外经商，须先向政府申请路引，对于无引、引目不符以及持假引者，逮捕治罪。这种情况下，除部分实力雄厚的大商人，大多数中小商人会选择坐地经营，在城镇开设市肆店铺或在乡村集市设固定摊位，从事商品的批发、零售和餐饮服务业，被称为坐商、坐贾、铺户、行户。他们或收购散货卖给长途贩运者，或向长途贩运商购买外地商品，或前店后坊集手工业者和商人于一身，是运河沿线市镇中的主要群体和中坚力量。

（4）还有一些游商散贩，本小利微，数量庞杂，活跃于城乡街巷或集市，吆喝叫卖，以服务性行业为多。

每年400万石的漕粮，是运河上的主要物资，但漕粮是贡品不是商品。运河上的贸易商品，主要指借助运河输送的、远超漕粮数量的一般商品，数量、品种繁多。

2.1.4　中国大运河的影响

大运河的开凿体现了中国古代劳动人民的聪明才智。漕粮运输在满足京城、边防以及卫所粮食供给的同时，便利了商民船只的往来，促进了商品经济的发展。

1. 影响国家命运

大运河是国家重要的经济命脉和维系统治的政治纽带，它加强了北方政治中心与南方经济中心的联系，对于南北经济文化交流以及国家统一作用巨大。大一统的趋势是中国历史的主流，全国性运河交通网络的出现是大一统的结果，也有利于大一统局面的巩固和发展。隋唐元明清时期是中国的大一统时期，也是大运河畅通、充分发挥作用的时期，促进了各地区的经济联系，影响了城市的布局与发展。

2. 活跃商品流通

伴随漕运产生的商业活动无处不在，通过物资和人员的流动，给沿途地区带来了经济繁荣。因此大运河既是交通要道也是商品流通之路，运河即商路。物资运输是大运河最核心的功能，作为南北经济交流的大动脉，大运河密切了区域间经济联系，便利了商人往来，扩大了商品流通，促进了沿线城镇繁荣，影响了沿河百姓的生活。

3. 促进交通建设

商品流通不仅仅是物资的互通有无，还加强了各地区间的联系。为联通大运河主干道，各地水陆交通网络不断开拓，商业线路不断延伸，流通范围不断扩大，越来越多的地区被纳入商品流通路线中，地方商品市场得到发展，以集镇为中心的地方小市场便利了农村百姓的商品交流活动。

4. 形成繁华城镇

大运河带动了商品经济发展，为人口、物资、船只往来提供了有利条件。商人借助大运河将本地产品与外来商品相交换，推动了商业市镇的发展。明中期以后，沿河城镇规模不断扩大。在大运河两岸形成的城镇，可分为中心枢纽城镇、中等城镇、小城镇三种类型。中心枢纽城镇多处在运河与其他河流、湖泊以及陆路交汇处，往往为漕河衙署所在地或府州县治所，如洛阳、郑州、开封、通州、天津、临清、济宁、淮安、扬州、杭州、苏州。在清朝徐扬所绘的《姑苏繁华图》中，可以看到当时的盛况。

　　小城镇一般是县城以下的市镇，大都由处在运河闸坝、码头、驿站及交通要道上的聚落发展而来，如张家湾、南阳、台儿庄、窑湾、盛泽等。这些城镇，发挥着集散商品、转贩四方商货的作用，均为政治、经济型的城镇。运河沿线城镇的优越条件，对各地商人商帮有巨大吸引力。"商贾辐辏之地，必有会馆。"会馆是外籍商人在异地聚集联谊、从事商业活动以及公益活动的重要场所。会馆通过祭祀、演戏等一系列文化活动，表达对家乡的眷恋，团结身在外地的同乡，维系乡情。

5. 推动文化交流与传播

　　在频繁的商品经济交流中，在劳动人民长期的生产和生活实践中，大运河便利了文化的交流与传播，燕赵、齐鲁、吴越等区域文化在这里交融，中外文化在这里碰撞，大运河成为南北文化交流与传播的重要载体。时至今日，古老的大运河作为鲜活的、流动的人类文化遗产依旧在发挥作用，继续为商品经济的发展服务。大运河部分河段是北煤南运、南水北调的黄金水道，一些续建、扩建工程正在进行当中，大运河的输送能力还将不断提高，大运河的故事还会继续精彩。

2.2　陆上丝绸之路

引言：

　　从大漠孤烟塞北，到杏花烟雨江南；从山水田园牧歌，到金戈铁马阳关，这条路上流传着千古诗篇，这条路上演绎着百态人间。世界四大文明在此交融，多民族的文化在此碰撞，各地方的商品在此流通。

这，就是丝绸之路。大漠驼铃中遥望那秦时明月汉时关，绿洲古国中掩映着葡萄美酒夜光杯，战马嘶鸣中咆哮着不破楼兰誓不还，刀光剑影下坚守着不教胡马度阴山。四季轮转间，黄沙一度掩埋了繁华，复兴之路上，古道将再现芳华。

2.2.1　陆上丝路的形成

1. 陆上丝路的开通

微课
——
陆上丝绸
之路

（陆上）丝绸之路，简称"丝路"，形成于公元前2世纪，西汉时由张骞开辟，是一条以长安（西安）为起点，横贯欧亚大陆的陆上贸易通道，是一条东西方之间经济、政治、文化的交流之路。1877年，德国地理学家李希霍芬将其命名为"丝绸之路"，这个称呼被世界所认知和接受并沿用至今。丝绸之路是沿线各国共同促进经贸发展的产物，是古代亚欧互通有无的商贸大道，也是促进亚欧各国和中国的友好往来、沟通东西方文化的友谊之路，为人类文明发展做出了不可磨灭的贡献。2012年8月1日，中国邮政发行了"丝绸之路"特种邮票（图2-2-1）以示纪念。

图2-2-1　"丝绸之路"特种邮票

微课
——
张骞通西域

早在先秦的青铜器时代，北方草原上就形成了一条草原之路，从中原经蒙古草原直通西方，由于战乱和迁徙，这条路时断时续。

汉武帝时期经济繁荣，国力强盛。公元前138年，汉武帝派使者张骞首次出使西域，本意是寻求西域盟友抗击匈奴，后来张骞返回长安向汉武帝报告了西域的见闻以及西域诸国想和汉朝往来的愿望；同时大将卫青等奉王命率骑兵出雁门等地，打败了匈奴的进攻，夺回了河套等失地，在军事上创造了条件。

公元前121年，匈奴据守在西方的浑邪王向汉朝投降，汉朝取得河西走廊。公元前119年，汉武帝派张骞第二次出使西域。这次张骞率领出访使团、庞大商队，访问了西域许多国家。自此，汉朝频繁派使者到西域各国，每次人数众多，有"使者相望于道"的盛况景象，西域各国也派使节回访长安，汉朝和西域各国的交往从此日趋频繁。公元前60年，西汉设立西域都护（西域最高军政长官），总管西域事务，其主要职责在于守境安土，协调西域各国间的矛盾和纠纷，制止外来势力的侵扰，维护西域地方的社会秩序，确保丝绸之路的畅通，西域各国由此纷纷归附汉朝。从此，西域地区开始隶属中央管辖，成为中国不可分割的一部分。

张骞两次出使西域，开辟了东起长安（今西安），经甘肃、新疆，到中亚、西亚，并联接地中海各国，西到罗马的陆上通道，包括南道、中道、北道三条路线。司马迁在《史记》中以"凿空之旅"称赞张骞开通丝绸之路的卓越贡献。

2. 陆上丝路的发展

张骞"凿通"西域之后，陆上丝路时断时续地继续向西扩展。公元73年，班超出使西域，进一步疏通了陆上丝路。公元97年，班超派遣甘英出使大秦（古罗马帝国），虽然甘英受安息人干扰而没有直接与大秦交往，但他经中亚、西亚远达波斯湾地区。之后，历经魏晋南北朝，陆上丝路虽时有中断，但整体畅通，并在原有基础上又有所扩展。通过丝路繁荣的贸易（图2-2-2），中国的丝绸、火药等先进物品被大量运往沿线欧亚各国，西域的宝石、香料、玻璃器具，以及菠菜、葡萄、石榴等蔬菜水果，也源源不断地运至中国。

❖ 图2-2-2　丝路繁荣的贸易

（1）投笔从戎。班超是东汉时期的一名史官，志存高远，一次班超在誊写历史文件时感慨道：好男儿要成为像傅介子、张骞那样的人，在沙场建功立业。于是他丢下毛笔毅然从军。

（2）不入虎穴，焉得虎子。班超被派往西域联络鄯善王共抗匈奴，不想匈奴也派使者过来，鄯善王开始摇摆不定，甚至有投靠匈奴的苗头。班超认为只有杀死匈奴使者才能让两国交好。匈奴兵强马壮，防守严密，班超对手下说，不入虎穴，焉得虎子。深夜，班超与众兵士潜入匈奴使者营帐，杀死了匈奴人，平定了鄯善。

隋朝建立时，西域已处在突厥政权的控制之下。隋朝对突厥采取分化离间兼以军事进攻等政策。隋炀帝开展了大规模的西征活动，全面经营西域。公元609年，隋炀帝亲自率军到西平郡，彻底击溃了吐谷浑的主力。同年，隋炀帝出巡武威、张掖等地，西域27国国王和使者拜谒隋炀帝，被史学家称为古丝绸之路上的"万国博览盛会"。此后，隋朝在西域设置了鄯善、且末、西海、河源四郡，扫清了隋朝通往西域的障碍。以敦煌为出发点，形成了三条到达地中海东岸的路线，还开辟了很多支线。为加强对丝路的管理，隋炀帝派遣裴矩专驻张掖以掌管与西域诸国的通商事宜。

隋朝设立互市，与高昌王和亲，打通通往西域的三大门户——伊吾（北道）、高昌（中道）、鄯善（南道），促进了西域与内地政治、经济、文化的交流，并为唐朝统一西域奠定了良好的基础。

3. 陆上丝路的繁荣

唐朝时东西方经济和文化交流出现了高潮，丝绸之路呈现繁荣。唐朝丝绸之路的特点是陆海丝路相继交替繁荣。唐朝前期陆上丝路的繁荣，是继汉代以来陆上丝路发展的顶峰，后来贸易优势逐渐让位于海上丝路。

贞观年间，唐太宗击败东突厥，与西突厥加强友好联系，扫除了高昌、焉耆、龟兹等分裂势力，在西域地区设立安西都护府，加强了西部边疆的军事和行政管理，保证了丝路的繁荣畅通。之后又完成了对漠北地区的统一，于贝加尔湖东北和唐努乌梁海一带增设都督府，并设立燕然都护府，开辟"参天可汗道"，沿路设邮驿近70所，专供往来官吏和商贾使用，加强了漠北与中原的联系，开辟了西部与北部边疆往来的通道。自此西部地区和广大漠北连成一片，丝路向北获得显著扩展。丝路北道的繁荣使新兴贸易中心出现，其中著名的有庭州、弓月、轮台、热海、碎叶、怛逻斯等。

与此同时，中国僧侣进入印度，详细记载了从河西，经青海，由西藏进入尼泊尔的路线。这条支线的开辟反映了丝路已向南面大大扩展。陆上丝路发展到了高峰，进入了它的"黄金时期"。

4. 陆上丝路的衰落

唐中期"安史之乱"爆发，驻守西疆的边兵东调长安，西北边防空虚，吐蕃趋势北上占据河陇，回鹘也南下控制阿尔泰山，大食则加强中亚攻势，这使唐朝政府失去了对西域的控制，丝路"道路梗绝，往来不通"，由此中断，杜甫诗中有"乘槎消息断，何处觅张骞"的哀叹，唐朝灭亡后，五胡乱华、烽烟四起，丝绸之路进入长达四百年之久的闭塞期。

但"安史之乱"只是丝路衰落的导火索，真正的原因更加复杂和深刻，部分与唐中期海上丝路的兴起有关。随着我国造船和航海技术的发展，海上丝绸之路替代了陆上丝绸之路，成为我国对外交往的主要通道。

13世纪忽必烈建立元朝，丝绸之路再度畅通，持有元朝皇帝颁发的通行证牌子的商人可以进行贸易活动。威尼斯商人马可·波罗就是在元朝从西域南道抵达元朝都城——大都，他返回威尼斯后写下了著名的《东方见闻录》（又称《马可·波罗游记》）。

明朝航海业高度发达，丝绸之路不再承担其以往的重要使命。

2.2.2　陆上丝路的贸易

1. 丝路贸易形式

（1）贡赐贸易。基于西域诸国来中国朝贡，中国朝廷赐予奖赏所形成。这种贸易形式具有两个特点：一是带有官方贸易色彩。来朝贡献和当朝赏赐，实际上反映了中国与西域诸国商品的交换。"赏赐"使者正是为补偿他们所献贡品的"价值"。受到政治、外交因素影响，中方朝廷"赏赐"的实际价值量大于诸国的"贡献"，所以朝贡贸易更具有吸引力，出现了外国商使不绝于途的情景。二是体现了政治与经济的密切关系。朝贡国或表明归附，避免与中央帝国的矛盾及冲突，或寻求支持和保护，以增强与第三国关系中的政治、外交地位。唐朝阎立本绘制的《职贡图》（图2-2-3）描绘了当时的朝贡景象。

❖ 图2-2-3　《职贡图》

（2）互市贸易。民族贸易、商队贸易多属于这一类。这种互市贸易，加强了丝绸之路沿线各民族、各地区之间的经济往来，带有国际贸易、地区贸易和民族贸易相互交叉、相互渗透的鲜明特色。中亚、西亚商人在隋唐帝国广泛从事政治、经济、文化事业，甚至形成了"驻唐"现象。当时有"昭武九姓"，[①]他们素以经商著称，长期主导着丝绸之路上的转运贸易。

（3）聘赐贸易。这是指通过和亲即婚姻血缘关系的建立，结成稳固的贸易伙伴关系。它有以下三个特征：一是丝路周边各国向中原王朝"请婚"，多在各国各族政权更迭、政治变动后格外积极、迫切，这种要求的实质是承认贸易关系的连续性，承认姻亲在丝路贸易活动中的优惠地位；二是和亲之盟以聘赐为经济核心，所以和亲过程就是纳聘贸易过程，各朝和亲都伴以中央政府的优厚回赐；三是结和亲之盟，意味着作为姻亲有经济互相提携的义务，享有长期贸易来往的权利，聘赐贸易在促进中华各民族融合、形成统一的国家观念、巩固统一祖国疆土等各方面有着不可估量的历史贡献。例如，《步辇图》（图2-2-4）描绘了吐蕃王松赞干布的特使到长安求亲，拜见唐太宗的情景。

---

① 是指当时以康、安、米、石等姓氏为主的粟特人。

● 图2-2-4　《步辇图》（局部）

2. 丝路商贸的保护举措

（1）政治、军事保护。汉朝时为保商旅安全，于丝路沿线筑塞设郡，屯田布防，对东来的商人使节殷勤接待，沿路护送。北魏重视同西域国家的关系，在洛阳置"掩峨馆"，专门接待西域来客。隋朝大臣裴矩专职负责与西域各国联系通商事宜，隋炀帝曾亲赴张掖与西域国王、使者及商人举行盛大聚会，互市交易。唐朝依靠强大的国力及开放的对外政策，在经营丝绸之路方面超过各个朝代。

（2）管理制度保护。中央设置专门机构管理外交事务，保障了丝绸之路的畅通，汉朝设立大鸿胪专门管理外交事务，魏晋南北朝时期在洛阳设置掩峨馆，隋朝设置西域校尉管理丝绸之路事务，唐朝任用西域少数民族人士参与政权管理，将西域诸国王完全纳入唐朝官员序列。

派遣使节出使西域，带来了异域新风，开阔了中原视野，汉魏晋唐都很重视同西域国家的关系，多次派遣使者，招抚西域诸国。各朝代对西域的管理和丝绸之路的安全保护，使丝绸之路的发展与繁荣延续千年，在经济、政治、文化等领域带来了前所未有的变化。

3. 丝路贸易的主要商品

丝绸之路之所以得名，很大程度上是因为我国古代与外邦通商的过程中，以丝绸的出口量为大。从汉朝至盛唐，庞大的商队沿河西走廊往来穿梭，通商贸易，江南、巴蜀的绸缎凭借其高雅的工艺品质与华美的图案造型驰名中外，成为举世闻名的奢侈品，受到睦邻友邦的普遍赞誉。

　　据历史文献记载，古罗马的恺撒大帝去剧场看戏时身着绚丽夺目的长袍，让观众目不转睛、赞不绝口。大家经打听才知道那件漂亮的长袍是用中国丝绸制作的。此后，中国丝绸在西方声名大噪，华丽的丝绸被誉为最珍贵、最讲究的衣料，甚至曾与黄金等价。

　　丝绸之路开启后，中原和西域、中亚及欧洲的商业往来迅速增加，中国丝绸、茶叶、瓷器、漆器等主要商品通过河西走廊运往西域，远销大夏、安息（伊朗）、大秦（罗马），直至地中海沿岸地区。西方主要有胡麻、胡桃、胡萝卜、胡瓜、葡萄、石榴、琥珀等商品销往中国。东、西方不仅在物产上实现了互通有无，而且多种文化也在丝绸之路沿线地区交融汇合并传播。亚、非、欧三大洲的文明融汇，带来积极的影响，东、西方经济文化在原来的基础上均有较大发展，人民的生产积极性提高。丝绸之路沿线的民族和国家，不仅为丝绸之路的发展做出了巨大贡献，而且成了丝绸之路发展的受益者。

4. 承担贸易的商旅驼队

　　丝绸之路上的商旅驼队有明显的经商特点。首先他们大多组团开展远程贸易活动，在航海技术成熟之前，古代远程贸易靠陆路，商贸路途短则数月，长则数年。面对各种灾难威胁，商人、旅人等为保安全结伴而行。商队的运载工具以骆驼为主，故多称商旅驼队。其次是以混合型团队为主，长途跋涉要经过很多不同统治者的势力范围，商队要确保顺利通行，必须有熟悉当地风俗、自然环境的本地向导，这就决定了商队人员的民族成分复杂，大多为混合型商队，参与者和经营者都是能从丝绸之路上获得利益的民族，以粟特人、波斯人、突厥人居多。最后是采取转运贸易方式，商品需要经过商旅驼队几次倒手才能贩卖到中原地区。漫长丝路上的商品转运站逐渐发展成为丝路贸易基地和商品集散地，如龟兹、敦煌等。

　　商旅驼队在丝绸之路上的商贸活动在西方文明和中国文明的互传中发挥了媒介作用。外国物产、文化艺术的传入，中原文化的远播，都要归功于商旅驼队。同时，商旅驼队还在商品交换结构改变中起到媒介作用，随着丝路贸易蓬勃发展，人们从商意识渐厚，中原和域外物资交流日益强劲，商品更趋多样性，丝路贸易中商品交换的结构随之发生改变，中高级日用生活消费品也逐渐增多，替代了过去的贵重奢侈品。

2.2.3　陆上丝路的商贸文化

1. 丝绸之路的商贸文化

丝绸之路商贸文化的核心是交融的多元文化。丝绸之路为商人之间频繁的商贸往来提供了有利条件，大量的西域商人（包括粟特人、波斯人）在西汉之后涌入中国，他们促成了商业活动的繁荣，带来了异域文化。西域商人所带来的不仅仅是各国的珍异货物，更带来了他们的商业经营模式、商业理念和商业文化，如契约观念、自由交易理念、商业纠纷处理方式等。这些商业文化和思维理念通过他们的一些特定表现方式，被朝廷、中原汉商所接受，进而影响到社会生活，城市商贸等领域的文化也因此发生变革。高度发展的汉文化通过丝绸之路的商贸活动也传到了西域。中国西传的既有物质文明，也有精神文化产品。

2. 丝绸之路商贸文化的特征

（1）重商色彩。随着丝绸之路的开启与发展，贸易交往必然走向前台且形成规模。历朝对这种商业往来的通融和支持，使得大量商人参与到丝绸之路贸易当中，朝廷也由此获得了商贸交流所创造的部分财富。社会各方都能从丝绸之路贸易中获利，引发全社会对贸易的关注与兴趣，商贸交往也就初具重商色彩。

（2）国际贸易特色。我国的丝绸从中原流向西域或更远的地区，传统农桑资源和先进纺织业的兴起使丝绸处于商品出口的重要地位；各种宝石等资源也顺着丝绸之路源源不断地流入我国。丝绸之路商贸具有完整的进出口贸易特色。丝绸是当时国际结算的主要货币。丝绸之路上的丝绸不仅是商品，还是一种通货。很多大宗贸易就是用丝绸作为等价物进行交易的。用丝绸作为货币的另一个好处是不会贬值，对于中西方来说具有公认的价值、较高的信誉，可以作为硬通货来使用。

（3）官办贸易为主导。丝绸之路有广泛的民间贸易，众多的胡商不仅组织庞大的商队进行长途贩运，还涌入沿线的城镇组织社团或单独经营，或与当地的汉族商人合伙经营。但是，官方经营的贡赐（纳贡与赏赐）、边界互市的对外贸易还是处于主导地位。

（4）互利共赢的商贸理念。造纸术、印刷术、火药的西传，是中国对世界文明发展的巨大贡献。随着丝绸之路的畅通，中国的养蚕、冶铁、水利灌溉技术，天文、医药、文学技艺等不断西传，出口的货物则以丝绸、茶叶、瓷器、书籍为主。同时外来文化技艺和货物也大量涌入中国，如制糖、酿酒工艺，造船缝合技术等。

3. 丝绸之路商贸文化的意义

丝绸之路是中国与西方世界相互了解的走廊，是东、西方两大文明相互交流的窗口，在世界文化交流的历史上具有非凡的意义。东、西方的人们通过这条走廊不仅互有所得，也加强了人们之间的了解和文化交流。

丝绸之路是中国古代西域少数民族接受先进文化、了解外部世界的通道。丝路的开通使汉族的铸铁、开渠、凿井技术和丝织品以及金属工具传到西域，极大地促进了西域的经济和文化的发展。丝绸之路不仅是西域人民接受中原文化的通道，也是中原地区人民了解世界的窗口。

丝绸之路是现代中国西部开发的早期蓝本。西部大开发是我国在世纪之交作出的一项重大决策，也是21世纪经济发展的重大举措。从历史的角度看，中国古代经济发展中西部也曾有过辉煌，2 000年前丝绸之路上为人所熟知的楼兰、高昌、敦煌等古城当时非常繁荣，宛若一颗颗宝石镶嵌在丝路两侧，为国家积累着财富。现今，依托国家的西部开发政策，西部人民奋发图强，为促进西部的经济繁荣发展、为再创丝路的辉煌而不懈努力。

丝绸之路是"一带一路"倡议中"丝绸之路经济带"的前身。丝绸之路经济带是2013年习近平主席在哈萨克斯坦纳扎尔巴耶夫大学演讲时提出的，是在古丝绸之路概念基础上形成的一个新的经济发展区域。其东有亚太经济圈，西有欧洲经济圈，是世界上最长、最具有发展潜力的经济大走廊。

2.3　海上丝绸之路

引言:

　　时而碧波荡漾，时而惊涛骇浪，勇士在海上劈波斩浪，拓洋开疆，家小在岸边祝祷吟唱，祈福儿郎。这里上演过云帆高张、昼夜星驰、涉彼狂澜、若履通衢的七下西洋壮举，也经历过坚船利炮、国门洞开、主权沦丧、任人宰割的八国侵华屈辱。

　　有诗云"汉家旌节付雄才，百越南溟统外台……连天浪静长鲸息，映日帆多宝舶来"，星移斗转，世易时移，泱泱华夏，有容乃大。如今，海上再度生明月，诚邀天涯共此时。

　　这，就是海上丝绸之路。苦难辉煌，荡气回肠。

2.3.1　海上丝路的形成

　　海上丝绸之路是古代中国与外国交通贸易和文化交往的海上通道，主要以南海为中心。海上丝绸之路形成于秦汉时期，发展于三国至隋朝时期，繁荣于唐宋时期，转变于明清时期，是已知的最为古老的海上航线之一。

　　我国最早的航海活动可追溯到旧石器时代晚期，当时人们使用藤蔓固定树干和竹子，进行一些短途的海上漂浮。大约在新石器时代出现了独木舟。在夏商周时期出现了木板船和风帆，开始了货物运输、迁徙和对外交流。春秋战国时期造船和航海技术更加成熟，航海业基本形成。

　　海上丝绸之路发展过程，大致可分为以下五个历史阶段:

　　(1) 形成于秦汉。秦汉时期，社会生产力有了很大的进步，造船技术和航海技术飞跃式发展，沿海的航线畅通，出现了抵达日本和通过马六甲海峡抵达印度的远洋舰队，形成了中国也是世界上第一条远洋航线，被称为"海上丝绸之路"。岭南地区被纳入中国版图并得到开发。中国渔民开始在南海活动，足迹出现在今天的南沙群岛。

　　(2) 发展于魏晋。这期间由于中原汉族的南迁促进了南方经济、技术、交通和文化等多方面的融合与发展，加之北方战乱对陆上丝绸之路的破坏，使得

微课
——
海上丝绸
之路

海上丝绸之路空前活跃。三国时期，海贸发展促使造船技术精进。吴国孙权时期，利用优越地理条件大力发展海贸和外交，促进了这一时期中外经济文化的交流和发展。东晋时期法显西行古印度后从南海回国，说明魏晋南北朝时期海上丝绸之路已经从中国南海拓展到了南亚次大陆。

（3）繁荣于隋唐。这一时期由于经济重心南移和航海技术进步，南方的海上丝绸之路又有新发展。唐朝国势强盛，生产发展，海贸空前发达。朝廷特别设置"市舶司"专管海贸事宜，权责有征税、设仓、保护外商正当权益、制裁违法官员等。在政府政策鼓励下，南海和印度洋上商船来往，络绎不绝，广州、泉州、宁波、扬州更成为当时的国际四大贸易港。广州商舶众多，出口的丝绸、陶瓷、漆器等商品和进口的海外奇珍异宝及香料都会在广州进行集散，唐代航线也因此被称为"广州通海夷道"，是当时世界上最长的远洋航线。唐代还有很多波斯和阿拉伯商人从海上来到中国，居住在广州，说明这一时期海上丝绸之路拓展到了西南亚和东北非印度洋沿岸。

（4）鼎盛于宋元。北宋建立后大力发展海外贸易；南宋由于经济重心南移，海贸更加成熟。当时广州、泉州十分繁荣，泉州设有市舶司。元朝海贸依旧开放，并且多有鼓励，在广州设置市舶提举司，以通诸蕃贸易，推进国家海运的发展。威尼斯人马可·波罗由陆上丝路来华，由海上丝路回国，《马可·波罗游记》把我国当时的一些情况介绍给西方。元朝航海家汪大渊写成《岛夷志略》一书，增强了我国人民对世界的认识。

（5）盛衰于明清。这一时期海上丝路最终成型。明朝政府多次对海上丝绸之路沿线国家进行友好访问与通商贸易活动。明朝造船业发达，出现了很多著名的造船厂。明成祖永乐三年至宣宗宣德八年（公元1405年—1433年），郑和先后七次率领装载着礼物和商品的庞大船队（船只二百多艘，人员二万多人）远航，访问了海上丝绸之路沿线的近40个国家和地区，最远到达东非赤道附近海岸，说明这一时期中国人已经具备了航行到东非的先进航海技术。

明宣德年间，朝廷因倭寇侵扰而中断海贸，重申海禁。随着欧洲资本主义的兴起，从16世纪开始，西方的殖民者、商人、传教士、探险家等来到东方。公元1498年，达·迦马发现东方航线之后，葡萄牙人首先来到中国，其后有西班牙人和荷兰人，再后有英国人、法国人和美国人。清朝的对外关系发生了巨大变化，传统的海上丝绸之路贸易被打破，面对着西方的商业、传教、殖民、掠夺和战争的挑战，清朝初期实行"海禁"和"闭关政策"，禁止外商到江

微课
郑和下西洋

苏、浙江、福建等地贸易，广州成为唯一的对外贸易口岸。清嘉庆之后，随着
国力日衰，海上丝绸之路昔日盛况不再，于清朝后期快速走向衰落。

2.3.2 海上丝路的贸易

1. 海贸商品

海上丝绸之路是不同文明之间交流的海洋通道。由于自然资源与人文传统
的差异，不同地域的资源、商品、科技、文化存在独特性，使交易与交流成为
可能。因中国丝绸、瓷器、茶叶的大量外销，古代海上交通航线素有"海上丝
绸之路""陶瓷之路""茶叶之路"等美誉；而从产品输入的角度来看，海上丝
绸之路也有"白银之路""香料之路"的别称。

中国外销的商品主要有丝绸、瓷器、茶叶、铁器等；从东南亚进口的商品
有名贵木材、香料等；印度、斯里兰卡商品有宝石、棉布等；波斯、阿拉伯商
品有香料、宝石、玻璃器、陶器等；地中海商品有金银器、玻璃等；东非商品
有象牙、犀牛角等。到了大航海时代，美洲的白银、欧洲的羊毛制品等也成为
重要的进口商品。

海上丝绸之路的贸易对象主要是东亚、东南亚沿岸岛屿、南亚、中东、
欧洲各地，海上丝路大多只到阿拉伯地区，因为其他地区的商品一般经由阿
拉伯人转运。

2. 海贸船只

宋朝用于航海的海船，船身一般长10余丈[①]、深3丈、阔2.5丈，全木而成，
上平如衡、下侧如刃，可破浪而行。宋朝以"料"作为船舶载重的计量单位，
最小的船为50料，最大的达5 000料。内河航行的民船和战船在500料以内，沿
海航行、远洋航行的则在400料至5 000料。南宋初朝，对控制船舶航行的三大
重要部分——推进、操纵和系泊装置都有改进。关于推进方式，宋朝船舶主要
使用风帆，还大量制造车船，用人力踏车轮作推进装置。南海一带的商船、海
船已普遍使用隔离仓（密封舱），它的先进性不言而喻，能在船体局部撞坏的情

---

① 丈非国际计量单位，1丈 ≈ 3.33米。

况下有效地防止整船进水下沉。当时船上备有指南针，船员掌握了有关季候风的航行知识，宋朝航海技术居于世界领先地位。

<table>
<tr><td rowspan="2">❖ 知识视窗 ❖</td><td rowspan="2">中国古代船型</td><td>福船。产于福建，以行驶于南洋和远海著称。福船高大如楼，底尖上阔，首尾高昂，两侧有护板。郑和下西洋船队的船舶叫宝船，采用的就是福船。</td></tr>
<tr><td>广船。产于广东，特点是头尖体长，梁拱小，甲板脊弧不高。船体的横向结构用紧密的肋骨跟隔舱板构成，纵向强度依靠龙骨维持。广船以铁力木制造为主，结构坚固，有较好的适航性能和续航能力。

沙船。这是一种平底、方头、方艄的海船，是我国最古老的一种船型。唐宋已成型，是我国北方近海区的主要海船，因其适于在水浅多沙滩的航道上航行得名。

鸟船。船首形似鸟嘴，因船头眼上方有条绿色眉而得名，是我国生产的优秀船型。</td></tr>
</table>

根据宋朝市舶法的规定，出海贸易的船只、船员、货物都要呈报市舶司审批，领取允许出海的"公凭"才能出海，公凭上开列船员的姓名和职务。"凡舟船将过洋，必设水柜，广蓄甘泉，以备饮食"，因饮水异常宝贵，生死攸关，所以采取计划配给的办法让个人保存一部分，以防备船中淡水储柜受损漏水等意外。在泉州湾古船中发现有"水记"的标签，如"曾干水记""丘锭水记"等，上系小绳，可能是船员个人贮存淡水的记号。这些千年前的木牌签，反映了宋朝航海的组织和管理水平。远洋航行，经常受到洋流的影响，要求船员对潮汛、风信、波浪、流向等海洋知识有所掌握，宋朝沿海居民比较熟悉海洋季风的规律，已经能够熟练地利用这些自然规律出海或返航。

3. 海贸商人

在中国长久的海外贸易中形成了海外华商，中国海商数以万计，资产百万的海商为数不少。那时海外华商已有了聚居地。爪哇和苏门答腊有华商数千家。北宋末年高丽国"王城有华人数百，多闽人因贾舶至者"。各地丰富的出土文物有力地证明，宋朝时中国商人就已在东南亚定居并经商。以闽商为代表的中国海商在海外贸易的舞台上取得了成功，他们在海外立足，快速发展壮大，建立起各色各样的家族网络和商业网络，利用不断扩大、衍生的社会资本来进一步开拓其贸易。

　　在海上丝绸之路的各条航线上，基本上都有阿拉伯商人。从地中海到中国南海都可以见到他们的船舶，大唐称这些远来的海船为"南海舶""西域舶"等，最常见的统称为"波斯舶"。阿拉伯商人跨越辽阔的内陆和海洋，在亚非欧三大洲之间运送货物。在大洋上航行需要知道航行的方向与船只的位置，这就需要中国的指南针和阿拉伯人的"纬度航行"技术。中国靠指南针等技术航海，属于地文航行；阿拉伯人靠观测星星进行航行，属于天文航行。中国水手在海上丝路与阿拉伯人长期接触后，取长补短，后来中国的航海技术就把观测天象与使用指南针结合起来了。

4. 海贸指数

　　今天，作为"一带一路"建设工作的重要组成部分，海上丝路贸易指数是用来衡量国际航运和贸易市场整体发展水平、反映国际航运和贸易市场变化趋势的指数体系，由出口集装箱运价指数、航运经济指数、海上丝路贸易指数等一系列指数共同构成。2015年10月，"宁波出口集装箱运价指数"成功进入波罗的海交易所，迈出了中国航运指数踏出国门、走向世界的第一步。如今，海上丝路贸易指数的发布，又为推进"一带一路"倡议提供了中国方案和标志性产品。

2.3.3　海上丝路的影响

1. 经济影响

　　古代海上丝绸之路从中国东南沿海，经过中南半岛和南海诸国，穿过印度洋，进入红海，抵达东非和欧洲，成为中国与外国贸易往来和文化交流的海上大通道，推动了沿线各国的共同发展。中国运往世界各地的主要商品，从丝绸、瓷器到茶叶，形成了一股持续吹向全球的东方文明之风。尤其是在宋元时期，中国造船技术和航海技术的大幅提升以及指南针的航海运用，全面提升了商船远航能力，私人海上贸易也得到发展。这一时期，中国同世界60多个国家有着直接的海上丝路商贸往来。"涨海声中万国商"的繁荣景象，透过马可·波罗和伊本·白图泰等旅行家的笔墨，引发了西方世界的航海热潮。东西方间的海洋贸易，为各国经济和人民生活带来了改变，对世界各国物质文明带来了深远影响。

2. 文化影响

海上丝绸之路对东西文化交流起到了重要的促进作用。通过海上丝绸之路，我国古代的四大发明（指南针、火药、造纸术、印刷术）、纺织、制瓷等工艺技术，绘画、戏曲、舞蹈、音乐、建筑等艺术技法，天文、算术、历法、医药等科技知识，儒家、道家、兵家、墨家、法家等文化思想都传播到了海外。阿拉伯、印度、中亚、欧洲的文化思想也通过海上丝绸之路传入我国，并对我国的文化发展起到了积极的促进作用。

3. 政治影响

海上丝绸之路为构建东西方友好往来提供了便利条件，开辟了中国与海外国家友好往来的道路，南洋诸国纷纷派遣使节经海路来到中国。唐朝以后，中国历代王朝在广州等港口设置市舶使（司）主管海路邦交外贸，设立馆驿接待外国使节，承担一系列外交事务，这为东西方友好往来奠定了基础，更进一步加深了各国之间的政治互信。

4. 思想影响

随着世界贸易网络的形成，各国之间也开始了思想文化的交流对话，这构建了东西方的平衡关系。许多有识之士很早就提出了中国的海洋、海权、海防思想，如《诸蕃志》《岛夷志略》。清初施琅通过台湾问题全面陈述了中国海防的意义和经略海洋的必要性，产生了重要影响。历史上，还有一大批闽南人筚路蓝缕，在海上丝路沿线国家定居，开发生产。他们作为关心祖国富强的华侨华裔，也是新时代我国联系海外、重塑"海上丝路"的一支重要力量。

5. 历史影响

海上丝绸之路是"21世纪海上丝绸之路"的前身，这是一条贸易、文化、友谊之路，也是历史发展的必然选择，中国作为当今世界第二大经济体，必须为此创造良好的发展环境。一方面，建设21世纪海上丝绸之路适应了经济全球化的发展趋势，中国在实现自身发展的同时，也让沿线国家共同受益；另一方面，建设21世纪海上丝绸之路加强了沿路各国间的政治互信，巩固了各国友谊，拓展了各方交流的新渠道和新领域。在历史发展中孕育出的海洋经济观念、和谐共荣意识、多元共生意愿，将为国家发展战略提供丰厚的历史基础。"友善、包容、互惠、共生、坚韧"的海上丝绸之路的文化内涵，对于建设21世纪海上丝绸之路，对于中国与世界更深层次的互动，都具有极其重要的意义。

2.4　茶马古道

引言：

从彩云之南到青藏之巅，从侗乡瑶寨到门巴藏羌，方圆茶饼，传递着财富和友谊，阵阵驼铃，连通了贸易和文化。山高路险、风雨无常，不畏险阻、奋勇向前，融会文明、坚韧团结，用双脚踏勘出茶马古道，用生命凝结成茶马精神，泥泞的道路，湮没不了它的辉煌，巍峨的雪山，将永远映衬它的光芒。

2.4.1　茶马古道的形成

茶马古道是指存在于中国西南地区，以马帮为主要交通工具的民间国际商贸通道，是中国西南民族经济文化交流的走廊。茶马古道是一条自然风光壮观、民族文化多元的商路，蕴藏着开发不尽的文化遗产。

微课

茶马古道

1. 茶马互市

茶马互市是我国历史上西部汉藏民族间一种传统的以茶易马或以马换茶为中心内容的贸易往来（图2-4-1）。

● 图2-4-1　茶马互市

青海是我国重要的游牧区，自古以来就有发达的畜牧业。吐谷浑时期，青海的牧马业开始进入繁盛期。吐谷浑人通过朝贡、互市等渠道将大批良马输送到内地，以换取各种农产品和手工业品；因而青海在茶马互市中曾扮演过重要的角色。青藏属高寒地区，糌粑、奶类、酥油、牛羊肉是当地人民的主食，因海拔高蔬菜极其匮乏，食物的脂肪在体内不易分解；而茶叶既能分解脂肪，又能防止燥热，故藏地人民在长期的生活中养成了喝茶的高原生活习惯，茶叶成为生活必需品。虽然我国是世界上最早发现茶、饮用茶的国家，但藏族地区并不产茶。在内地，民间役使和军队征战都需要大量的骡马，供不应求。于是，具有互补性的茶和马的交易即茶马互市便应运而生。茶马交易，最早出现于唐朝，到宋朝时成为定制。由于茶是边疆少数民族生活的必需品，因此历代统治者严格控制茶叶的生产和运销，并严禁私贩。以茶易马，在满足国家军事需求的同时，也以此作为巩固边防、安定少数民族地区的统治策略。这就是茶马互市的起源。

茶叶自宋朝以来不但成为中原王朝与西北和西南地区的藏族之间交易的大宗商品，而且成为与藏族之间保持友好关系的物质手段。藏地茶马互市（图2-4-2）对维护西南地区的安全与稳定起到了重要作用，是具有重要战略意义的治边政策。

● 图2-4-2　藏地茶马互市

　　茶马互市最为兴盛的时期是在明朝。明朝政府在西北地区建立了河州、洮州和西宁三大茶马司，主持与甘肃、青海地区的茶马互市。明朝统治者以三年为期，定时、定额向各部落征收马匹，同时发放茶叶作为"酬劳"以示优待。这一制度，明朝叫"差发马赋"，类似于国家向牧民征收的牧业税，只是朝廷还要付给牧民一定数量的茶叶而已，虽然属于赋税征收的性质，但还是保留了一定的交易成分。

2. 茶马贸易与古道形成

　　茶马古道形成于唐宋时期的茶马互市。青藏川滇出产的骡马、毛皮、药材等与川滇及内地出产的茶叶、布匹、盐、日用器皿等，在横断山区的高山深谷间南来北往，流动不息，并随着社会经济的发展日趋繁荣，形成了一条延续至今的茶马古道。

　　茶叶生产的发展为茶马贸易提供了物质基础。宋朝东南地区的淮南、江南、两浙、荆湖、福建诸路的植茶规模在唐朝基础上有较大发展。福建不但茶叶产区集中，而且产量较多，品质优异。广东、广西也开辟了很多新茶园，据估算，东南地区的茶叶产量，在北宋嘉祐四年（公元1059年）已达到2 000多万斤，成为全国茶业中心，因此北宋政府规定"专榷东南茶"，茶利直线上升，成为国家财政的重要支柱，对筹措军饷起到了关键性作用。

　　这一时期的茶马古道主要分南、北两条，即滇藏道和川藏道。滇藏道起自云南西部洱海一带产茶区，经丽江、中甸（香格里拉）、德钦、芒康、察雅至昌都，再由昌都通往卫藏地区。川藏道则以今四川雅安一带产茶区为起点，首先进入康定，自康定起，川藏道又分成南、北两条支线：北线是从康定向北，经道孚、炉霍、甘孜、德格、江达，抵达昌都（即今川藏公路的北线），再由昌都通往卫藏地区；南线则是从康定向南，经雅江、理塘、巴塘、芒康、左贡至昌都（即今川藏公路的南线），再由昌都通向卫藏地区。纵观整个历史发展过程，除以上两条主干线外，茶马古道还包括若干支线，支线与干线的结合形成了一个庞大的交通网络，最终梳理为川藏道、滇藏道与青藏道三条大道，地跨川、滇、青、藏，向外延伸至南亚、西亚、中亚和东南亚，远达欧洲。三条大道中，以川藏道开通最早，运输量最大，历史作用也比较大。

3. 茶马司的设立

自唐朝茶叶传入藏族地区以后，高原牧民饮茶成风，西北各族卖马以购茶，宋朝为获战马，在西北开展茶马贸易。北宋于四川设置茶马司，茶马司是茶马古道物流的管理机构，将四川大部分所产茶叶运往甘肃、青海，并规定卖茶所得只许每年买马不得他用，从而使青藏道由唐朝时的军事要道变为了茶道。明清于陕西、甘肃等地设茶马司，现存多处旧址，如清朝雅安茶马司遗迹（图2-4-3）等。

● 图2-4-3　清朝雅安茶马司遗迹

当时中央政府规定，沿边少数民族只准与茶马司从事以茶易马交易，不准私贩，严禁商贩运茶到沿边地区去卖，甚至不准将茶籽、茶苗带到边境，凡贩私茶则予处死，官员失察者也要治罪，这就是"以茶治边"的由来。但在客观上，茶马互市也促进了我国民族经济的交流与发展。

2.4.2　茶马古道的贸易

1. 唐朝茶马贸易

唐朝时茶的种植已经相当普遍。随着茶叶饮用在内地的普及，茶叶也传到了当时的吐蕃。喝茶很快成为藏民族的一种全社会、全民族的习俗。为了加强对茶叶的管理，唐朝制定了专门的茶叶贸易政策。

首先是实行专门的茶马互市。唐玄宗开元十九年（公元731年）允许茶马互市在赤岭进行。其次是实行茶税。茶税开始于唐德宗建中三年（公元782年），与漆、木、竹并税。最后是实行"榷茶制"，目的就是要把茶叶的经营置于官府的垄断之下，为此唐严禁私茶贸易。吐蕃为了加强对茶叶贸易的管理，派专人负责经营汉、藏茶叶贸易，称为"汉地五茶商"。这种互惠互利的茶马互市得到了唐、藏双方的支持。唐朝的茶马贸易处于形成和开拓阶段，政府对贸易的经营和管理不健全，贸易的形式主要是"贡""赐"的形式，贸易的地区包括西部的大部分地区。

2. 宋朝茶马贸易

由于北宋政府高度重视茶马贸易，茶马贸易开始兴盛起来。当时贸易的主要形式有两种：一种是以朝贡和赏赐的方式进行官方的交换；另一种是北宋政府设茶马司在沿边各地"招募蕃商，广收良马"。茶叶贸易的巨额利润使茶税成为北宋政府收入的一大支柱，为了保证茶税的不断增长，北宋实行了一整套严厉的榷茶制度。在京师、建安等四地"置场榷茶"，建立专买专卖的管理机构，将茶由官府垄断买卖，并制定严格的惩处条律，禁止私人买卖。

南宋时期茶马贸易更加频繁，改榷茶制为茶引制，恢复自由买卖，变茶息为茶税，这是茶马贸易历史上的一次重要变革。

宋朝的茶马贸易在经营和管理上更加制度化、系统化，数量也进一步增加。

3. 元朝茶马贸易

元朝在畜牧业方面吸取了唐宋以来的经验，建立了齐备的马政制度，战马生产得以保证，同时采用柔性的治藏之策，因此马市便在元朝淡出了。但是元朝仍然重视茶叶的销售，主要是因为茶马贸易带来的巨额赋税。元朝政府非常重视对古道的开拓，大力开辟驿路，设置驿站，使川西、滇西北与西藏的茶马古道大大延伸。

4. 明朝茶马贸易

明朝是茶马贸易的极盛时期，但茶马贸易的制度、内容和方式发生了很大变化。完善的贸易制度、严格的经营管理不仅表现为一种经济关系，也是一种政治关系。通过茶马贸易，明朝全面巩固了对西藏地区的统治。

在制度建设方面，明朝大量设置茶马司，专职管理茶马贸易；制定"茶法"，严禁私茶出境，违法者处以极刑；实行"茶课"，民所收茶，官府直买。

在贸易方式方面，明朝主要有三种：一是政府贸易，其中一种形式是"差发马"制度，就是对藏族地区收取马税，同时配之以茶，这是明朝茶马贸易中一个不同于前朝的显著特点，还有一种形式就是通过茶马司进行贸易。二是朝贡贸易，明朝成立后，对元朝遗留下来的土官和贵族，只要表示效顺，皆授官职，给予印信，令其世袭，每年朝贡。三是私茶贸易，特别是差发马制度废除以后，私茶贸易更是如雨后春笋一样发展起来。

5. 清朝茶马贸易

清朝时茶马贸易的地区有所增加。清初，国内局势动荡，需要大量战马，因此基本承袭明制，继续推行茶引制。官茶"储边贸易"，商茶"给以茶课"，继续在四川、云南、青海等地设茶马司管理茶马贸易，还增设过巡视茶马御史一职。为了保证茶马贸易带来的巨额利润，清朝推行了更为严格的贸易措施。除了四川、青海、甘肃等地区外，云南也成为主要的茶马贸易区。这一时期川、滇、藏地区的茶马古道得到进一步的拓展。

2.4.3　茶马古道的影响

1. 茶马古道是连接藏汉之间的政治、经济纽带

茶马古道促进了祖国的统一，建立起藏汉人民唇齿相依、不可分离的亲密关系。这条古道不仅使藏族地区的人民获得了生活中不可或缺的茶和其他内地出产的物品，弥补了物资缺口，满足了人民日常所需，而且让长期处于比较封闭环境的藏族地区打开了大门，将各种土特产贩卖到中原，形成了一

种持久的互利互补的经济关系。这种关系使藏汉民族形成了在经济上相辅相成、不可分离的格局，进一步推动了祖国的统一和藏汉民族的团结。在历史上，宋朝、明朝尽管未在西藏驻扎部队，但却始终与西藏保持不可分割的关系，令西藏各部归服，心向统一，这其中茶马古道发挥了至关重要的作用。

2. 茶马古道带动了藏族地区社会经济的发展

沿着茶马古道，伴随茶马贸易，不仅大量内地的工农业产品被传入藏族地区，丰富了藏族地区的物质生活，而且内地的先进工艺、科技和能工巧匠也由此进入了藏族地区，推动了藏族地区经济的发展。大批的藏地土特产也经由此路输出，藏汉之间贸易规模巨大，出现了一批著名的藏商，如"邦达仓""三多仓""日升仓"等[①]，也出现了集客栈、商店、中介机构为一身的特殊经济机构——锅庄。康巴处于茶马古道的中心，受这种环境的熏陶，当地居民养成了经商的习惯。康巴商人的精明能干，由此远近闻名。

3. 茶马古道开辟了人类历史上通行难度最大的物流通道

茶马古道所穿越的青藏高原东缘横断山脉地区是世界上地形最复杂和最独特的高山峡谷地区，其崎岖险峻和通行艰难世所罕见。据统计，经川藏道至拉萨全长约4 700里，驿站56个、渡河51次、渡绳桥15次、渡铁桥10次、翻山78处，其中海拔3千米以上高山11座、1.5千米以上之高山27座。茶马古道沿线天寒地冻，氧气稀薄，气候变幻莫测。千百年来，茶叶正是这样人背畜驮，历尽千辛万苦而运往西藏各地。如此漫长、艰险的高原之路，使茶马古道堪称世界上通行难度最大、海拔最高的古代物流通道。

4. 茶马古道促进了藏族地区城镇的兴起和发展

茶马古道上的许多交易市场和驮队、商旅的集散地、食宿点，在长期的商贸活动中，逐渐形成为居民辐辏的市镇，促进了西藏社会的城镇化发展。商业城市吸引各地商人在此聚集，形成了专营茶叶的茶叶帮，专营黄金、麝香的金香帮，专营布匹、哈达的邛布帮，专营药材的山药帮，专营绸缎、皮张的府货帮，专营菜食的干菜帮，以及专营杂货的云南帮等；还出现了锅庄、茶号、商

---

① 仓，藏语意为"家"，代指商号。

号；兴起了缝茶、制革、饮食、五金等新兴产业。

5. 茶马古道促进了藏族与汉族和其他民族的文化交流

茶马贸易的兴起使大量藏商、贡使有机会深入祖国内地，同时使大量的汉、回、蒙、纳西等民族商人、工匠、戍军入藏。在长期的交往中，这种交流增进了彼此对不同文化的了解和亲和感，形成了兼容并尊、相互融合的新文化格局。在茶马古道上的许多城镇中，藏族与汉、回等外来民族亲密和睦地生活在一起，藏文化与汉文化、纳西文化等不同文化并行不悖，而且在某些方面互相吸收，出现复合、交融的情况。文化的和谐又促进了血缘的亲和，出现许多藏汉联姻的家庭，民族团结之花盛开在茶马古道之上。

传承·创新·创业

茶马古道的辉煌与启示

"北有丝绸之路，南有茶马古道"。茶马古道，是一条与丝绸之路一样在中华民族的孕育发展中曾经发挥过重要作用的商业通道。它创造出了熠熠生辉的价值，造福后人。

游茶马古道，让人们得以领略西双版纳的热带风情；品尝普洱芳香四溢的茗茶；流连大理三塔、丽江古市；感受青藏高原的辽阔。这里风景独特，举世无双。这是一条黄金旅游之路。

历史上，卫藏与川滇地区之间的先民们沿着茶马古道不断地迁移流动。几千年来，汉、藏、彝、纳西、傈僳、哈尼、基诺、羌、普米、白、怒、景颇、阿昌等民族在沿途繁衍生息，形成了无数的城市、村镇。在这条绵亘万里的古道上，凸显了我国西南地区民族文化的多元性，这是一条文化传播之路。

茶马古道是民族团结、融合之路。茶马古道就像我国西南地区上的一张联络网，各民族人民通过这张网加强了联系和沟通，促进了政治、经济、文化的互动、发展和融合，增进了彼此间情感的联系，同时也促进了我国西南边疆的安定和巩固。

　　茶马古道的在旅游、文化、民族等诸方面都取得了巨大成就与辉煌。今天，在我们享受茶马古道带来的成果的同时，更对前辈们充满了敬意。提到茶马古道，就不能不提起马帮。他们披荆斩棘、跋山涉水、翻山越岭，没有一个人会绝对保证自己安全无恙地回来。狂风暴雪，崇山峻岭，盗贼匪帮，哪一项不让人心惊胆战？但是他们仍然坚定地踏上这条道路，因为古道承载着他们对生存的希望和美好的憧憬。他们知道只有去付出，去吃苦，去奋斗，才会有幸福的收获。

　　前人植树，后人乘凉。正是有了前辈的艰辛奋斗，我们现在才能从茶马古道中收获辉煌的成果。鲁迅先生说，地上本来没有路，走的人多了，便也成了路。茶马古道就是无数前辈们用汗水、血泪，义无反顾走出来的路。在今天的"双创"行动中，我们更需要秉承前辈这种筚路蓝缕的开创、奉献精神，为自己、为后人、为社会、为祖国去拼搏，去奋斗。

思考题

1. 简述中国大运河的路线变化对今日中国的区域经济发展格局的影响。

2. 陆上丝绸之路的文化贡献和商贸贡献都有哪些？如果古代没有开通陆上丝绸之路，今日的中国会是怎样？

3. 海上丝绸之路对中国商贸文化的发展有何意义？中国应该如何把握"一带一路"的发展机遇？

4. 在今天，茶马古道的价值可以用何种形式呈现？

专题测试

专题二
————————
交互式测验

专题三

商人

学习目标

知识目标：
了解我国商人的基本概况，熟悉著名商人的主要事迹。

能力目标：
能够在认识商人的发展历程、历史作用的基础上，学习商人的优秀品质和精神，提高大学生的认识与思辨能力。

素养目标：
引导学生对商人群体进行全面的认识、思考，培养正确的商业人生观和历史发展观，提高商贸文化素质。

本章导读：

商人是指以自己或企业的名义从事商业行为，获取利润并承担社会责任的人。他们是商业活动的主体，也是商业活动的核心因素。

在我国，商人有着悠久而辉煌历史，虽存在波折，但整体上呈现出逐渐发展壮大的态势。在发展过程中，商人对提高国家经济水平、推动地区和国家间的联系与交流、促进社会多方面的进步与变革等方面，都起到了巨大的作用。

在我国商业发展的过程中，商人阶层不断地发展壮大，著名商人不断出现，他们创造了一个个商业传奇。作为中国商贸文化的重要组成部分，中国商人的商业人生启迪着后人，他们的经商经验值得人们去学习借鉴。

中国历代的商人群体植根于传统文化，立足于现实社会，形成了爱国、诚信、创新等一系列优秀的精神文化品质，这些优秀的商贸文化精神一直流传至今。

3.1　商人概述

引言:

　　我国古典诗词中有着众多描写商人的语句。"云阳上征去，两岸饶商贾"，尽显商人群体人数众多;"金陵向西贾客多，船中生长乐风波"，表现出商人独特的生活乐趣;"短袴长衫白苎巾，咿咿月下急推轮"，刻画出商人艰辛奔波的不易;有人批评商人重利薄情:"商人重利轻别离，前月浮梁买茶去";有人赞赏商人行为潇洒:"北抛衡岳南过雁，朝发襄阳暮看花"。商人是怎样出现的? 哪些因素促进了商人群体的发展? 商人在我国两千多年的历史长河中又发挥了什么作用?

3.1.1　商人的发展历程

　　我国商人历史悠久，早在原始社会的部落时代就出现了商人。总体来说，在历史的长河中，商人群体呈现出上升发展的态势。

1. 商人出现及其活动溯源

　　我国商人的出现，可以追溯到传说中的神农氏时期。《周易》记载:"神农氏……日中为市，致天下之民，聚天下之货，交易而退，各得其所"①。从甘肃约7 000—5 000年前的仰韶文化的墓葬中，发现了许多磨制的玉片、海贝，可以推测，这一时期已经有商人出现。他们从交换中辗转得到了新疆、沿海一带氏族部落的物品。

　　随着经济的发展和农业、手工业的分工，商人活动也有了发展。他们的活动不仅出现在不同部落之间，而且深入到部落内部各个家庭之间。文献记载，舜曾"贩于顿丘，就时负夏"②，表明舜已开始在不同地区的部落中进行贸易。《管子》记载，一些人"北用禺氏之玉，南贵江海之珠"，还"散其邑粟与财物，

---

① （宋）朱熹撰，廖名春点校，《周易本义》，中华书局，2009年，第246页。
② （汉）司马迁，《史记》第一册，中华书局，2013年，第40页。

以市虎豹之皮"①，这都显示，当时部落中的成员已经开始了商贸交易。

早期商人的交易场所大多在部落邻近，以方便生活为主。《史记》记载："古人未有市，若朝聚井汲水，便将货物于井边货卖，故曰市井。"②可以推测出，当时交易可能是在人们日常取水的井边进行的。

夏禹时期，据《尚书》记载，"懋迁有无，化居"③，表明当时商人开始了更广泛的商业贸易。商人们奔波在各地之间，互通有无，交换所蓄积的产品。商部落第七代首领王亥发明了牛车，经常率领随从与其他部落去贸易。由此可以推知，当时经商的地区已在逐步扩大。

2. 古代商人的前进与波折

春秋战国时期，商人受到重视，商业繁荣，出现了不少大商人，诸如范蠡、子贡、白圭、吕不韦等。这些商界人士在社会发展中起到了非常大的作用，受到社会的广泛推崇与认可，当时各诸侯国也对之礼待有加，有的商人被委以重任。

两汉初期，伴随着国家统一局面的形成，中央政府实行"开关梁，弛山泽之禁"的政策，商人得到了初步的发展。当时的都城长安和洛阳，以及睢阳、宛（南阳）、成都等大城市都设有专供贸易的"市"，形成了繁荣的商业市场。两汉时期又开通了陆上和海上丝绸之路，中外贸易也逐渐发展起来。

隋唐时期，发达城市的大量出现，为商人的发展提供了良好的条件。唐朝长安城东市和西市各占两坊之地。东市肆邸千余，货物山积，商贾云集。唐朝政府允许外商在境内自由贸易，胡商遍布各大都会。

两宋时期商人非常活跃。政府逐渐放松对商品交易的限制，市坊严格分开的制度逐渐被打破，店铺已可随处开设，早晚都可经营。南宋临安城内店铺林立，贸易兴隆。早市、夜市昼夜相连，酒楼、茶馆、瓦子等错落有致。商品种类增多，还出现了商品广告。

元朝重新疏浚了大运河，商船可以从杭州直达元大都。政府还开辟了海运道路，从江苏太仓，经黄海、渤海可以抵达直沽（天津）。各地遍设驿站，横跨

---

① （唐）房玄龄注；（明）刘绩补注；刘晓艺校点，《管子》，上海古籍出版社，2015年，第445页。
② （汉）司马迁，《史记》第四册，中华书局，2013年，第1713页。
③ 李民，王健撰，《尚书译注》，上海古籍出版社，2004年，第45页。

欧亚的陆上丝绸之路重新繁荣。元大都成为繁华的国际商业大都会，外国商队蜂拥而至。

明清时期，全国各地大规模地涌现出许多地域性的商人群体——商帮，其中人数最多、实力最强的是徽商和晋商。商人的思想认识有了显著的提高，传统的农本商末的认识受到批评和质疑，商人日趋自信、自尊，不再觉得通财贾货，买卖经商是卑贱、丢人的行当，甚至出现了"良贾何负闳儒"的认识。

然而，我国商人在前进的道路上并不是一帆风顺的，也存在波折。例如：在秦朝，朝廷把商人类同罪犯，如果政府征发民众戍边，他们被发配边疆的可能性要比普通人更大。汉朝的法律限制了商人的发展。如市井之子孙、赘婿皆不得为官；还规定授予奖励时，只可给商人奖励财物，不可授官。汉朝曾推行"重农抑商"政策，对商人征收重税。在之后的历代封建王朝，这样的现象都时有发生。

3. 近现代商人的发展壮大

在我国近现代的历史进程中，与古代商人相比，近现代商人在生存环境、社会影响力、经济实力等各方面都得到了改善与提高，商人群体得到了长足的发展与壮大。

在这一时期，一系列保护商人利益的法规陆续颁布，促进了商业的发展。例如，近代清政府颁布的商业专门法律章程有很多，主要有《商律》《商标注册试办章程》《公司注册试办章程》《破产律》等。从商人的权利、责任、奖励，到公司的注册、创办及破产等各方面都有了明确的规定，对商人进行保护和尊重。1898年7月清政府颁布《振兴工艺给奖章程》，针对当时不肖官吏对商人办事推诿、多收关税，以及商船验放到处留难等问题，要求各地地方政府采取措施，"使官商一体，情意相通"。

近现代商人的社会影响力增大。明清时期存在的商帮、行会、会馆，其主要成员是同一地域的商人，具有狭隘性和封闭性。近代我国出现了新的商业组织——商会。从1904年朝廷同意设立商会起，至1911年全国共有商务总会55个，商务分会780多个。除商会之外，还有商船公会、报业公会等各行业的商业组织。中国商人组织趋于社会化、开放化。在当时，这些商会组织的地位很高。大量商业组织的出现，使得商人有了自己的平台，能够更好地发挥行业作用，提高了商人的社会影响力。上海总商会会馆遗址（图3-1-1）保护得较为

完好的门楼可供后人追忆那段往昔。

近代商人投资办厂的数目、资本以及从业的工人数量急剧增加。以发生甲午战争的1895年前后对比：1895年以前的23年内，我国共建有工厂91家，其中商办69家。而1895年之后的5年间，我国共建有工厂405家，其中商办330家，这5年所办的工厂总数是前23年的4倍还多，其中商人出资兴办的工厂数是前23年的近5倍。产业工人的数量也得到了大幅的提升，1894年中国早期产业工人不到10万人，而到了1923年国内各产业工人就已约达89万人。工厂、资本及工人数量的增加，意味着近代商人在发展壮大。

◆ 图3-1-1   上海总商会会馆遗址

3.1.2   推动商人发展的因素

推动商人发展的因素有很多，主要表现在市场经济形式、国家政策和文化观念三个方面。

1. 市场经济形式

在原始社会，人们生活在以血缘关系为基础的氏族组织里，共同占有生产资料和劳动产品。随着社会生产力的发展，原始社会末期逐渐出现了剩余产品，有了氏族（或部落）之间对剩余产品的偶然交换。当畜牧业、手工业和农业出现分工之后，产生了直接以交换为目的商品生产活动。

商品经济的发展对商人发展的推动主要表现在两个方面，一是商业经济的发展促使商人的客观实力增加；二是商业经济的发展也影响了社会对商人的主观评价。

（1）商业经济的发展促使商人收入增加，提升商人的经济实力。以明朝为例，据著名学者宋应星的《野议·盐政议》记载，万历年间徽商的资本总额达三千万两，每年获利九百万两，比当时的国库税收多一倍。这样巨额的商人资本在世界史上也不多见。正是社会化自由市场的资源调配使商人有了充分发挥才能的空间，为商人提供了便利的发展条件。

（2）商业经济的发展也促使人们转变了对商人的认识。在宋朝，人们大都把读书做官作为出人头地的正途，而不愿后代去经商。例如，南宋诗人陆游告诫子孙："切不可迫于衣食，为市井小人事耳。"[1]到明中后期，随着商品经济的繁荣，富商大贾财力雄厚，有人认为应当重视经商而不是固守农业。明代理学大家王阳明认为商人"虽终日做买卖，不害其为圣贤"，打破了世俗上"荣宦游而耻工贾"的价值观念，对商人的社会价值给予了明确的肯定。

2. 国家政策

在早期封建社会的一些统治者眼中，自然经济下的农民是国之根本，商人阶层是要进行压制的异类。战国时期，商鞅主张农耕强国，认为农本商末，把商贾视为是削国弱兵的根源之一，这是最早的重农抑商政策制定的理论思想。之后我国历代封建王朝都不同程度地在执行、落实这一政策，对商人进行经营限制、权力剥夺、身份歧视、人格侮辱的法令时常出现。如秦朝规定商人可以被无故地与罪人一起发配。汉、唐等朝代都存在"贾人不得为吏"的规定。汉朝曾规定"商人不得乘华车，贾人勿得衣锦绣"。

这种重农抑商的政策至宋朝开始发生了变化。宋太宗时，朝廷实行除商旅收税外，其余贩夫贩妇细碎交易，纸扇芒鞋及细碎物等不得收税的制度。之后，宋真宗、宋仁宗屡下诏令，减免了许多商品杂税。

明朝后期张居正进行改革，提出了"轻关市以厚商而利农"的"厚商"政策，他说："商不得通有无以利农，则农病；农不得力穑以资商，则商病。故商农之势，常若权衡……欲民用不困，莫若轻关市，以厚商而利农。"[2]他明确反对国家干预商业，反对官、商（特许商人）分利的垄断性商品专卖制度，提出以"厚商"政策代替"抑商"。

明末清初的思想家黄宗羲进一步提出了工商业与农业同等重要，皆为国之根本的思想。他说："世儒不察，以工商为末，妄议抑之。夫工固圣王之所欲来，商又使其愿出于途者，盖皆本也。"[3]认为以工商阶层为末的认识是不对的，对于开明的朝廷来说，工、商都是国家的根本，同农业一样重要。工商皆本论是对"厚商"认识的更进一步，在这种思想的影响下，朝廷开始制定了一些鼓励商业发展的政策。在清末洋务运动期间，朝廷颁布了若干体现工商皆本思想的政策

[1]（宋）陆游著，马亚中、涂小马校注：渭南文集，浙江古籍出版社，2015年，第192页。
[2]（明）张居正：张居正集（第三册），湖北人民出版社，1987年版，第465页。
[3]（明）黄宗羲：黄宗羲全集（第一册），浙江古籍出版社，1985年版，第41页。

法令，对商业的发展起到了积极的推进作用。

3. 文化观念

"以义取利，义利并举"是我国一种重要的文化观念。在我国传统文化中，义和利是不可以分离的，利是义的物质基础，义对利具有价值导向作用。不能极端地强调"义"的重要地位和作用，完全否定了"利"。义利并举，以义取利的文化观念正确地反映了义和利之间的辩证关系。

我国传统的思想家有很多关于以义取利，义利并举相关的论述。孟子认为"欲贵者，人之同心也"，人具有追求私利的共同性，一定程度上肯定了逐利的行为。荀子认为人具有取义与趋利的本能，他说："义与利者，人之所两有也"。汉朝的董仲舒也主张义利兼顾，认为义和利存在于人性之中。

对商人来说，只要"利以义取"，在不违反"义"的前提下"取利"，他们一样可以而且也应该受到社会普遍的尊重。对此商人也有着深切的认识，晋商的代表人物王文现曾说："夫商与士，异术而同心。故善商者，处财货之场，而修高明之行，是故虽利而不污。"[①]他认为商人与士人虽然使用的方法不一样，但追求是一致的，商人只要注重商德修养，以义制利，就能达到好的结果。正是在这种以义取利，义利并举观念影响下，明清之际有很多士人"弃儒就贾"。以义取利的文化观念极大地调动了商人的积极性，促进了他们的发展。

3.1.3　商人的历史作用

在我国两千多年的历史发展中，商人发挥了巨大的作用。他们为增强与发展国家财政经济做出了重要贡献，推动了地区和国家间的联系与交流，同时也促进了社会多方面的进步与变革。

1. 发展国家经济与增强财政收入

商人的活动联系着生产与消费，商业的繁荣会带动生产行业与消费行业

---

① 阳泉市政协文史资料委员会、《晋商史料与研究》编委会：晋商史料与研究，山西人民出版社，1996年8月版，第65页。

的发展，进而起到了推动国家整体经济发展的作用。我国地域广阔，但生产水平并不均衡。商人把南方的丝绸、茶叶、糖、竹、木、漆、陶瓷等商品源源不断地运往北方，又从北方把松木、皮货、煤炭、杂品等商品运回南方。这样既解决了南北生产与消费的不均衡问题，同时也带来了经济繁荣。如元明清时期，商人们活跃的运河贩运使通州、直沽、沧州、德州、临清、滕州、徐州、淮安等一大批城镇繁荣起来。以元大都为例，当时元大都居民的食粮"全仰客旅供给"，商人从江南，中原地区运去大批米粮；同时，元大都的手工业者生产出的大量手工业产品，在相当程度上也需要商人运到全国各地销售。商人不断探索新式经营模式，开办作坊企业、投资大型商栈，进行一系列商业运作，这些都推动了各地区产业与消费的良好循环发展，进而促进了全国经济的发展。

商税是国家财政收入的重要组成部分。商人经商的赢利一方面用于商业的再投资和自身的生活消费，另一方面则以商税的形式上交国家财政。商税在国家的财政收入中占有的比例很大。据《清史稿》记载，以乾隆三十一年（公元1766年）为例，全国普通商业关税收入达540余万两，约占全国总税收的15%。从专项商税来看，以盐税为例，唐宝应年间全国税利约1 200万缗，盐税占了50%以上；南宋时，盐税更是创纪录地占到朝廷收入的70%以上。商人对国家财政的贡献非常大，清末的洋务派人士李鸿章对此认识非常深刻，他认为国家的费用来自税收，税收来自商家，所以一定要尽力维持商业的发展。

2. 推动地区和国家间的联系交流

商人的活动遍及全国各地，他们奔波在各地，加强了国内各地区的联系与交流。以明清时的徽商为例，他们的活动范围东抵淮南，西达滇、黔、关、陇，北至幽燕、辽东，南到闽、粤。徽商除了从事多种商业和贩运行业外，还直接在全国各地置店铺、办产业。当时流传着"无徽不成镇"的谚语。商人们通过各地间的来往贩运、设肆经营、办厂生产等方式，加强了地区间的联系。在商业利润的驱使下，商人在各地区之间奔波所形成的联系与交流是非常频繁和高效率的。在明末冯梦龙所著小说《喻世明言》的《蒋兴哥重会珍珠衫》中记载，徽州新安县粮商陈大郎在苏州脱货后，回新安只停三天即向襄阳进发，这虽然是小说中的情节，但也反映了当时商人的活动情况。

商人的活动也促进了我国与世界各国的联系与交流。中国商人走出国门，沿着海上与陆上丝路与世界各地进行商业贸易。以宋朝为例，据统计，在公元

1012至1192年的181年间，北宋商人到高丽经商共计117次，4 548人次，最多的一次去高丽的中国商人达300余名。北宋商人在国外也受到了极大的欢迎。据记载，高丽国文宗九年春，他们把来贸易的北宋商人专门安排在宾馆里招待。北宋长途贸易到国外的货物有米、麦等粮食，也有瓷器、漆器、丝织品、凉席、草席等生活用品，还有大量的书籍。那些远销国外的精致刻印书籍，让海外人士更多地了解中国，提高了北宋在国际上的声誉。同样，从海外归来的宋商也带回很多关于海外各国情况的文化知识。例如，宋徽宗时期朱彧撰《萍洲可谈》，宋理宗时期赵汝适撰《诸蕃志》，其中很多内容就是商人从国外带回来的。商人的商贸活动在客观上促进了中国与世界各国的经济文化交流。

3. 促进社会诸方面的进步与变革

商人促进了社会的进步与变革，其作用表现在诸多方面。

商人是促进社会政治变革的力量之一。春秋时期，商业的发展加速了贵族等级制度的松解。一些富商大贾以巨大的经济实力，广泛交游社会各类人士，不断寻求政治的支持，以至于社会出现了"官职可以重求，爵禄可以货得"[①]的现象，使当时的贵族等级制度受到了冲击，具有历史进步意义。

在城市组织结构的变革过程中，商人起到了积极的推动作用。唐初政府实行市坊制度，在空间和时间上对城市生活加以限制。但从唐中叶开始，商人逐渐开始沿街巷叫卖，于夜间开张营业。北宋时期商人临街开店，随时营业的行为受到政府的认可，城市生活开始从封闭型向开放型转化。在市坊制度改变的过程中，商人起到了至关重要的作用。

在国家民族危难之际，总有优秀的商人站出来，成为推动社会进步的重要力量。西汉时期的商人卜式，出家产充当军费，支持朝廷抵抗匈奴，捍卫祖国领土完整。近现代，面对日本帝国主义的侵略，著名爱国商人陈嘉庚发起筹赈国家伤兵难民的行动，又实地了解祖国抗战局势、民众生活，慰劳在前线浴血奋战的抗日将士与爱国同胞。自古至今，爱国商人一直就是国家解放、民族独立的重要力量。

商人促进了社会思想认识的改变和进步。在古代中国社会，人们重视士绅农业，轻视工业商业。随着商人活动的长足发展，人们的思想价值观念出现

---

① （战国）韩非著；秦惠彬校点，《韩非子》，辽宁教育出版社，1997年，第38页。

了变化，农本商末的认识受到批评和质疑，人们开始公平地认识各行业的社会作用。例如，明朝时，面对商业的蓬勃发展，王阳明提出"古者四民异业而同道，其尽心焉，一也"的观点，肯定了士、农、工、商平等的地位。近代洋务运动以后，随着民族工商业的发展，清政府看到了商业对国家的重要作用，重视商业的力度加大，于是提出"宜破除成见，使官商不分畛域。"在这种社会思想认识改变的影响下，当时很多官、绅、士、民开始经商办厂，大力发展工商业。

商人促进社会进步发展的作用，还表现为他们利用手中资金投资到道路、文教、卫生、民政、消防、公益、慈善等各个方面，参与很多社会事务。如近代中国民营企业家张謇致力于社会服务，他创办新式学校、建医院、开办贫民工厂，还设立残废院和养老院。

3.2　著名商人介绍

引言：

在商业领域内，有小贩，有大贾。他们商业规模虽有大小，但其人生却各具风采，各领风骚。在商业历史长河中，有多少人创造了商业的辉煌，又有多少人留下了商业传承？什么样的人才能做商人，什么样的人才能成为大商人？

在本节，学习古往今来的著名商人的风采，走近精彩纷呈的商人世界。

我国很早就出现了商人。4 000多年前的夏朝，黄河流域生活着一个叫作"商"的古老部落。商部落的首领"服牛马，以为民利"。其第七任首领王亥发明了牛车，极大地方便了交通运输。他经常带领民众，驾驶牛车，运输货物，往返于部族间进行贸易。后人把王亥尊称为"华商始祖"。春秋时期，我国出现了独立的专业商人。在以后的历史长河中，商人与士、农、工并列，作为"四民"之一，对社会发展做出了重要贡献，每个时代也都涌现出了很多著名的商人。

微课

古代商人：财聚利散未有期

3.2.1　古代著名商人

我国古代商人植根于中华大地，他们以商为业，以商致富。有的经商获利，扶危助困，以义为先；有的拼搏商海，注重修养，济世为民；也有的注重运营，科学管理，精益求精。我国古代优秀的商人们为后人树立了一个个榜样。

1. 三聚三散，富而行其德——范蠡

微课
范蠡：谁似
陶朱得始终

范蠡（公元前536—前448年），春秋末期著名的军事家、经济学家。他辅佐勾践兴越国，灭吴国，帮助越国成就霸业。功成名就后的范蠡急流勇退，毅然弃官而去，弃政从商。

范蠡辗转奔波来到齐国，化名为鸱夷子皮，带领家人在海边，垦荒耕作，兼营副业并四处经商，没过几年，就积攒了数十万家产。齐国人请他作相国。但仅仅三年，他再次急流勇退，散尽家财，分给朋友和乡亲，悄悄地带领家人离开了。

之后范蠡来到陶地，再次改名为陶朱公。陶这个地方四通八达，与齐、秦、楚、晋、燕等国家相通，是个商品交易、物资流通的好地方。在这里，范蠡与家人一起，辛苦劳作，根据时节、气候转运货资，进行商业活动。后来他又成为巨富之商，被称为陶朱公。

范蠡经商时主张薄利多销，他逐十一之利，即赚取十分之一的利润，不求暴利；主张把握商机，根据时令季节灵活贩卖商品。在市场上，他提出商业经营要未雨绸缪，要提前根据市场预测来进货。对待顾客他讲诚信，善于选择人才进行经营管理。

范蠡在商业上成功后，回报社会，帮助别人。据记载，范蠡在陶地经商时"十九年中三致千金，再分散与贫交疏昆弟"①。这是说他具有经商的才能，利用自己赚来的钱财去帮助别人，做有益于社会的事。范蠡一生中家财"三聚三散"，让其赢得"富而行其德"的美誉，被后世尊为商圣。

2. 儒商生涯，货殖济世——子贡

端木赐（公元前520—前456年），字子贡，春秋末期卫国人，孔门十哲之

---

① （汉）司马迁：史记（第三册），中华书局，2013年9月第一版，第3 954页。

一，被孔子称为"瑚琏之器"。在孔子看来，子贡是个经商的天才，面对不断变换的商业行情，他总能做出准确的判断。子贡曾在卫国做官，又在各国之间经商。他拥有的财富可以和当时的诸侯分庭抗礼。

子贡的伟大之处在于以"货殖"来"济世"。他经商很成功，但他同样注重儒家"济世"。

子贡非常尊敬他的老师孔子，孔子周游列国讲学，是子贡奔前走后为其提供资金的资助。孔子去世，子贡在老师坟冢前守墓六年后才离去。

子贡能言善辩，办事通达，敢于担当，注重义行。《史记·孔子世家》记载，孔子受困于陈没粮食吃时，子贡及时出使楚国，让楚昭王兴师迎孔子，解除了危难。

作为商人，子贡身上没有商人唯利是图的表现，却有着儒家风度。子贡的儒商融合的品行被后人称为"端木遗风"，其本人也被尊为"儒商始祖"。

3. 科学管理，注重经营——孙春阳

孙春阳，今浙江宁波人，明朝万历年间考取秀才失败后，他决定弃儒从商，来到当时经济繁荣的吴门（今苏州），创办孙春阳南货铺。该商铺经营百货，以食用品为主，主要有南北土产、海产品、腌制品、酱制品等。由于孙春阳经营有方，他的南货铺不仅为当时的商界所赞誉，而且影响深远。清朝学者评价说，"自明至今已二百三四十年，子孙尚食其利，无他姓顶代者。吴中五方杂处，为东南一大都会，群货聚集，何啻数十万家，惟孙春阳为前明旧业，其店规之严，选制之精，合郡无有也。"[①]

当时的苏州万商云集，商业发达，是全国发达的商业集散地。孙春阳精心选择店铺位置，在吴趋坊北口开了一家经营南货的小铺。吴趋坊是"江南四大才子"唐伯虎曾经读书的地方。铺外有一棵茂盛高大的梓树，被认为是唐伯虎的旧物，它为孙春阳店铺增色不少。

孙春阳经营商铺时实行科学管理，采取分类摆货、取货的销售模式。他学习借鉴县衙官府把所属事务分为三班六房的办法，把所经营的货品分为"六房"来管理，即南北货房、海货房、腌腊房、酱货房、蜜饯房、蜡烛房。不同的货品分类仓储、摆放于相应的货房。顾客看好货后，在统一的付款处付款，取得

---

① 钱泳. 履园丛话 [M]. 北京：中华书局，1997.

提货凭证，然后到各货房领货。

孙春阳南货铺统一收款，严格规范财务制度，实行"总管者掌其权"，"一日一小结""一年一大结"。这种制度账目清楚，结算规范，既减少了中间环节和经营成本，也便于管理，能有效减少贪污浪费的漏洞。由于账物一致，主管者能及时掌握店铺资金和货品的变动情况。

孙春阳南货铺经营商品时坚持质量至上，为顾客所想。据清人欧阳兆熊、金安清的《水窗春呓》中的记载，孙春阳的货物原料"选制精良，合郡无有"；其店铺制作的瓜子"无一料不平正者，皆精选而秘制"；其店制作的茶腿"以其不待烹调，以之佐茗，亦香美适口也"。孙春阳店铺的茶腿可以佐茗而食，这种别具匠心的制作方法方便了顾客，受广大消费者的喜爱。在清朝，孙春阳南货铺的一些商品还被选为贡品送往京城。

孙春阳经商秉持认真踏实，精益求精的理念。百货生意人人皆可经营，为什么孙春阳经营的商品受人认可？清代学者对此研究指出："同一货也，何以一家独擅？非有秘授之法，特格外认真耳。在他人皆求速化，不欲费心力，于一二十年后，故终于无成。"[①]孙春阳经营百货生意之所以成功，就是因为他对货品有一种认真的精神，对经营有一种严谨的要求。他坚守质量，严控细节，精益求精，正是靠着这种认真、踏实的态度，孙春阳才取得了商业的成功。其后人也正是秉承这种精神，"世守其法，莫敢懈忽"，使得孙春阳南货铺历经二百多年而不衰。

深思启慧

古代商人的经商规律

在中国古代，商人虽然地位不高，商业环境不好，却总能绝处逢生。他们对商业行为敏感，对经济状态把握准确，对商品交易非常老练。古代商人虽然没有流传下多少记录商业行为的专业书籍，却总结出许多的经商之道，如"人取我予，人予我取""时贱而买，虽贵已贱；时贵而卖，虽贱已贵""旱则资舟，水则资车"等，这些都是今天人们依然都要遵循的经商规律。

① 欧阳兆熊，金安清. 水窗春呓[M]. 北京：中华书局，1997.

3.2.2　近代著名商人

鸦片战争之后，西方列强入侵，对中国商业造成了巨大冲击。在这一时代背景下，中国人一方面立足传统，开拓发展；另一方面进行艰苦创业，发展民族工商业，涌现出一大批著名的近代中国商人。

1. 汇通天下——乔致庸

乔致庸（1818—1907年），山西祁县人，清朝著名晋商乔家第三代，被人称为"亮财主"。

微课

近代商人：
创业艰难家
国情

光绪十年（1884年）乔致庸看准时机，果断发展票号业务，创立了"汇通天下"的大德通、大德恒票号。在他的经营下，乔氏票号及其他商业业务遍及全国各大城市、水陆码头，繁荣一时。至清末时，乔氏家族已经在全国各地有票号、钱庄、当铺、粮店200多处，资产达到数千万两白银。建立了以票号为核心的商业联合体。"汇通天下"匾（图3-2-1）现今保存在乔家大院中。

乔致庸注重市场分析，目光远大，雄才大略。他接手家业时，乔家还没有涉及票号生意。那时山西平遥有日升昌票号，作为一个新兴的金融行业，当时票号很少，全国也只有5家，而且只进行大额交易，不和中小商人打交道，影响非常有限。大多数商人出门做生意还必须带着银子。当时道路上土匪横行，商人携带大量银两非常不安全，时有被盗匪抢走的危险。但票号兑换的汇票都

◆ 图3-2-1　"汇通天下"匾

有密押，即便汇票被土匪所夺，没有密押也不可能在票号中兑换到银子。正是洞察到了票号的便利性、安全性以及广阔的市场需求，乔致庸才致力于票号的创办。

乔致庸知人善任，注重情感。阎维藩原为平遥蔚长厚票号福州分庄经理，擅长经营。因在票号业务处理上受到了排挤和斥责，离开了原东家。乔致庸知道这个消息后，便派自己的儿子备厚礼在阎维藩返乡必经路口迎接。一连等了数日，终于把阎维藩请到乔家，盛情款待。乔致庸不拘一格，打破常规，聘请阎维藩出任乔家大德恒票号经理。阎维藩深感乔家对他的器重与信任，上任后

殚精竭虑，业务上精益求精。在他主持大德恒票号的26年间，票号生意日益兴隆，为乔家的商业发展立下了卓越功劳。

2. 实干兴邦——张謇

张謇（1853—1926年）（图3-2-2）是我国近代著名商人、企业家、政治家、教育家，出生于江苏海门常乐镇。张謇父辈种地经商，生活清贫。为了改变家庭命运，他幼年就被父亲送入私塾读书，发愤苦学。他的求学生涯历经波折，直到1894年，41岁的张謇才考中状元。

1895年，中日甲午战争爆发，清政府被迫与日本签订丧权辱国的《马关条约》，面对着政府的腐败与日寇的欺凌，张謇无比的愤慨和忧虑。虽然当时我国的传统士大夫看不起商业，但在张謇看来，中国当时的救亡之道就是振兴实业，只有发展民族工商业，才能使国家富强，才能抵制外国列强的侵略。于是他毅然放弃功名利禄，辞去官职，以极大的热情回家乡去创办实业，他写道："愿成一分一毫有用之事，不愿居八命九命可耻之官。"

图3-2-2　张謇

张謇心怀国计民生。立志从商之后，张謇便把眼光盯住了纺织和钢铁。他发现棉纺织业关系人民生活，制铁业关系国家生存，发展棉、铁两业，"可以操经济界之全权"。1895年他在南通创办的第一座纱厂命名为大生纱厂。"大生"二字源自《易经》："天地之大德曰生"，意为天地之大德在于国计民生，在于万物生生不息。张謇还先后创办了数十家企业，并投资江苏省铁路公司、镇江大照电灯厂等企业。这些实业无一不关系到国计民生。张謇创办的企业形成了一个轻重工业并举、工农业兼顾、功能互补的地方工业体系，一度成为全国最大的民族企业集团。

张謇兴办教育。他认为"实业与教育迭相为用""父教育而母实业"，强国之计要通过兴办实业壮大国力，又要通过教育来为国育才。在发展实业初见成效后，他便运用积累的资金着手创办新式学校。张謇独自或参与创办了近四百所师范、纺织、医学、农业等新式学校。有许多张謇当时创办的学校现在已发展成为著名的高等学府，如复旦公学发展成复旦大学，同济医工学堂发展成同济大学等。

张謇致力于社会服务。他把实业所获之利投向社会，大力捐助教育、慈善和地方公益事业，使民众从中获益。他兴建医院，对赤贫者免受药金；开办贫民工厂，教授贫民子弟自谋生活；设立残废院，收留肢体残缺人士。1913年，张謇用他60岁寿辰时所得的亲友馈赠建造了南通第一所养老院，收容无依无靠的孤寡老人。

张謇秉承实干兴邦的理念，心系国计民生，践行实业救国、教育救国，致力于社会服务，为中国近代国家的富强、民族的进步做出了巨大贡献。2020年11月，习近平总书记在南通博物苑参观张謇生平展陈时指出，张謇是中国民营企业家的先贤和楷模。

微课

现代商人：艰苦奋斗茧成蝶

3.2.3　现当代著名商人

在现当代的舞台上，我国商业发展日新月异，尤其是改革开放以后，社会发展取得了巨大的成就，经济繁荣稳定，孕育了一批又一批的优秀商人。他们胸怀祖国，服务社会，艰苦奋斗，敢于创新，为中国的发展做出了巨大的贡献。

1. 华侨旗帜、民族光辉——陈嘉庚

陈嘉庚（1874—1961年）（图3-2-3），福建厦门人。他17岁起随父到新加坡经商。先经营米店和菠萝罐头厂，再经营橡胶园。1916年后，他营建起以橡胶和胶制品业为主，遍及全球的销售网络，成为驰名海内外的大实业家。

陈嘉庚致力于振兴中华。"七七"事变后，他组织南洋的华侨成立筹赈祖国难民总会，发动南洋华侨救国，领导华侨支援祖国，抗日救亡。陈嘉庚身体力行，带头捐款捐物，为前方将士捐献寒衣、药品、卡车等物资，还在新加坡和重庆投资建设制药厂，直接供应药品，为抗日战争的胜利做出了巨大贡献。

● 图3-2-3　陈嘉庚

1940年3月陈嘉庚率领南洋华侨回国视察各战区和重庆、延安等地。他不畏强暴，坚持真理，明辨是非，认为中国的希望在延安，坚信共产党才能救中国，反对蒋介石独裁，坚持团结抗战。1949年回国参加新政协会议和开国大典，对新中国的成立献言献策。回国定居后，陈嘉庚不辞劳苦到祖国各地视察，致力于新中国的社会主义建设事业。陈嘉庚于1961年病逝，临终前仍念念不忘

祖国统一大业，遗嘱把国内存款全部捐献给国家。

陈嘉庚关心公益事业，兴办教育。陈嘉庚认为："教育不振则实业不兴，国民之生计日绌"。陈嘉庚在家乡集美村创办小学、中学、师范、幼稚园，又兴办了水产航海、商业、农林等各类学校。同时建起电灯厂、医院、科学馆、图书馆、大型体育场。把一个昔日破败偏僻的小渔村变成了一座规模化的现代化集美学村。陈嘉庚具有卓越的教育思想，提倡学生要在德育、智育、体育诸方面全面发展，重视技术教育和师范教育。陈嘉庚还推行社会教育，亲建集美鳌园"博物大观"并倡建了厦门华侨博物院。在他的影响下，华侨捐资兴学，蔚然成风。

陈嘉庚一生赤诚爱国，坚持真理，投资兴学，对推动华侨爱国大团结、支持祖国和家乡建设都起到了积极作用，毛泽东誉其为"华侨旗帜、民族光辉"。

2. 乡镇企业改革发展的先行者——鲁冠球

鲁冠球（1945—2017年），中共党员，农民企业家，浙江萧山宁围人。

1969年7月，24岁的鲁冠球筹集了4 000元钱，带着6个人，架起一座火炉，置办了几把铁锤，在一间只有84平方米的房子里，创办宁围公社农机厂。时至今日，原先的农机厂已发展成为资产百亿的现代跨国企业集团，拥有国家级的技术中心和实验室。

1979年，鲁冠球看到《人民日报》的一篇社论《国民经济要发展，交通运输是关键》。他判断中国将大力发展汽车业，于是果断砍掉其他项目，专攻万向节。万向节是汽车传动轴和驱动轴的连接器，呈"十"字形，大小不一，是一种精密度非常高的关键零件。鲁冠球的梦想是造轿车，但他的事业是从汽车底部这个零件开始的。经过艰苦研发，他生产的"钱潮牌"万向节迅速占领了市场。1994年，鲁冠球的万向钱潮股份公司在深交所上市，成为中国第一家上市的乡镇企业，鲁冠球成了最早拥抱资产市场的民营企业家之一。

鲁冠球坚守社会责任，诚信为上。2008年三鹿奶制品事件发生后，鲁冠球给所属单位负责人发了一封公开信，他写道："奶制品事件再次教育我们，任何私利都不能凌驾于公众利益之上，企业经营要以德为本，损人利己即自取灭亡……社会责任是企业存在的前提，是企业价值的体现，是市场信誉的积累，更是我们创建世界名牌企业的基石。"鲁冠球十分重视维护企业的诚信，他发现企业产品的质量问题后，曾毫不犹豫地将价值43万元的不符合标准的产品送到废品收购站。此举既提高了职工对"质量是企业生命"的认识，又得到了社会赞誉，使企业走上健康、科学的发展之路。

2018年12月，党中央、国务院授予鲁冠球同志改革先锋称号，向他颁授改革先锋奖章，并将他评为乡镇企业改革发展的先行者。

见微知著	『经济年度人物』	2001年CCTV经济年度人物颁奖词如此评价鲁冠球："他是民营企业家中的常青树，他的故事续写了20多年。把一个小作坊发展成通用、福特汽车的合作伙伴，一举开创民营企业收购海外上市公司的先河，人们从他身上见证了乡镇企业的过去，也看到了乡镇企业的未来，他向我们展示了一个乡镇企业家与时俱进的真实传奇。"

3.3　商人的精神品质

引言：

　　我国商人在两千多年的历史长河中，留下了许多宝贵的精神财富：爱国情怀，敬业精神；创新开拓，诚信守法；社会责任，国际视野，等等。它们就像颗颗璀璨的珍珠，闪耀着精神品质的光辉。它们是中国商人的内心追求，它们是中国商人的精神凝聚，它们让中国商人在商业搏击中笑看风云，立于不败之地。

　　商人的榜样作用是来源于他的财富数字，还是他们所具有的精神品质？无可否认，财富看得到，摸得着，可以满足诸多的物质需求。但是，只有真正了解和践行商人优秀的精神品质，才能收获真正的成功。

3.3.1 爱国情怀 敬业精神

1. 爱国情感，民族使命

商业无国界，但商人有祖国。在我国商业发展的长河中，优秀的商人怀着对国家、民族的热爱，把商业的发展同国家的繁荣、民族的昌盛、人民的幸福结合在一起，主动为国担责，为国分忧。爱国情感自古以来就是我国商人最基本的品质之一。

优秀商人具有舍小家为大家的爱国情怀。汉朝时期的卜式是当时著名的大商人。他以养殖牛羊销售获利，家里积聚了很多财富。当时边疆不稳定，朝廷连年对之用兵，再加上开发边地，赈灾救济，朝廷一时耗资巨大，大批饥民流离失所。当时很多富贾大商不顾国家危急，乘机囤积居奇，从中攫取利益。卜式认为，国家的命运与个人利益休戚相关，他上书朝廷，愿意捐出一半的家财资助边境战事。但第一次朝廷没有接受其捐资请求。一年多后，恰逢匈奴浑邪王等人归顺，朝廷要设法安顿他们，但国库空虚，财政没法完全供给。卜式再一次主动站出来，资助迁徙的民众渡过了难关。卜式在国家需要的时候，舍弃家财，为国家分忧，表现出了商人的崇高爱国之情。

优秀商人具有发展中华民族工商业的使命感。清末，外国列强对我国进行经济掠夺，民族工商业亟待发展。宁波定海白泉乡商人王启宇在与外商交往的过程中发现，与外国的洋货相比，中国的染织业工艺不精，漂染技术落后，国产布匹无论在质量上还是在产量上都远远落后于西方。以至于洋布充斥纺织市场，国产布匹积压严重。王启宇在仔细学习了先进印染技术之后，立志振兴棉纺印染工业。1911年，王启宇先与另外三个爱国商人一起集资在杨树浦美兴街开设了一家染坊，试染纱线。在经营见好的前提下，他又集资将染场迁到虹口唐山路，开办了达丰染织厂，这是我国国人自己创办的中国第一家机器印染厂。王启宇和他员工在艰难的状况下，推动了中国纺织行业的发展。

优秀商人具有保家卫国，振兴中华的信念。1877年中国人在河北开办开平煤矿，第一年产近4万吨。从办厂开始，开平煤矿就与日本的煤矿企业展开了市场争夺战。当时日本煤矿企业凭借其雄厚的资金与先进的技术已经控制了煤炭市场。开平煤矿利用本土优势，在中国人的支持下与日本公司打开了价格战，以低廉的价格与它们竞争。三年后，日本公司煤的销售量减少了几乎一半，到

1899年，开平煤矿年产量增至近80万吨，成为当时中国最重要的煤矿公司，基本夺回了煤炭市场的控制权。

见微知著	火柴大王	1930年，定海商人刘鸿生创办了全国最大的火柴企业"大中华火柴公司"，来与外商的火柴公司一较高低。谈到他发展商业的原因，刘鸿生对他的儿子说："民众称我为'火柴大王'，但我这样做的目的并非出于私心，而是通过这种形式，来发展和保护我国的民族工业。"

2. 爱岗敬业，勤勉笃行

商人的爱岗敬业表现为在商业经营上坚守初心，专注本业，持之以恒。司马迁在《史记·货殖列传》中说："贩脂，辱处也，而雍伯千金。卖浆，小业也，而张氏千万。洒削，薄技也，而郅氏鼎食。……此皆诚壹之所致。"[1] 这段话是说，贩卖油脂是耻辱的行当，而雍伯靠它挣到了千金。卖豆浆是小本生意，而张氏靠它赚了一千万钱。磨刀本是小手艺，而郅氏靠它富到列鼎而食。这些人之所以成功，是因为心志专一。

古往今来的优秀商人数十年如一日地不改初心，无论外在压力或诱惑有多大，都能坚守自我。他们始终专注本业，沿着既定的轨道前进，不奢望一马平川，立竿见影；能持之以恒，艰苦奋斗，最终才会"梅花香自苦寒来"。

商人的爱岗敬业表现为在商业经营上积极向上，拼搏进取。市场风云变幻，商业经营始终存在风险。对待风险，不能一味回避，无论是商业经营还是商业投资，都要在认真分析、预测准确的基础上部署行动，敢于进取。机遇与风险并存，一旦看准了，就要马上去做，不能犹豫。否则，一旦失去机遇，不仅无利润可图，甚至还会造成损失。据史料记载，潮州商人除勤劳吃苦外，最重要的是拼搏奋进，积极进取的精神。当他们受雇于人数年之后，稍微有些积蓄，就能瞅准机会，把握时机，以拼搏进取的精神，把所有的积蓄投入他看准的经营项目上去，于是往往取得预想不到的收益与效果。

商人的爱岗敬业表现为在商业经营中不怕困难，不怕失败，百折不挠。失

---

[1] （汉）司马迁：《史记》（第十册），第3 982页，中华书局，2013年。

败能带给人们足够多的思考，失败后才有更多成功的可能性。在商业发展的过程中，优秀的商人都具有强大的意志，不怕困难，不怕失败，跌倒了能再爬起来，每失败一次，就更接近成功。

3.3.2　创新开拓 诚信守法

1. 勇于创新，敢于开拓

我国商业的发展与商业界人士大力弘扬创新精神是分不开的。商人要站在社会发展的前沿，敢于承担风险，勇于挑战，在危机中寻找商机，在困境中探索出路。

图3-3-1　荣毅仁

荣毅仁（1916—2005年）（图3-3-1），江苏无锡人，曾任中华人民共和国副主席。青年时代，他抱着实业救国的理想，进入家族企业勤奋工作，希望以自己的努力，办好实业，报效国家。为了探索国际经济合作之道，在改革开放之初，荣毅仁创新地提出引进技术和管理方式，发展金融、贸易的意见，向党中央、国务院提出了设立国际信托投资公司的建议。1979年10月，中国国际信托投资公司正式成立，荣毅仁担任董事长兼总经理。他亲手制定了公司第一个章程，强调"公司坚持社会主义原则，按照经济规律办事，实行现代化的科学经营管理。"

荣毅仁勇于创新，借鉴发达国家在发展经济中行之有效的做法，与中国实际情况相结合，走中国特色的社会主义工商业经济发展之路。他广泛开展中外经济技术合作，引进资金和技术，在国内兴办实业，开展金融、技术、贸易、房地产、经济咨询、卫星通信等业务，并在海外择机投资，发行债券，在诸多业务领域成为国内首创，将公司建成一个综合性跨国企业集团，为国家的社会主义现代化建设做出了卓越的贡献。1984年10月，邓小平同志指出，"中国国际信托投资公司可以作为中国在实行对外开放中的一个窗口"，并亲笔为公司题词："勇于创新，多作贡献"。1987年，荣毅仁被评为世界50位最富魅力的企业家。这是中国企业家第一次入选世界知名企业家。

"富有之谓大业，日新之谓盛德。"从古至今，商人是敢于吃螃蟹和善于吃螃蟹的人，他们具有独特的前瞻性视野，能把观察到的商机或预见到的机遇牢牢掌握住，勇于创新，敢于开拓。现在是一个需要"创新与创意"的时代，为了更好地发展商业，需要加快创新的步伐。

2. 诚实守信，遵纪守法

我国自古以来重视诚信和法制，"诚者，天之道也；思诚者，人之道也。""法者，天下之程式也。万事之仪表也。"对于商人来说更是如此。商人要同客户打交道，商业运营中涉及方方面面的关系利益，没有诚信，拒不守法，就会寸步难行。

诚信是经商成功的必要条件。明清时期的晋商作为当时我国最大的商人团体，其成功有很多方面的因素，但讲究诚信是其重要的因素。晋商在茶叶贸易中将诚信放在首位，长期的经营让他们的茶叶品牌积累了极高的声誉。据说当时的蒙古牧民曾一度只认晋商的茶叶，乃至于他们的茶砖在一定范围内可以作为财富的象征，进行贮藏和流转。晋商创办的"汇通天下"票号，更是以诚信为本。英国汇丰银行一位经理对山西票号、钱庄经营人有过这样一段评论："这25年来，汇丰银行与上海的中国人（晋商）做了大宗交易，数目达几亿两之巨，但我们从没有遇到一个骗人的中国人。"[①]这是近代晋商诚信的真实写照。

诚信能使商业经营长久不衰。在经商时应坚持诚信为本，注重经商信誉，杜绝以次充好、制假售假、牟取暴利的不良行为。古代的优秀商人注重维护信誉，不会因为店大而欺客，他们利用薄利多销的方法赚取适当的利润，不仅赢得了市场，更博得了社会各界的一致称赞。

在商业领域内，商人同样要有法治意识。遵纪守法是现代经济活动的重要意识规范，也是法治社会的重要要求。遵纪守法是每个商人应尽的社会责任和道德义务。商人在商业运营中，往往涉及金钱利益关系，这个时候一定要意志坚定，是非观念明确，使自己的一切行为都在守法、合法的框架内进行。没有规矩不成方圆，即使经济实力再强，假如没有法律的规范和约束，商人最终也只能失败。

---

① 阳泉市政协文史资料委员会、《晋商史料与研究》编委会：《晋商史料与研究》，山西人民出版社，1996年8月版，第65页。

3.3.3　社会责任 国际视野

1. 回报社会，承担社会责任

任何商人都存在于社会之中，任何商业活动都要在社会中进行，社会是商人的舞台。作为商人，只有真诚地回报社会，承担起社会责任，才能真正得到社会认可，才能真正地实现自己的价值，才是一名合格的商人。

商人的社会责任表现为以一种有利于社会的方式进行经营和管理商业。清代著名商人乔致庸在经营票号时注重儒家的宽厚和仁义精神。乔致庸"肆力史册，广购图书"，手头常备经典文化书籍；他经营票号时讲究"以德经商"。他的经商理念是"一信、二义、三利"，以信誉徕客，以义待人，信义为先，利取正途。对于社会上的灾祸，他都会挺身而出，出资赈灾。据《祁县志》记述，清光绪三年，天遭大旱，民不聊生，乔致庸调动资金，转运粮食，搭起赈灾棚救济难民，受到朝廷的褒奖。

商人的社会责任表现为能对社会做贡献，为人民谋福祉。邵逸夫先生关心民祉，慷慨捐赠，惠及多方，为社会做出了突出贡献。邵逸夫从事的是娱乐行业，但他始终追求的是"钟表师"的工匠精神，有着"邵氏出品，必属佳品"的美誉，他把钱都花在最"佳"的地方。作为商人，他把"财富取之于民，也应用之于民"作为座右铭。2008年5月汶川地震发生之后，邵逸夫得知灾区学校遭到严重破坏，学生伤亡严重，立即捐款1亿港元，为灾区师生重建校舍，帮助他们早日重返校园。他在全国各地投资助学建设了6 000余座逸夫楼。"但有读书声，即有逸夫楼"是邵逸夫的社会追求。

在2020年抗击新冠肺炎病毒的战役中，我国商业界用实际行动诠释了对社会责任的承担，在祖国大地间谱写了一曲曲令人感动的乐章。全国工商联31家直属商会，以及各地会员企业迅速行动起来，组织力量保证防疫产品供应，积极投身疫情防控阻击战。据人民网报道，截至2020年1月31日15时，全国工商联直属商会会员企业累计捐款41.31亿元，捐物价值6.66亿元。全国商业界人士万众一心、共克时艰，为抗击疫情捐款捐物，生动地诠释了一方有难、八方支援的宝贵精神，显示了我国商业界群体高度的社会责任感。

2. 胸怀广大，拓展国际视野

中国商人自古以来就不偏安于一隅，他们从家乡走到全国，又走出国门，在国际的贸易舞台施展着自己的才能。

汉朝时，张骞奉汉武帝之命，由长安出发，率领一百多人出使西域，打通了汉朝通往西域各国的贸易道路——"丝绸之路"。从此中国人通过这条通道向西域和中亚等国出售丝绸、茶叶、漆器和其他产品，同时从欧洲、西亚和中亚引进宝石、玻璃器等产品。

自1405年开始，郑和先后七次下西洋，经东南亚、印度洋远航到亚非地区，最远到达红海及非洲的东南岸，航海路线遍及亚、非30多个国家和地区，同海外各国展开密切的贸易往来，开辟了海上丝绸之路，促进经济交流。郑和下西洋在所到之处开展贸易活动，远航船队满载瓷器、丝绸、中药材、铁器和金属货币等，以"朝贡贸易"为基本形式，同时推行"官方贸易"、带动"民间互市"。郑和曾在东南亚马六甲设立商馆，船队给马六甲带去了商机，也使该地的繁荣引起世人的瞩目。

清朝时晋商以其雄厚的财力，灵活多变的经营之道，敢于冒险的创业精神，货行天下。他们在内地收购茶叶运往广州，再转运至印尼一带。他们开展对俄贸易，在莫斯科、圣彼得堡等十多个俄国城市都有山西人开的商号或分号。在朝鲜、日本，山西商人的贸易也很活跃，榆次常家从中国输出夏布，从朝鲜输入人参，被称作"人参财主"；介休范家，主要经营生铜进口和百货输出。

改革开放以来，我国商人群体通过敏锐的观察抓住了对外开放的机会，走出国门参与到贸易全球化的进程之中。我国商业界人士在国际市场上锻炼成长，利用国际国内两个市场、两种资源的能力不断提升。如今中国特色社会主义进入到新时代，我国商业走出去的步伐明显加快，商人群体所具有的勇气和创新能力，使中国商业走到了世界舞台中央。我国商人要立足中国，放眼世界，更广更深地参与国际市场开拓，把握国际市场动向和需求特点，提高国际市场开拓及风险防范能力，在国际贸易中发挥越来越多的作用。

传承·创新·创业 ··

卓氏临邛创业的启示

司马迁的《史记·货殖列传》记载了卓氏创业经商情况，给我们很多启示：

蜀卓氏之先，赵人也，用铁冶富。秦破赵，迁卓氏。卓氏见虏略，独夫妻推辇，行诣迁处；诸迁虏少有余财，争与吏，求近处，处葭萌。唯卓氏曰："此地狭薄。吾闻汶山之下，沃野，下有蹲鸱，至死不饥。民工于市，易贾"。乃求远迁。致之临邛，大喜，即铁山鼓铸，运筹策，倾滇蜀之民，富至僮千人。田池射猎之乐，拟于人君。[①]

卓氏创业经商成功的原因，主要表现在以下三个方面。

首先，创业要了解国家的政策。卓氏为什么不肯与大批迁来的赵国移民同居川北，而力争远迁呢？他知道自己的身份是赵国遗民。从政治因素考虑，自己国家虽被秦国灭亡了，但秦王朝对他们并不放心，自己仍然是被疑忌防范的对象。把他们远迁巴蜀，就是怕他们心存故国，不肯安分。卓氏主动提出到远地去居住，正是出于对朝廷政策的理解与把握。

其次，选择经营的业务。卓氏的祖传行业是冶铁。在当时情况下，冶铁是一项操作技艺相当复杂而先进的行业，非祖传或名师传授，是不敢问津的。在偏僻落后的巴蜀地区，冶铁人更少，其技艺也远不能与自己相抗衡。因此，卓氏知道在冶铁行业中，自己具有竞争的优势。是优势就要坚持，就要扬其所长，充分发挥。

最后，考虑地理环境因素。临邛这个地方，土地肥沃，物产丰富，生产力发展迅速，既需要新的生产工具，又需要交换大量商品，市场条件很好，具有发展冶铁生产和商品交换、流通的优越环境。在这个地方，他的专业持长有充分发展的条件，创业经商就会成功。

---

① （汉）司马迁，《史记》第十册，第3 976页，中华书局，2013年9月版。

思考题

1. 推动商人发展的社会因素有哪些？

2. 请分享你最尊重的商人的经商故事，并说明尊重他 /
她的理由。

3. 中国商人有哪些方面的精神特质值得我们继承和学习？

专题测试

专题三
—————————
交互式测验

专题四
商帮

学习目标

知识目标：
了解我国明清时期著名的传统商帮，熟悉晋商、徽商崛起的条件及其经商特点；掌握新商帮——现代商会的产生及其作用。

能力目标：
能够对我国传统商帮的得失有清晰的认识；能够对现实中商业团体、商业的地域性及现代商会的作用进行客观分析。

素养目标：
提高商业文化思辨能力；能对现代商会的积极作用有深刻的思考，形成自身的现代商业观，提高对我国商业成就的自豪感。

本章导读:　　　　　　在源远流长的中国历史中，重义轻利的儒家文化和占据主流的农耕经济使得市场经济之芽难以完全萌发。可事实上，人类社会从未离开过商人的活动。明清时期，中国商业活动有了明显发展，商业规模扩大，商人数量增加，并且按照地理方位组团经商，形成了商帮。明清时期相继崛起的著名商帮有山西商帮、徽州商帮、陕西商帮、广东商帮、福建商帮、宁波商帮、龙游商帮、江右商帮等。在这些传统商帮中，晋商与徽商的影响最大，他们的成长历程、商业精神及经营方法在今天仍然值得思考和借鉴。随着改革开放的深入，我国经济持续快速发展，在中国大地上又涌现出一大批具有时代特色的新商帮——现代商会，他们以新的姿态活跃在商业的各个领域，对民族振兴和经济发展起着巨大的作用。

4.1　传统商帮概述

引言:

　　歌曲，或高昂，或低沉，或悲戚，因为各个音符之间的协调，它变得悦耳。图画，或明丽，或黯淡，或素雅，因为各种色彩之间的配合，它变得瑰丽。相互配合、团结协作是一种高尚的精神。现代化的工厂，如果没有各位工人团结协作，就不能生产出精密的产品；一台机器如果没有各个零件相互配合，就不能运转。那么商业活动呢？商场如战场，商机转瞬即逝，商人只有集思广益才能把握机会；商海如大海，有时波涛汹涌，有时暗流潜伏，单个商人就如一叶扁舟，随时都有船毁人亡的危险。利益相关、志向相投的商人会团结一致，尽最大可能去克服困难并取得成功。合作才会共赢，这是成功商人的共同信念。商帮于是顺势而生。

　　商帮是一些商人依据某些利害关系所形成的商业团体。传统商帮（图4-1-1）主要是指明清两代以地域为纽带的封建商业联盟。在中国明清时期，公认的传统商帮有十个，从地域上划分，西北地区的商帮有山西商帮和陕西商帮；东

微课
商帮与地域
——一方山
水养一方人

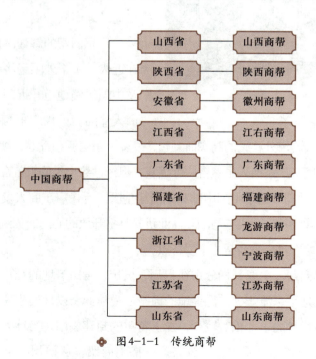

❖ 图4-1-1　传统商帮

南内地的商帮有徽州商帮和江右商帮；沿海地区的商帮最多，有广东商帮、福建商帮、龙游商帮、宁波商帮、江苏商帮和山东商帮。这些商帮在历史上都曾产生过重要的作用，对中国经济和商业产生过不可磨灭的影响，也形成了自己独特的传统。

4.1.1　沿海地区的传统商帮

（1）广东商帮。主要由广州帮与潮州帮组成。广东有优越的地理环境，背负五岭，东西南三面向海。内以西、北、东三江为主流的珠江水系贯通全省，外邻太平洋、印度洋、亚洲与大洋洲的航路要冲。无论是海运还是陆运，都有着得天独厚的条件。广东商帮主要可分为三类：第一类是海商，专门从事海外贸易；第二类是牙商，包括明朝从事贡舶、市舶贸易的牙行商人，清朝的广州十三行（图4-1-2）行商以及晚清逐步形成的买办商人等；第三类是国内长途贩运批发商，他们大多到省外或省内的边远地区收购货物贩运回广州、佛山等中心市场，再批发给零售商，或通过牙商向外商批发。

♦ 图4-1-2　广州十三行

广东商帮的辉煌时期是在近现代。在近代，由于外国经济势力的入侵以及中国缓慢地迈开近现代步伐，广东商人伴随着近代广东商品流通的扩大、商品经济的发展、海外移民的高潮而崛起，发迹于东南亚和香港、潮汕地区。第二次世界大战期间，广东商人虽然曾一度沉寂，但经过数十年的艰苦奋斗，又终于在20世纪70年代后期崛起于中国南部和东南亚地区。近代广东商人发扬了冒险开拓、独立进取的商业精神，积极参与国际商业贸易具备开放的心态。传统文化与近代商业文化的有效融合是广东商帮的主要特点。

（2）福建商帮。主要是指分布在福州、泉州、莆田等地的福建商人集团，也包括在兴化、延平、漳州、宁德等地的商帮。福建商帮以地处福建而得名，因闽地多山脉，可耕种的土地相对较少，加上苛重的封建剥削，当地人为了谋生，从家乡带着丝绸、瓷器、手工艺品等特产，搭上商船，从福州或泉州出发，顺着

"海上丝绸之路"漂洋过海，运销世界各地。福建商帮兴起于明朝，他们一开始就依靠临海的地理优势，披风斩浪，冲破海禁，进行海外贸易。

内外结合，海陆并进是福建商帮最常见的经商方式。他们从事海上贸易较多，主要以海商为主。他们广泛联络沿海居民，建立了许多商业基地，利用商业基地收购出海货物，囤积国外商品，以利销售。除了海上贸易外，他们也经营陆上内地的贸易。明清时期的福建商人有敏锐的商业头脑、强烈的竞争意识，注重商业信誉，把国内外的贸易紧密地结合起来，努力经营，形式多样，从而形成了中国封建社会晚期一个很有影响力的地方商帮。

（3）龙游商帮。发端于南宋，鼎盛于明中叶至鸦片战争前后，衰落于光绪年间。龙游商帮并不限于龙游县，实际包括了衢州府西安、常山、开化、江山、龙游五县的商人，其中以龙游商人最多，经商最为高明，故冠以龙游之名。龙游县位于浙江中部偏西南的地方，南北环山，自西至东只有一线溪河以行舟楫，上达江（山）常（山），下通杭（州）绍（兴），地处浙闽皖赣四省要冲。独特的地理位置和当地的丰富物产，给龙游商帮提供了诸多优势。龙游商帮行业范围大致有纸商、油竹木茶漆之类的山货商、药商和珠宝商。

龙游商帮观念新潮、经商手段高明。龙游商帮虽地处偏僻，却能充分利用四省通衢的水陆畅通之便，从事长途贩运业务。完成了资本的原始积累后，龙游商帮在投资上又有敢为天下先的精神和海纳百川的肚量，当别的商帮都在注重典当、票号、盐业经营时，龙游商帮敏锐地意识到，要获得更多的利润，必须转向手工业生产和工矿产业。他们果断地投身于纸业、矿业的商品生产，使商业资本转化为产业资本，给当时的封建社会注入了带有雇佣关系的新生产关系。龙游商帮不排斥外地商人，并且与之相处友善，吸纳外地商人加入己帮，推进了龙游商帮的发展。

（4）宁波商帮。是指宁波府下辖鄞县[①]、奉化、慈溪、镇海、定海、象山六县在外埠经商的商人团体。宁波商帮在鸦片战争后特别是民国时期称雄商界。宁波商帮从当年的宁波港老外滩走向全国，除经营传统的药材业、成衣业、银楼业、海味业、粮糖业之外，还经营轮船航运业、钱庄业和银行业。清末上海的钱庄与银行市场基本上为其所操纵，上海总商会也一度由宁波商帮控制。

---

① 旧地名，大致范围在今宁波市鄞州区。

宁波老外滩

宁波老外滩，就像宁波的一个符号，曾是宁波商帮兴盛繁荣的见证地。过去100多年里，众多宁波人从这里起航，闯荡上海，奔赴香港，走向世界。20世纪二三十年代，进出宁波港的千吨轮船有近20艘，包括虞氏宁兴公司的"宁兴"轮和宁波招商局所属的"江亚"轮、"江静"轮，它们的吨位都可与英国太古洋行的商船相比拟。宁波商帮在上海迅猛发展，形成"沪地为宁商辖集之区"，在上海滩十里洋场特别风光，一时有着"无宁不成市"的美誉。

宁波商帮善于开拓活动地域，因时制宜地开拓经营项目，把商业与金融业紧密结合起来，在工商业、金融业等领域不仅影响了江浙、上海的发展进程，还影响了中国的发展进程。从19世纪初到20世纪初的100多年里，宁波商人从商业领域转向了资本运作领域，从创办中国第一家华人银行——中国通商银行（图4-1-3）开始，宁波商人在上海开办了多家银行，对在上海工作的宁波工商业者的发展起到了巨大的作用。

（5）江苏商帮。其代表是成形于太湖中洞庭东西两山的商人集团。洞庭东西山位于今苏州市西南，原是太湖中面积最大的两座岛屿，人们对外交通全靠水路，老弱妇幼皆善操舟；加上太湖得天独厚的自然环境，除了粮食作物外，其他物产也高度商品化。所以洞庭百姓具有先天的商业优势，他们善于经商，走向全国四面八方，当时有俗语称"钻天洞庭遍地徽"，将洞庭商人与徽州商帮并称，可见其商业发展之盛。

审时度势、把握时机是江苏商帮的制胜法宝。洞庭商人能根据各地实际情况，因地制宜地采取独特的经营方式贩运米粮和丝绸布匹。利用洞庭湖得天独厚的经商条件起家后，他们不断向外部拓展新市场、新领域的同时，还十分讲究具体的经营手段，有的非常符合现代经商的要求。

（6）山东商帮。是指山东省辖区内的本省商人和在省外的山东籍商人，主要分布在

◆ 图4-1-3 中国第一家华人银行——中国通商
银行（旧址）

山东省内的青岛、威海、烟台、济南等地。山东商帮具有质朴单纯、豪爽诚实的特点。正因为如此，与别的商帮相比，山东商帮的致富之道更为单纯直接。山东商帮的经商经验和经营方式非常实在，做踏实生意，规范经营。

山东商帮以长途贩运和坐地经商相结合的方式发家致富，资本比较雄厚的大商人以独资经营为主，资本较小的小商贩以合资经营为主。他们规范的商业行为主要表现在与生意对象间的信义约束，按约定俗成的规矩行事。山东商人经商诚实、守信，外地商人与他们做生意、打交道时很少有冲突。

4.1.2 东南内地的传统商帮

东南内地的传统商帮有徽州商帮与江右商帮，前者又称徽商，将在后文详述。

明清时期多将江西称为江右，江西商人团体则被称为"江右商"或"江右商帮"。早在两宋时期，江西就是经济发达地区，但是其经济发展也伴随一些弊病，一是人口增长过快，二是官家赋税严重。这导致明朝时期江西人口外流严重，其中一部分转而成了商人。江右商帮的特点是人数众多，操业甚广，活动地区广泛，资本分散，渗透性极强但竞争力较弱，小商小贾极多。时人曾拿徽商与江右商做过比较，认为"新安多富，而江右多贫"。江右商帮经营的行业有粮食业、茶叶、瓷器业、布业、纸业、木材业、烟靛业、盐业、典当业、书业、杂货业等。鸦片战争后，江右商帮优势不再，走向衰败。

江右商帮中绝大多数人是因家境所迫而负贩经商的，因此，小本经营、借贷起家成为他们的特点。他们走州过府，随收随卖。江西商人多是农家子弟，自幼养成了吃苦耐劳的品格，在从商的过程中，他们艰苦创业，勤俭持家，蔚然成风；同时，他们敢闯敢拼，扬帆出海从事出口贸易，将江西出产的瓷器、茶叶、药材、纸张等商品远销国外。江西商人讲究"商德"，在经营中注重信誉，商帮内部会建立帮规并互相监督，因此而扬名海内外。

4.1.3　西北地区的传统商帮

西北地区的传统商帮主要有山西商帮与陕西商帮，前者又称晋商，将在后文详述。

陕西商帮经营地域北到乌鲁木齐、伊犁，南到佛山、上海等地。陕西与山西是近邻，风俗习惯接近，因而在经商活动中晋商与陕西商帮形成了联合的传统。人们通常合称他们为"西商"或"山陕商帮"，比如其会馆常由两省商人合建，称山陕会馆（图4-1-4）。陕西商人经营范围很广泛，涉及盐业、茶业、毛皮业、水烟业、药材业、当铺、钱庄等；陕西商帮实力很大，经营时敢于采用赊购方式，足迹遍布中国的东西南北。

图4-1-4　山陕会馆

陕西商人善于捕捉商机，在明清时期抓住政府对外开放的政策机遇，充分利用"丝绸之路""茶马交易"等便利条件，进行各种商品贸易，其中以盐业贸易最为著名。陕西商帮利用地理之便，多从事边境贸易，长期与西北边疆少数民族进行互换贸易，用内地所产的茶叶、食盐、布匹及其他生活用品来换取游牧民族盛产的良马、药材与优质皮货，再到中原城市出售，获利非常丰厚。

明朝时期陕商的力量十分强大，当时朝廷在陕西实行了"食盐开中""茶马交易""棉布征实""布马交易"等特殊的经济措施。精明的陕西商人抓住这些机会，充分发挥自己在地域和物产上的优势，形成了名震全国的商业集团。陕西商人因为资金雄厚而被当时的人们称为"西秦大贾"或"关陕商人"。

见微知著　｜　秦腔中的陕西商帮

秦腔《张连卖布》中的一段唱词描述了陕商曾经的辉煌：

"先把那渭南县当铺坐下，西安府开盐店咱的东家。

兰州城京货铺招牌悬挂，西口外金刚钻发上几车。

穿皮袄套褐衫骑骡压马，烧黄酒猪羊肉美味可加。

……

张口兽琉璃瓦高楼大厦，置几顷水浇地百不值吓。

银子多使不了这可该咋？寻几个好伙计四路访查。

幸喜得四路里粮食涨价，百十名走粟行银赚万八。[①]"

除了以上八个商帮外，最著名的传统商帮则是晋商与徽商。晋商是指分布在山西及周边地区的商人集团，主要集中于太谷、榆次、祁县、平遥等地。徽商即古徽州府商人，是指明清时期徽州府下歙县、休宁、婺源、祁门、黟县、绩溪六县的商人集团。关于晋商与徽商的详细内容将在下节详述。

4.2　明清时期的晋商与徽商

引言：

明清时期，我国商帮得到了长足的发展，其中最具代表性的是晋商与徽商。

晋商以其创办的票号闻名。1823年，山西平遥西裕成颜料庄的北京分号掌柜雷履泰与其东家李大成创办日升昌票号。从此开始，晋商通过货币的储存与兑换，开创了中国金融史的辉煌，初步实现了汇通天下的宏伟理想。到20世纪初，山西票号已经在100多个城市开设了约450家分号，当时的广州、北京、上海、广州等主要城市都有票号的存在，形成了一个庞大的、联系整个中国的金融网络。

徽商则以"儒而好贾"的精神特质为人们所称道。古徽州是儒学大师朱熹的故乡，文化氛围浓郁。因此徽商一般都有一定的文化修养，经商之余，他们有的借书抒怀，有的吟诗作文。明朝歙县的徽商郑孔曼，出门必携书籍，供做生意间隙时阅读；他在商务余暇会去拜访文人学士，与其唱和应对，留下了大量文章。

---

① 刘文峰.山陕商人与梆子戏.北京：文化艺术出版社，1996.

其同乡徽商吴养春，是明朝万历年间两淮地区的显赫巨贾，书香传家，建有藏书阁。

　　直至今日，晋商与徽商的事迹还被人们所传诵，那么，这两大传统商帮是如何形成的？他们的商业王国是如何缔造、发展和壮大的？在他们身上有哪些商业精神值得我们学习和借鉴呢？

　　在传统商帮中，晋商与徽商相对来说成就最大。他们的发展高峰主要在明清时期。晋商与徽商的发展历程、商业精神、经商的思想和方法，至今还在影响着我国商业的发展，对我国商业界人士具有借鉴与启发的作用。

4.2.1　明清时期的晋商

微课
——
晋商的商业
精神——铸
商魂汇通
天下

　　晋商通常是指明清时期的山西商人及其组成的商帮，由山西商人组成的商帮是中国历史上最著名的商帮。晋商的历史最早可以追溯到春秋时期的晋国，明清两朝是晋商的鼎盛时期，他们主要经营盐业、票号等商业，尤其以票号最为出名。这是一个驰骋明清两朝、称雄五百年的商帮，走过一条横跨亚欧大陆、绵延数万里的商路，也在中国金融界历史上留下过厚重的足迹。

　　晋商兴起的主要原因有两点。其一，在于山西优越的地理位置。山西自古就是商路要冲，明清时期还是运送沿线边防重镇所需物资的枢纽。此外，由于晋南一带地窄人稠，因此外出经商成为人们的谋生手段。从明朝中期开始，山西经商之风渐已形成，经营各种商品的巨商大贾都已涌现出来，当时北京城曾流行一句话，"京师大贾数晋人"。其二，山西矿产资源丰富，在古代盛产盐、粮、铁、煤等，明清时期山西的手工业和加工制造业已初具规模。山西河东的盐池历来是重要的商品产地。唐朝时山西盛产粮食，其储备量位居全国第二。山西的铁矿资源也很丰富，冶铁历史悠久，唐朝时太原生产的铁镜被列为贡品。明朝时泽州、潞州铁货驰名天下，行销各省，这促进了晋商的崛起。山西丰富的煤矿资源也为其手工业的发展提供了物质条件，使山西聚集了很多能工巧匠。此外，明代初期朝廷所施行的"开中法"也对晋商的发展起了重要作用。

明朝的"开中法"

明初为防御蒙古侵扰，统治者在北部地区先后设立了九个边防重镇以保障边境的安全。特别在山西北部的大同、左云、偏关等地组成塞北防线，配置重兵，加以戍守。由于军事的需要，山西北部形成了一个高额消费区。为解决边镇的军事消费与供给的矛盾，明朝开始实施"开中法"。"开中法"就是官府利用食盐的专卖权规定，商人将军需物资运送到边关时可领取一定的"盐引"，然后凭"盐引"到指定的河东、运城等盐场领取食盐，再到官府规定的销盐处出售。因贩盐有厚利可图，晋商开始大规模向边防驻军供应军需物资（主要是军粮），以换得更多的"盐引"来从事盐业经营。这样，山西在明朝时期便涌现出了一批靠贩粮、贩盐发家致富的大商贾。明朝的"开中法"为晋商的兴起提供了千载难逢的机遇，也为晋商后来的发展奠定了坚实的基础。

至迟到清朝初期，晋商已发展成为国内势力最雄厚的商帮。商业的发展不仅给当地人带来了财富，而且改变了多少年来"学而优则仕"的观念。茶庄、票号是当时非常热门的行业。这一时期，晋商雄居中华、饮誉欧亚，辉煌业绩中外瞩目。在晋商崛起的整个过程中共有三座丰碑，分别是驼帮、票号和船帮，其中又以前两者更为突出。

驼帮是晋商中以骆驼运输为主，从事贸易活动的重要商业组织之一，他们主要经营的产品为茶叶。当时南来"烟酒糖布茶"，北往"牛羊骆驼马"。晋商经营茶叶的独到之处，就是运销一条龙。晋商在福建、两湖、安徽、浙江、江苏一带购买茶山，收购茶叶以后就地加工成砖茶，然后经陆路、水路两条路线运往各个分号。当时，晋商的茶叶主要销往蒙古及俄国恰克图一带。在销往蒙古的时候要路过杀虎口（遗址在今山西省朔州市右玉县），杀虎口两侧高山矗立，地形险峻，驼帮运销茶叶的路途非常艰险。

山西商人并没有只盯着茶叶，他们最大的创举是票号。中国历史上第一家票号是由平遥李家独资创办的日升昌票号，其地址在当时平遥县城的西大街上，现已开发为"中国票号博物馆"。

1823年，山西平遥西裕成颜料庄的北京分号掌柜雷履泰发现了一个商机。西裕成是当时京城内最大的颜料商，它的总号在山西平遥。从北京到平遥路途很远，个人运送银两费时不安全。于是常常有山西同乡来找雷履泰寻求帮助，拜托他从京城往老家捎银两。他们把银子交给西裕成北京分号，由分号写信通知平遥总号，然后在平遥提取，西裕成从中赚取一些费用，时称"内贴"。由于分号和总号之间经常有业务来往，这种帮助对雷履泰来说就是顺水人情。慢慢地，雷履泰发现寻求这种"帮助"的人很多，于是他就向西裕成东家李大成建议，将颜料庄改为专营汇兑银两的商号。李大成很有商业眼光，立即出资创办日升昌票号。

在日升昌票号的带动下，平遥、祁县、太谷群起仿效，形成了平遥帮、祁县帮、太谷帮。祁、太、平三帮曾一度享有"执全国金融界之牛耳"的美誉。

图4-2-1　晋商票号合盛元发行的汇票

在当时全国51家大票号中，山西商人开设有43家，其中晋中人开设了41家，而总部设在祁县的就有12家。在这些票号中祁县的第一家票号合盛元具有非常大的国际影响力，它发行的汇票（图4-2-1）在当时广泛流通。1907年，合盛元票号不惧风险，远涉重洋，在日本的东京、大阪、横滨、神户以及朝鲜的新义州等地设立了票号分庄，从事国际汇兑业务，开设了我国金融机构向海外发展的新纪元。

见微知著

晋商八大家

在清朝，全国排名前16位的大商团都在山西。赫赫有名的晋商八大家分别是：乔家、常家、曹家、侯家、渠家、亢家、范家、孔家。有一首民谣道出了晋商八大家的历史与风光：

"白手起家通天下，诚信为本数乔家。

货通俄蒙领风骚，外贸世家是常家。

太谷巨富'三多堂'，商铺规模数曹家。

蔚字五联竞潇洒，票号世家是侯家。

声名卓著'长裕川'，祁县大户是渠家。

明清两代聚千两，山西首富数亢家。

甲第联辉名当世，'世袭皇商'是范家。

大名鼎鼎'财神爷'，最后风光是孔家。"

晋商秉信义而经商，不畏艰难，辗转千里，输万货以为人，赢百利而利己，逐渐形成义利并重、义利统一的商业价值观。这里商业经营活动中的"义"，除社会责任感外，应该还包含先进的经营机制、优良的企业素质、灵活的经营方针。晋商对从业人员的要求非常严格，他们狠抓业务，让自己的伙计练到嘴稳手勤。在职业道德方面，晋商重信誉、贵忠诚、鄙利己、喜辛苦、戒奢华。晋商制定了许多规定，如果有人违反则立即开除，永不续用。晋商也因此建立起了良好的商业形象，赢得了广泛的赞誉。

晋商具有创家立业、兴宗耀祖的抱负，秉持开拓精神和不畏艰辛、敢于冒险的进取精神。他们千里走沙漠，冒风雪、克险阻，闯蒙藏边疆；横破万里浪，渡东瀛、达南洋，拓海外市场。这充分表现了他们不畏艰辛、坚韧不拔的精神风貌。山西商人在清朝时开辟了一条以山西、河北为枢纽，北越长城，贯穿蒙古戈壁大沙漠，到库伦，再至恰克图，进而深入俄境西伯利亚，又达欧洲腹地圣彼得堡、莫斯科的国际商路，这是继明中期丝绸之路衰落之后在清朝兴起的又一条陆上国际商路。

晋商具有高度敬业的精神。一是热衷经营商业。晋人摒弃旧俗，褒商扬贾，以经商为荣。榆次富商常氏，把家族中最优秀的子弟投入商海，如十三世常维丰，幼年从师就读，辞章粹美，识者器重，长大后放弃科举，赴张家口经商。二是勤奋刻苦。山西商人基本都具有不怕苦、不怕累、勤奋好学的良好品德。三是谨慎。山西商人经商以谨慎闻名，他们不轻易冒风险，不打无准备之仗，要在充分调查了解情况的基础上才拍板成交，以避免不必要的损失。

晋商将"诚实守信"的观念融入商业活动中，以诚实为本，坚持质量第一，维护自己的信誉，不弄虚作假，先做人，后经商。以信用为上，取信于人。晋商在进行商业活动时，重信守约、有诺必践。其指导思想是：利是商家之血，信为商家之命。

❖ 见微知著 ❖ | 诚信兑汇票 | 清末时期，平遥城内一位沿街讨饭的寡妇老太太，有一天带着一张数额为5000两白银的日升昌张家口分号汇票，到日升昌总号（图4-2-2）提取银两。总号柜头接过一看，发现汇标的签发时间在同治七年（1868年），与取款时间相隔了30多年，赶紧跑到后厅询问大掌柜，两人问清

诚信兑汇票

❖ 图4-2-2　日升昌总号

了汇票来历，并认真查阅了数十年的账簿，如数兑付了现银。原来，老太太的丈夫早年到张家口经商，同治七年收拾盈余，在日升昌分号汇款5 000两白银，起程回籍，不料途中得病身亡。并不知情的妻子正是这位老妇，她偶然间在丈夫留下的唯一一件夹袄中摸到这张日升昌的汇票。这件事之后，日升昌名声大振，汇兑、存放款业务一天比一天红火。

晋商的成功还来自他们的群体精神。山西商帮的群体精神在商业经营中的表现有三种形式。一是从朋合营利到合伙经营。这是最初的群体合作形式。朋合营利就是一方出资，一方出力，有无相资，劳逸共济；而合伙经营是一个人出本，众伙而共商，也就是财东与伙计合作经营。二是按地区形成商帮。即以地域乡人为纽带组成商业群体，并在各地设立会馆，形成地方性商人团体。如清朝有平遥、祁县、太谷三大票号。三是以联号制和股份制形成业缘群体组织。联号制是由一个大商号统管一些小商号，类似西方的母子公司，从而在商业经营活动中发挥企业的群体作用。

4.2.2　明清时期的徽商

徽商不是安徽商人而是徽州商人及其商业团体组织，又称新安商人或"徽帮"。它是旧徽州府籍商人或商人集团的总称。据记载，徽商与晋商齐名，徽人经商，源远流长，早在东晋时就有新安商人活动的记载，后一直都有发展，到明朝成化、弘治年间形成了商帮集团。

徽商的兴起缘于多方面的原因。首先，山多地少的地理环境造就了徽商。古徽州四面环山，山高林密，地形多变。"七山半水半分田，两分道路和庄园"是古徽州地理环境的生动写照。汉朝以后的多个移民潮给皖南徽州带来了大量人口。人多地少，当生产的粮食不足时，出外经商就成了当地人的谋生出路。其次，这里的人们有着经商的悠久传统。徽州不宜种粮，却盛产林、竹、茶、桑、药材等作物，新安江为徽州人的货物贸易提供了一条黄金水道，外出售卖各种山货历来是徽州人的习惯。徽商最早经营的是山货和外地粮食。如将丰富的木材资源用于建筑、做墨、油漆、桐油、造纸，这些是外运的大宗商品。茶叶则有祁门红、婺源绿等名品。

徽州是宋朝理学家朱熹的家乡，徽学的发源地，人们重视教育，文化素质较高，又吃苦耐劳（俗称"徽骆驼"），在商业领域纵横捭阖，约在南宋初期就出现了拥有巨资的徽商。明朝成化年间，徽商以经营盐业为中心，在中国商界迅速崛起。

明中叶以后至清乾隆末年的300余年间，是徽商发展的黄金时代。无论是营业人数、活动范围，还是经营行业与资本，徽商都居全国各商人集团的首位。到清中叶，徽商一跃成为中国十大商帮之首，所谓"两淮八总商，邑人恒占其四"，尤其是在盐业与茶叶贸易方面，徽商独执牛耳。清乾隆末年出口商品中徽商的茶叶占第一。仅扬州从事盐业的徽商就拥有约4 000万两银子，而当时国库存银仅约7 000万两。经商成了徽州人的"第一等生业"，成人男子中，经商的占70%，极盛时还要更多。徽商的活动范围东抵淮南，西达滇、黔、关、陇，北至燕、辽，南到闽、粤。徽商的足迹还远至日本、东南亚各国以及葡萄牙等地。

徽商经营的行业以盐、典当、茶叶、木材最为有名，其次为大米、稻谷、棉布、丝绸、纸、墨、瓷器等。其中，婺源多茶商与木材商，歙县多盐商，绩溪多菜馆业，休宁多典当商，祁门、黟县以经营布匹、杂货商居多。徽商除了从事多种商业和贩运行业外，还直接兴办产业，他们边生产边贩卖，集工商于一体。徽商在经营中注重挖掘人才，知人善任，注重市场行情，实行灵活经营，有择一业为主而兼营他业的，也有根据不同行情、季节变换经营项目的。

爱读书使徽商有"儒商"的雅名，徽商大多表现出"贾而好儒"的特点，他们的商业道德观带有浓厚的儒家韵味。有的徽商白天经商，晚上读书，在路途中也时时读书。徽商以儒家的诚、信、义的道德规范作为其商业道德的根本，使他们在商界赢得了信誉，促进了发展，是他们经商成功的奥秘所在。他们身上既具有中国优秀传统文化的烙印，又有与时代发展相适应的道德水平和文化素质。他们懂得市场经济的运行规则，有驾驭市场变化的能力。商人的务实和精明，加之厚重的历史使命感和责任感，使得徽商处处体现着儒家理想的人格魅力。徽商由于爱读书，勤思考，所以在经商中大多善于创造，能推陈出新。

徽商除了贾而好儒外，还注重诚信处世。在封建商业资本的盘剥下，农民和小手工业者受害极深，在这种形势下，徽商举起诚信的旗帜，本着先义后利、义中取利的心态走进市场，恪守货真价实、童叟无欺、奉公守法、互惠互利等基本道德。这使他们在生意场上左右逢源，处处受益。徽商吴南坡"宁奉法而折阅，不饰智以求赢""人宁贸诈，吾宁贸信"的追求，胡仁之大灾之年不为"斗米千钱"所动、平价售粮的举动，都使徽商诚信的风格得以彰显，进而成为徽商的标志性思想。

大部分徽商都能积极进取。他们一般以小本生意起家，受到挫折之后并非一蹶不振、销声匿迹，而是义无反顾、百折不挠，不成功决不罢休。许多徽州大商人都是经历了无数次失败后才成功的。

❖ 见微知著 ❖ | 张小泉剪刀 | 　　徽商有很多是经过艰苦创业而成功的，并且铸就了很多著名的品牌，"张小泉剪刀"就是其中之一。张小泉，明末徽州黟县会昌乡人。其父张思家，自幼在以"三刀"闻名的芜湖学艺。张小泉在父亲的悉心指教和实践中，也练就了一手制剪的好手艺。明朝末年，灾害频繁，烽烟四起，黟县百姓朝不保夕，苦不堪言。父子二人以制剪为业，张小泉求师访友，技艺大进，经过反复琢磨，终于创制出嵌钢制剪的新技术。他选用闻名的龙泉钢为原料，制成的剪刀镶钢均匀、磨工精细、刀口锋利、开闭自如，因而名盛一时。

微课
———
徽商财富的
流向——巨
资消散警
后人

　　团结协作是徽商的精神内核。徽商彼此之间有着很强烈的患难与共的意识。这种意识客观上成为徽商之间信息传递的动力源泉。一首绩溪民谣这样唱道："有生意，就停留，没生意，去苏州。跑来拐去到上海，托亲求友寻码头。同乡肯顾爱，答应给收留。"遍布各地的徽州会馆、同业公所的建立，就突出体现了这种精神，从而大大地强化了徽州商帮内部的凝聚力，提高了市场竞争力。

徽商的衰败同样值得深思。富有的徽商把大量资金投入到与商业无关的地方。首先，建牌坊、修宗祠。徽州商人儒家思想浓郁，其念书的目的是光宗耀祖。在这种儒学的影响之下，大规模地建造各种牌坊。例如，乾隆年间有一个鲍氏家族，在棠越县建了气势宏伟的牌坊群（图4-2-3）。对宗族观念浓厚的徽州人来说最大的事情

❖ 图4-2-3 棠越县鲍氏家族牌坊群

就是建祠堂，为此徽商花费了大量的银子。例如，休宁县竹林汪氏宗族修建祠堂，历时六年，花费白银约3.8万两。歙县江村江氏祠堂于乾隆年间进行维修，共花费白银约3万两。

其次，买房置地、修造园林。徽商发迹后热衷于买房置地。在徽商的鼎盛时期，他们凭借巨额财富，到全国各地购置房产，构筑了大批园林。徽商善于模仿各地的名胜建筑，把天下的美景融合到自己的建筑艺术中。建成了"青山绿水、粉墙黛瓦"的徽派建筑。

最后，徽商还把大量的资金投入到书画、戏剧、音乐等艺术方面。徽商热衷于经营艺术品。例如，徽州的大盐商在扬州修建小玲珑山馆，请当时著名的画家、书法家、文学家如金农、全祖望等长期居住，挥墨吟诗，品赏烟霞。在大量金钱支撑之下，徽商在戏剧方面打造了"徽班"。清乾隆五十五年，四大徽班进京，为京剧的出现做了铺垫。清初有一个居住在扬州的徽商为筹演《长生殿》花了16万两银子置办服装道具、组织排练。另一个徽商为了筹演《桃花扇》，购买行头和排演的资金高达40万两银子。

当年徽商把大量的资金投入祠堂、房产、园林、书画、戏剧等方面，间接导致了他们的衰落。试想，假如徽商当年不是把资金投入到这些方面，而是用来打造、发展自己的商业王国，把资金投入到生产加工、产品质量、营销手段等工商业方面的研究，推动商品开发，改进经营模式，扩大商业规模，那么他们将会怎样呢？

4.3　新商帮——现代商会

引言：

2021年7月29日，天津市福建龙岩商会成立大会暨第一届理、监事会就职仪式在津举行。来自津闽两地的龙岩商会代表、企业家、媒体记者等300余人出席此次活动。

据不完全统计，在天津工作生活的龙岩籍人员有1万余人，在津投资创业的龙岩籍个体私营企业和工商业主共有几百家，目前商会会员企业200余家，主要从事五金建材、金融、机械自动化、贸易、工程、医疗，互联网，新媒体，餐饮等行业。商会将致力于传承闽西红色基因，树立龙商形象，构建津闽经济信息互通桥梁，打造宣传、培训、研讨、信息交流等形式的帮扶协作平台，促进会员企业间发展与合作，为两地经济建设和工商业发展提供不竭动力。

明清之际的中国商帮领数百年商业风骚，在民国后期逐渐衰落，乃至解体。十一届三中全会以来，全国各族人民在中央政府的领导下，以经济建设为中心，坚持改革开放。"发展才是硬道理""坚持与时俱进""保持经济持续快速协调健康发展""建设新时代中国特色社会主义""实现中华民族的伟大复兴"等一系列重要思想与重大举措，使中国的商业得到了前所未有的飞速发展。沉寂上百年的中国商帮再一次以现代商会的崭新面貌出现，为实现中华民族的伟大复兴贡献着自己的力量。

4.3.1　现代商会的由来

如今，社会稳定发展，各地政府把招商引资视为重要工作，商人普遍受到重视。经商的条件也发生了重大变化，通信进入了网络时代，铁路与高速公路已在全国形成网络，商业的环境得到了全面改善。现代商会因此应运而生，它们是在当前经济、政治和文化各方面全面发展的情况下形成的，是当代商业为适应新形势、谋求新发展的一个必然结果。

一方面，改革开放使更多的商人有了面对市场的主动性，他们在经济大潮中迎风击浪，施展自己的才华。另一方面，随着市场化进程的推进，现代化进程的市场在为商人提供大量商机的同时，也带来了新的风险。市场变幻莫测，没有任何一个孤立的商界人士能说在商业运营中有百分之百的把握成功，商人之间的相互帮助，合作团结已成必然趋势。更重要的是，商业活动已经全球化，商业竞争的范围越来越大，使得世界各国都成为商业战场。"合作才会共赢"已成为当代成功商人的共同信念，现代商会的出现便是这种信念的具象化。现代商会在很多地区都是以商会为平台形成的，它由一些独立的经营单位，或由自由商人、企业职员等自愿组成。现代商会有自己的会则，定时召集会议协商有关商业事宜，其目的是促使全体成员之间能相互合作，保护和增进全体成员的利益。

1. 现代商会的出现既与全国商业发展的大环境相关，也与各地政府的区域经济发展规划有关

为振兴地方经济，当前各级地方政府都在招商引资，积极创业。商业已成为地方经济增长最快的因素之一，为此各级政府采取了一系列的方法，制定了一系列的政策来发展本地经济。每个地区的特点不同、资源不同，所形成的产业、商业也呈现出不同的特点。扬长避短、因地制宜始终是各地政府发展商业的考虑重点，于是形成了一个个具有地方特色的商业圈和商业联合体——现代商会。

2. 现代商会的出现是商业文化发展的结果

在当代商潮中，铸造商业品牌，发展商业精神，树立商人形象，是商业做大、做强、做久的必然要求。我国幅员辽阔，各地商人所持有的经营原则和方法、经销的产品及其特色、经商过程中所秉有精神与理念存在差别。改革开放以来，我国商业既注重规模发展，也注重内涵建设，商人们都意识到优秀的中国商贸文化是企业的灵魂，是在商海中顺利航行的保证。现代商会的出现，正是各地的商界人士在地区商业文化的共同追求和营建中的一种表现。各个地区都需要以自己的独特文化去打造商业品牌，塑造商人形象。

3. 现代商会的形成与发展还与行业指引和媒体宣传有关

（1）行业的引导对商会的形成与发展起到了积极作用。例如，中华全国工商业联合会以"政治引领好、队伍建设好、服务发展好、自律规范好"为主要内容，持续开展全国"四好"商会认定评选活动。"四好"商会评选活动加强了对现代商会的指引服务，明确了商会正确的发展方向，推进了商会规范化建设，取得了较好的效果。这使商会之间可以互相学习、互相促进，使商会的职能得到了充分发挥，为各地商会的形成树立了典范，也促使了各地商会的良性发展。

（2）媒体的宣传报道促进了现代商会的发展壮大。2021年7月，河南省郑州市连遭暴雨袭击。新闻媒体对商会的援助报道，极大地强化了商会内部成员间的凝聚力和亲和力。据报道，全国工商联家具装饰业商会、石材业商会、金银珠宝业商会、石油业商会等现代商会组织对在豫的受灾会员企业表示深切慰问，调动商会资源对受灾会员企业进行帮扶。新闻媒体的报道也极大地提高了商会的影响力，使商会人员上下一心，心系灾区。他们迅速采取行动，通过捐款、捐物、技术服务等多种形式，支持抢险救灾。全国工商联医药业商会向广大会员企业发出抗灾救援倡议，得到广大会员企业的积极响应。据不完全统计，灾后仅5天时间，医药商会会员企业累积捐款捐物就近1.2亿元。媒体的宣传报道对现代商会的发展起到了巨大的推动作用。

4.3.2　现代商会的经商特点

在长期的商业发展中，现代商会体现出团结、创新、诚信的经商特征，但各商会之间的区别比较大，发展不太均衡，内地现代商会的思想比较注重传统，以务实为主，而沿海地区的现代商会则具有更大的开拓和创新精神，体现出灵活的特点。现代商会的种种不同特点，代表了新时期各地企业寻求发展的努力。他们立足本地区域，从传统商帮那里继承优秀的商业文化和商业思想，在当今经济形势下形成了自己的经商特点。

广东的现代商会具有开放、兼容的文化传统，有天生的商品意识，受岭南文化影响较大。广东人注重办事效率，有强烈的市场经济意识。他们发扬了古代广东商人的冒险开拓、独立进取的商业精神。在参与国际商业贸易的过程中，广东现代商会心态开放。在现代广东商人身上可以看到传统文化与现代商业文化的有效融合，他们胆大务实、精明灵活而又擅长贸易，改革开放以来，珠江三角洲及潮汕地区的商人充分利用与香港邻近的地域优势、土地资源优势和劳动力优势做起来料加工工作，吸引外资建立各种经济技术开发区，先后出现了美的、格兰仕、TCL等一大批具有一定实力的乡镇企业和民营企业。

山东的现代商会从20世纪80年代中期起步，20世纪90年代以后开始蓬勃发展，出现了海尔、海信等著名的企业。其地理区域主要分布在山东省内的威海、青岛、烟台、济南等一些大中城市。山东是孔孟思想的发源地，儒家思想渗入商业经营中。山东商人把经商之道与为人之道结合在一起，他们身上既具有君子风度，又兼备现代商业意识。他们的传统意识较强，受国营模式影响较大。山东商人善于规范自己的商业行为，他们的经营方式规范合理，生意做起来踏实可靠。

浙江现代商会的区域包括了宁波商帮和龙游商帮两个传统商帮的地区。20世纪80年代之初，在沿海产业梯度转移的大背景下，温州商人纵横中国商界，形成了全国关注的"温州人经济"现象，万向、苏泊尔、杉杉、吉利等一个个大品牌相继创立。浙江现代商会的商人们以市场意识为主导，重创新、能吃苦、善创业，敢于承担风险。新时期的浙江人"白天做老板，晚上睡地板"的"两板"精神值得借鉴传颂。2019年第五届世界浙商大会召开，以"聚力高质量，共筑中国梦"为主题，依托分布在全球各地的浙商商会，从投资环境、政府效能、市场机会、竞争状况等多个方面建构了详细的浙商整体发展规划。

福建现代商会的成员主要包括泉州、厦门、漳州等地的商人。受闽南文化和闽越文化共同影响，福建现代商会具有典型的客家商业文化特征，其特点是多为家族企业，具有强烈的市场经济意识和"爱拼才会赢"的精神。改革开放四十多年来，闽南人特有的"拼"劲造就了安踏、片仔癀、柒牌、七匹狼等几十个中国驰名商标和一大批知名企业家。

江苏现代商会的崛起，源于苏、锡、常地区乡镇企业的蓬勃发展。1998年之后，乡镇企业剧烈分化，小天鹅、红豆等一批民营品牌企业脱颖而出。在传统吴越文化的影响下，江苏商人重读书，讲秩序，做事能审时度势，在商业中能扬长避短、稳中取胜，具有较强的独立精神。

2006年8月首届豫商大会在洛阳召开，标志着新豫商的崛起。新豫商秉持"团结、诚信、进步"的理念，为实现中原崛起发挥了巨大作用。与浙商、粤商等同行相比，豫商还不够强大，还处于起步阶段，但他们注重传统伦理，重守成、重回报，体现出中原文化厚重的特点。河南地处中原，地形以平原为主，土地资

微课
豫商的前世今生——是时中原多丰豫

源丰富，是我国产粮大省。传习农耕文明所形成的保守性格使得河南人在创业方面显得不足，他们大多出外打工，而不是自己创业。2000年以后外省的豫商开始向家乡投资形成了"回归经济"。2008年河南省豫商联合会成立，在凝聚豫商力量，树立豫商形象，弘扬豫商精神等方面起到了积极作用。豫商大会先后成功举办了15届，标志着豫商正在逐步走向成熟与壮大。

知识视窗

从『打工经济』到『回归经济』

1985年河南人口约9 700多万，其中在外的农民工就有近1 700万，形成了20世纪80年代中河南特色"打工经济"。当时河南内地的一些商人外出谋生，经过艰苦拼搏，积累了丰富的资金与商业经验。当形成初步的资本积累之后，他们努力拼搏，创办了以双汇、安钢、永煤等的产值超百亿元的企业。现在他们又选择回报桑梓。新豫商从打工经济到回归经济的历程，显示出大智豫商的新特质。

随着经济的发展，渐次发展的现代商会改变着我国各区域的经济发展状态，各地的商业组织都形成了自己的商业发展特色。

微课
现代商会的积极效应——南商北贾展新颜

4.3.3 现代商会的积极效应

改革开放之后，新的经济形势促使了现代商会的形成，反过来，现代商会的形成又会对当前的社会经济发生积极的推动促进作用，这些作用主要表现在商业文化、商业环境、竞争能力和区域经济等方面。

1. 现代商会有利于中国传统商业文化的继承与发展

我国明清时代的商帮拥有深厚的文化底蕴，普遍地把传统的儒家思想融入商业经营当中。坚守"君子爱财，取之有道""先义后利"的经商原则，恪守以诚待客，经信接物，以义取利，仁心为本的经营理念，在长期的经营过程中取得巨大的成功。不同的商帮还在此基础上形成了自己独有的商业理念。如晋商坚韧守信，团结互助；徽商贾而好儒，富而有礼；鲁商豪爽真诚，急公好义；洞庭商帮审时度势，以变求存；龙游商帮稳中求进，守本经营；宁波商帮四海谋财，灵活善变，等等。一些商帮还注重商人的个人修养，要求诚信待客，以和为贵，"投之以桃报之以李"，讲究平淡自然，顺势发展，还具有"经商亦是济世救人"的悲天悯人情怀，表现出传统商人以天下为己任的历史使命感和关心国计民生的经世致用思想。传统商帮积累的这些丰富的商业思想、道德要求，在建设富强文明和谐的社会商业文明的过程中有很强的借鉴与学习意义。

2. 现代商会有利于构建和谐、稳定的商业环境

从行业、区域内部来看，现代商会在维护市场正常秩序方面起到积极作用。商会成员依照商会会则、章程经商，严格自律，相互监督，可以减少非法经营、暗箱操作、行贿走私等不良行为的发生，降低内耗，减少内部的不正当竞争，促使彼此诚信合作，实现共赢，最大限度地营建出和谐的商业发展环境。从外部来看，现代商会可以使区域内、行业内的成员在竞争中拥有更大力量，在危急时刻能渡过难关。商会内部各成员团结协作，同行相互帮助，使地方区域商人的内聚力和外部拓展能得到有效提升，以群体的力量取胜，以团体的精神来维护自己的利益。

❖ 知识视窗 ❖　首届中国商帮峰会

首届中国商帮峰会提出，在竞争日趋激烈的商海中，要以更锐气的创新意识和创造精神探讨中国企业如何摆脱地域局限和传统的过度竞争模式，引导中国商人走向大联合时代，联合打造高地，"做强"企业。走向未来中国振兴之大道，中国现代商会将更具好学精神，以更和谐的绿色经济，更规范的商业准则，更负责的产业报国之心打造企业文化力，"做久"企业。峰会号召全国各地商会应做到"更高、更新、更远，做大、做强、做久；继承传统商帮精神，提升现代商业文明"。

3. 现代商会有利于提高我国商业界的国际竞争力

现代商会凝聚起了一批具有共同思想的企业家，大家在商会的平台上通力协作，形成合力。他们突破区域的局限，走出国门参与国际商业的竞争，避免了孤军作战的状况，使得我国商业整体实力大幅增强，从而发出自己的声音，维护自己的利益。2003年，浙江商人团体打赢中国入世后的首个反倾销案，就是商界人士依靠现代商会取得的重大胜利。在经济全球化的现代商业活动中，传统的依靠单个企业进行奋斗已成过去，社会的分工更加广泛，各行业产业链已初步形成，现代商会内部成员分工协作，和睦相处，外部壮大规模，参与国际大环境的竞争，可以使我国的商业更大、更强，这是现代商会已经实现，并在将来还要走下去的一条正确的发展道路。

随着互联网技术的发展，信息化推动力量日益凸显，不但改变了资讯流动的方式，更推着现代商会走向未来。网上购物、交易平台的设立，把许多之前没有联系的商家捆绑在一起。商家的信誉被视为最宝贵的资产。中国品牌、中国制造不再是个别商家的需求，而是需要全国的商人来共同维护。这就要求现代商会在国际贸易中将我国传统文化与现代的商业理念进行有机结合，打造出具有中国特色和时代特色的新精神，展示出当代华商风采。

4. 现代商会有利于各地区域经济发展

现代商会基本是随着区域经济的发展而兴起的，当现代商会形成之后又会促进区域经济的发展，二者之间是相互促进的关系。现代商会都有着回报家乡、反哺桑梓的行动。他们或在家乡投资建厂创办新企业，引进资金与先进的技术；或为当地的工商业融资，使原有的商业企业做强做大；或捐资兴学、修路筑桥，筹建慈善事业；或帮助当地政府招商引资，改善家乡的投资环境；这些行动从各方面都促进了当地区域的发展。

从整体上看，我国的区域经济呈现出不平衡的特点。沿海地区是我国经济最为发达的区域，当今实力最强的广东、山东、浙江、福建等现代商会都集中于此。要实现共同富裕，民族复兴，就需要这些实力强大的新浙商、新闽商、新苏商对其他区域的发展做好示范，起到促进作用。

现代商会对我国经济的增长起到了非常大的促进作用。但是，现代商会的组织还不够健全，有待于进一步完善。现代商会的进一步发展，需要商业文化氛围更加宽松和谐，需要商人个体进一步承担起自己的责任。

徽商"一文钱"创业的启示

徽州商人"一文钱"创业事迹广为流传。据说，有徽商携重金到苏州贸易。但因其不善经营，只剩下一文钱。迫于生计，他用一文钱购了些面粉，用来熬制糨糊，又四处拾破纸鸡毛，制作儿童们喜爱的玩具销售。这样，渐渐积累了一些本钱，转而去做小本经营，后来生意越做越好，"不两年，积资数万，遂于阊门开设布店，大书一文钱三字榜于门，志不忘也"[1]。

这则故事在今天的创业时代，可以给我们很多的启示：首先，在创业的资金困难时期，要有"一文钱"可以积少成多的精神。"一文钱"虽少，但只要运用得当，就可以转败为胜。谁能用最少的资金投入，激活大批商品的经营并获取大额利润，得到最多的产出效应，那他就是个成功的商人。

其次，创业从来不是一帆风顺的，要有一种临惊不变的精神。故事中的徽商在生意面临重大危机时，不气馁、不灰心，能以处变不惊的精神对待，才会使形势有了转机。这一精神不仅是商品经济的市场竞争中所必须具有的，而且是徽州商人能在各地站稳脚跟，不断发展的原因所在。徽人的性格是："徽之俗，一贾不利再贾，再贾不利三贾，三贾不利犹未厌焉"，充分说明了他们"败不馁"的气质。

最后，当商业运营出现危机时，一定要积极想办法，摆脱困境，谋取发展。徽商以"一文钱"取得成功，主要归功于他们善于以变应变，以一文钱购面粉，用面粉制糨糊，又四处拾破纸鸡毛，制作儿童玩具出售，赢利虽薄，但就他们当时只有"一文钱"资本的境况下，从事这样的商品经营应是最好的选择。

---

[1] 许奉恩著，《里乘》，重庆出版社，2000年，第6—7页。

思考题

1. 明清时期，我国的沿海地区几乎都出现了商帮，请分析：除了地域原因之外，这些商帮的形成还受到什么因素的影响？

2. 徽商与晋商是明清时期最强大的两个商帮，但它们最后都逐渐衰落，其原因是什么？我们应该从中吸取哪些方面的教训？

3. 在经济高速发展的今天，现代商会有哪些方面的积极作用？有人说现代商会的出现虽然促进了区域经济的发展，但对全国经济的协调发展、各地区产业的融合会产生负面作用，怎么看待这个观点？

专题测试

专题四
——————
交互式测验

专题五

商号

学习目标

知识目标：
了解中华老字号的发展历程、辉煌历史和经营现状；熟悉现在仍在经营且具有较高知名度的中华老字号。

能力目标：
能够掌握中华老字号数百年传承发展的精神内涵和企业文化；能够对中华老字号的传承创新具有较为清晰的认识。

素养目标：
对振兴中华老字号形成符合实际的认识，培养弘扬传统文化与发展现代品牌文化的能力。

本章导读：

在中国商贸文化中，商业信誉十分重要。因此，商人往往把美好寓意、价值追求、口碑塑造融入商号之中，并时时处处维护着商号的地位，是一种把个人经商价值观融入商业贸易的行为，是值得现代人学习和借鉴的超越商品交易本身的做人之道、经商之道。

我国在长期的商业经营和商贸文化发展中形成了许多独具特色、声名远扬的商号。这些商号大多历经百年以上，有历史代表人物和产品及服务。"中华老字号"就是这些商号中的翘楚，它们大多形成于清代中后期，历经战火硝烟和时代变迁，留存至今，是许多人的品牌和商业记忆。在数字经济快速发展的新时代，怎样让以"中华老字号"为代表的中国商号重获辉煌？值得我们思考。

5.1 商号及老字号概述

引言:

中国传统文化历来讲究"名"。孔子说:"名不正,则言不顺。"在中国人眼里,国要有国号,人有要姓名。古人除了名之外,还要有字、号。中国人对"名"的重视体现在商业活动上,就是一个重要的商业事物——商号。

5.1.1 商号的起源

随着商品经济的发展,商号是商业主体为区别于他者而采用并发展起来的。在我国古代,商号一般称为字号,商人在积累了一定的商业资本之后,会在城内开一个店面,并使用一个具有独特来历和寓意的名称作为标记,这便是字号。有的字号发展起来并赢得了信誉,远近闻名,成了一种比金银货物更可贵的无形而巨大的财富和资本,美其名曰"金字招牌"。

微课

商号的前生今世

随着商品经济的发展,加之市井制度和交易时间限制被打破,商号在宋朝开始发展起来,《清明上河图》中商号云集的场面便是一个直观的写照。最开始商人一般以自己的姓名和主营商品名作为商号名。例如,宋代孟元老的《东京梦华录》里,就记载了诸如"曹婆婆豆饼""李生菜小儿药铺""唐家酒店""黑虎王医生"等许多商号。明清时期随着商品经济的进一步繁荣,字号(商号)不但在数量上有所增加,而且在规模上也不断扩大。19世纪中叶前,我国商号主要集中在商业和手工业两个领域。19世纪中叶后,随着外国商人和投资者进入中国,加之洋务运动的兴起,中国的商号就开始遍及工业、商业等各个经济领域,其数量也在急剧增加。

◆ 知识视窗 ◆

世界各国对商号的定义

美国的《商标法》对商号的定义为:商号是指用于区别其他企业或职业的任何名字。加拿大《商标与反不正当竞争法》规定,商号是指公司、合伙企业或个人在经营活动中使用的名称。《德国商法典》有关商号的定义是:商人的商号是指商人进行其营业经营和进行签名的名称。《日本商法典》规定，商人可以以其姓、姓名或其他名称作为商号。由此可见，虽然各国关于商号的定义并不完全相同，但是大体都是从广义上使用"商号"这一名词，把"商号"界定为商事主体从事商事活动时使用的名称。

5.1.2　老字号

老字号，一般被认为是历史悠久、拥有核心产品、独特技术、特色服务且世代相传的商号。"老字号"之所以在市场经济条件下备受社会关注，除了因为它们是一个国家经过长期的历史积淀而形成的最富有民族个性和文化内涵的企业，同时在它们的品牌背后更承载了国家和民族的商业传统与信仰，具有不可撼动、无可替代的地位和作用。老字号是中国历史文化的宝贵遗产，有着浓郁、鲜明的民族特色。它们不仅是一家家传统老店，一项项传统技艺，一款款独具特色的产品，更是悠悠岁月凝聚而成的中华文化的瑰宝。

尽管现代经济的发展对老字号造成了冲击，但老字号仍以其特色独树一帜。在这些闻名遐迩的老店中，有始于清康熙八年（公元1669年）的同仁堂，有创建于清咸丰三年（公元1853年）的"中国布鞋第一家"内联升，有始创于清同治元年（公元1862年）的瑞蚨祥绸布店，有明朝中期开业以制作酱菜而闻名的六必居……这些数百年商业和手工业竞争中留存下来的老字号，都各自经历了艰苦奋斗的发展史而最终统领一行，其品牌一定程度上代表了该行业的好品质。它们是中国商贸发展历史的一部分。

头顶马聚源，脚踩内联升，身穿八大祥，腰缠四大恒。
——老北京民谚

老字号不仅是一种商贸景观，还是一种历史传统文化现象。"不到长城非好汉，不吃烤鸭真遗憾"使全聚德一度成为北京的一个象征。而京城民间歇后语，如"东来顺的涮羊肉——真叫嫩""六必居的抹布——酸甜苦辣都尝过""同仁堂的药——货真价实""砂锅居的买卖——过午不候"等，都生动地反映了这些老字号的品牌特色。

知识视窗　古代商号用字歌

我国老字号的名称多以一些吉祥、喜庆、和谐的字眼来为老字号的商铺命名，像元、恒、亨、顺等，体现了我国传统的人文思想。

清朝学者朱寿彭总结道：旧时店铺名想要体现数量众多，就用万、元、丰；想要体现事业持久，就用长、恒、久；想要体现规模巨大，就用元、泰、洪；想要体现万事吉利，就用瑞、祥、福；想要体现发展顺利，就用亨、和、协；想要体现公平信用，就用信、义、仁；想要体现生意兴隆，就用隆、昌、茂。

旧时民间还广为流传一首商号用字歌：

"顺裕兴隆瑞永昌，元亨万利复丰祥。

春和茂盛同乾德，谦吉公仁协鼎光。

聚益中通全信义，久恒大美庆安康。

新泰正合生成广，润发洪源福厚长。"

我国一些老字号名称即取自上述商号用字歌，如"全聚德""正广和""正兴德""祥泰义""同仁堂""恒源祥""桂发祥""瑞蚨祥""允丰正""谦祥益""老凤祥""亨达利"等。当代企业如果要以字号为名，也可以借鉴这些古代商号用字，从而取出富有中国味道的名字来。

在我国，拥有一大批历经岁月洗礼依然基业长青的老字号。这些老字号秉承的注重质量、诚信经营和周到服务的商贸文化，更是当前市场经济之下非常值得借鉴的优良传统。正是这种优良传统支撑着这些老字号的生存、延续和发展，成为老字号企业不可估量的巨大无形资产。因此，在中国特色社会主义新时代，必须对老字号进行深入研究，了解其历史和现状，特别是目前存在的主要问题，以便更好地制定推动老字号发展的策略和建议，推动老字号的建设和发展。

今天，大批老字号抓住千载难逢的发展机遇，积极利用其"金字招牌"的无形资产，迅速恢复了青春。有些老字号如同仁堂、荣宝斋等，更是走出中国，开辟海外市场。如今，人们已经认识到老字号所蕴含的宝贵价值，也关注着它们的发展和成长。这些久经考验的国之瑰宝，一定会有更加灿烂的未来，一定能取得更大的成绩和荣耀。

5.1.3　现代商号

本书将具有悠久历史的商号定义为老字号，而有别于老字号的则是现代商号。

在现代市场经济条件下，商号即厂商字号或商业企业名称。商号作为企业特定化的标志，是企业法律人格的表现。经核准登记后，商号可以在牌匾、合同及商品包装等方面使用，其专有使用权不具有时间性的特点，只在所依附的厂商消亡时才随之终止。在一些生产厂家中，某种特定文字、图形既是商号又是商标。但对于大多数生产厂家来说，商号与商标是不同的。一般而言，商标必须与其所依附的特定商品相联系，而商号则必须与生产或经营该商品的特定厂商相联系。

商号主要是指从事生产或经营活动的经营者在进行登记注册时用以表示自己营业名称的一部分，是工厂、商店、公司、集团等企业的特定标志和名称，依法享有专有使用权。商号权属于《保护工业产权巴黎公约》所定义的工业产权范畴，经过依法登记而取得的商号，受到法律的保护。

商号权具有人身权属性，与特定的商业主体的人格与身份密切联系，与主体资格同生同灭。商号权可转让、继承，具有财产权属性。商号在同一个行政区划内的相同营业范围里具有排他性和专用性。商号权人可依法使用其商号，有权在行政区域内禁止他人重复登记或擅自冒用、盗用其商号，还有权对侵害其商号权行为提起诉讼要求赔偿。商号权可以转让、许可使用或设为抵押。

商号与商标的关系极为密切，经常一起出现在同一商品上，有时商号可以成为商标的一个组成部分或与商标为同一内容，但有时两者又相互独立出现。商号和商标在作用和性质上是有区别的，主要表现为：

（1）商标主要是用来区别商品或服务的，代表着商品的信誉，必须与其所依附的某些特定商品或服务相联系而存在，商标权属于知识产权。商号主要是用来区别企业的，代表着厂商的信誉，必须通过与商品的生产者或经营者的联系而存在，商号权属名称权，所以商号权与人身或身份联系更紧密。

（2）在我国，商标按照《中华人民共和国商标法》（简称《商标法》）的规定进行注册和使用，具有专用权。其专用权在全国范围内有效，并有法定的时效性；商号按照《中华人民共和国公司法》（简称《公司法》）或《中华人民共和国市场主体登记管理条例》（简称《市场主体登记管理条例》）登记注册，同样具有专用权。其专用权在所登记的工商行政管理机关管辖的地域范围内有效，并与企业同生同灭。

（3）商标权受到商标法的专门保护。带有某公司商号标记的含注册商标的商品销售到另一国家时，商标有必要在该国另行注册，商号没有必要另行注册。

（4）企业将自己的商号注册成商标使用时，或将已注册的商标变更登记为企业的商号时，商标和商号就成为同一内容或是其中的一个组成部分。但是很多商号名称不具有显著特征，所以无法注册成商标。

◆知识视窗◆　中国第一家票号——日昇昌

日昇昌记票号创立于道光年间，其前身是西裕成颜料庄，财东为平遥李氏。它专营存款、放款、汇兑业务，名曰"日昇昌记"。日昇昌先后于汉口、天津、济南、西安、开封、南京等地设票号分号40多处，遍布全国，各地分号挂招牌"京都日昇昌汇通天下"。在总号宽阔的五间门面正中，高悬着"日昇昌记"金字牌匾，名号中隐藏着四个"日"字，寓意为旭日东升，蒸蒸日上，一派繁荣昌盛，牌匾相传为嘉庆末年状元陈沆亲笔所书。

日昇昌票号的创立极大地加速了商业运转和货币流通，对当时民族工商业的发展做出了卓越贡献，翻开了中国金融史的光辉一页。在其黄金时期，年汇兑总额高达3 800万两白银，可谓"日利千金"，"一纸风行"。

5.2　中华老字号

引言：

悠久的中国历史创造了独特的社会文明，产生了相对发达的手工制造业和商业。中国独有的社会经济文化促使早期企业相对集中在手工业、商业、饮食服务业和中医药业等领域，与老百姓的日常生活息息相关。这个时期的企业形式大多为家族式的，有血缘关系成为企业的重要特征。也正因如此，封建时代的企业数量少、规模小、原料与市场等更依赖于农业和农村，但这些企业依然凭借其精湛的技艺、优质的产品、诚信的服务而赢得了消费者的信赖和认可，获得了较高的知名度，形成了独特的中华老字号。

作为历史悠久、技艺独特、声誉良好的商号，中华老字号传承着中国特有的传统文化，融入了明显的地域文化，具备了独特的技术服务特征，展示了中华民族独有的文化特质和价值。老字号的产品大多是以手工制造为基础，从自产自销发展到前店后厂，并由消费者口口相传，在中华民族发展史上历久弥新。

5.2.1 中华老字号的界定

微课

中华老字号

改革开放以来，特别是随着市场经济的不断发展，老字号企业的生存发展不断受到政府部门的重视。1991年，原国内贸易部第一次进行了老字号认定工作，当时共认定"中华老字号"企业约1 600家。2006年，国家商务部宣布实施"振兴老字号工程"，发布了《"中华老字号"认定规范（试行）》。根据该认定规范文件，商务部对"中华老字号"的定义是：历史悠久，拥有世代传承的产品、技艺或服务，具有鲜明的中华民族传统文化背景和深厚的文化底蕴，取得社会广泛认同，形成良好信誉的品牌。

商务部还公布了中华老字号专用图标（图5-2-1），以维护中华老字号信誉，加强对中华老字号的管理。商务部统一制作中华老字号证书和牌匾，统一编号。

根据认定规范，商务部设定了"中华老字号"的7个认定条件：

（1）拥有商标所有权或使用权。

（2）品牌创立于1956年（含）以前。

（3）传承独特的产品、技艺或服务。

（4）有传承中华民族优秀传统的企业文化。

（5）具有中华民族特色和鲜明的地域文化特征，具有历史价值和文化价值。

（6）具有良好信誉，得到广泛的社会认同和赞誉。

（7）国内资本及港澳台地区资本相对控股，经营状况良好，

❖ 图5-2-1 中华老字号
专用图标

且具有较强的可持续发展能力。

根据该认定规范，2006年、2011年商务部先后公布了两批中华老字号名录，共1 128家，涉及餐饮、食品、酿造、酒、中医中药、茶叶、珠宝、手工业品、服装鞋帽等行业。2017年，商务部等16部门联合印发了《关于促进老字号改革创新发展的指导意见》，把发展与保护"中华老字号"的工作再一次向前推进。2022年3月，商务部以视频形式召开全国促进老字号创新发展工作会，会议强调，要把握"创新发展"主题，健全老字号保护、传承、创新、发展四个体系。

中华老字号作为一种品牌符号，在老百姓的心目中，具有不可替代的品牌价值、历史传统、文化认同和个人情感。这些老字号企业是经过数十年甚至数百年的市场竞争甚至是朝代更替而保留下来的商业珍品，在其所处行业具有标杆式、里程碑式的地位，各自具有艰苦奋斗的发家史和宝贵的商业经验。当前，面对风云突变的市场环境，特别是全球经济一体化的全新市场，中华老字号面临着新的激烈市场竞争、严峻的挑战与难得的发展机遇，如何迎难而上、大胆创新，决定着中华老字号的前途和命运。

5.2.2 中华老字号的现状

1. 中华老字号的特点与价值

老字号从形成到发展大都经历了几十年甚至数百年的时间，因此被人们称为"活文物"。其自身具备以下特点：① 悠久的历史；② 独特的商业文化；③ 历代相传的"绝活"；④ 以人为本的经营理念。

中华老字号的价值主要有：① 经济价值：百年老字号的金字招牌，不仅可以给企业带来巨大财富，而且能够为企业增加无形资产价值。② 社会价值：中华老字号承载着中国传统文化的精髓，是城市文化和民族文化的历史积淀，中华老字号"童叟无欺""至诚至信"的企业文化，影响着社会风气。

2. 中华老字号的现状与困境

总体上，中华老字号的经营比较困难。中华人民共和国成立初期，我国的中华老字号企业约有16 000家，涉及零售、餐饮、医药、食品加工、烟酒加工、照相、书店、丝绸、工艺美术和文玩等行业。但中华老字号曾先后经历过三次冲击：① 20世纪50年代的公私合营，不少中华老字号被"合"掉；② 20世纪六七十年代的"文革"十年，中华老字号的生产经营遭受破坏；③ 20世纪90年代直到现在，一些中华老字号在多种商业新业态的冲击中倒下。

由于历史与现实的原因，目前现存的中华老字号中，大多数在勉强维持，一部分亏损、倒闭、破产，仅有约10%的经营效益尚好。

中华老字号发展中的问题主要集中在以下方面：① 假冒商标方面，假货名称与中华老字号相似，"山寨"横行。② 驰名商标方面，中华老字号被认定为驰名商标的很少，仅占驰名商标总数的10%左右。③ 网络宣传方面，中华老字号的网络宣传，特别是新媒体宣传有所不足，不能很好地适应数字营销新环境。④ 产权制度方面，部分老字号改为国有企业之后，其产权归属长期未得到根本解决。一方面老字号的国有资产所有权不明晰，另一方面老字号的国有资产经营权不到位。⑤ 商标注册方面，老字号经营者往往没有商标的意识，老字号被盗用、抢注的情况时常发生，如同仁堂、杜康和狗不理等商标在日本被抢注，凤凰在印度尼西亚被抢注等。

这些问题的出现除了受到市场经济发展等外因的影响外，更多的是中华老字号企业本身造成的。中华老字号发展中自身的问题也是多方面的。因经营机制陈旧，遗留下来的过重负担使得企业难以轻装上阵；人员过多，早期积累少，造成企业运营困难，资金周转不顺。随着市场经济的发展，从事劳动密集型工作的传统手工艺技术人员纷纷跳槽，技术骨干外流，传统工艺面临失传的困境，人才匮乏制约了中华老字号的发展。很多中华老字号企业传统产品，在保持老味道、老工艺、老特色的同时，技术瓶颈阻碍了科技创新，其生产模式很难在机械化作业上有所突破，企业的人力、物力、财力也不足以支持技术创新的要求。品牌保护面临巨大挑战，自身知识产权保护意识淡薄，许多中华老字号品牌有的没有及时注册商标；产品、商标被仿冒，假冒伪劣产品一度泛滥；存在不正当竞争行为。营销理念相对滞后、保守，许多中华老字号企业依然信奉"酒香不怕巷子深"的观念。传统的盈利观念更限制了中华老字号的发展，"小富即安"的观念使得中华老字号企业缺乏竞争的压力和意识，无法应对激烈的市场竞争。有些中华老字号企业延续了计划经济条件下卖方市场的思维和服务模式，对顾客缺乏热情，环境不舒适，服务水平普遍不高。

中华老字号企业大多有一种或者两种独具特色的产品，但是企业将资源集中于少数的产品上，产品组合不合理，经营风险非常高。市场定位过于狭隘，产品死板，往往只能卖给老年人，年轻人则很难接受。只能在当地售卖，不能到外地发展。在经济全球化趋势下，部分中华老字号不注重品牌的国际化扩张，仅仅固守品牌诞生的老市场。

深思启慧

王致和『臭豆腐』：老字号里的『香饽饽』

臭豆腐是中国独有的传统美食，他的发明人是清朝安徽举人王致和。清康熙八年（公元1669年），王致和进京赶考落榜，因所带盘缠不够用而滞留在京城。因其从小就会做豆腐，王致和便每天磨上几升豆子做成豆腐沿街销售维持生计，同时为参加下一次科举考试做准备。

盛夏某日，王致和的豆腐没卖完。为了防止腐坏，他便将豆腐切成四方小块，配上盐、花椒等佐料，腌于一个小缸中。因忙于备考，一直到了秋天王致和才想起了那一小缸豆腐，打开小缸后臭味扑鼻，缸中豆腐已全变成了青色。王致和好奇而大胆地尝了一下，发现味道竟然醇香独特，遂送给邻里和主顾品尝，大家无不称奇，王致和臭豆腐自此声名鹊起。

之后，王致和屡试不中，就尽心经营起臭豆腐来。清末，经几代改良的王致和臭豆腐和酱菜质量和风味皆佳，传入宫廷御膳房，慈禧赐名"青方"，使之身价倍增。直到现在，在相关国家标准中仍沿用这一名称，称臭豆腐为青方、红腐乳为红方、白腐乳为白方。

王致和长盛不衰的经营秘诀与其长期保持的"年轻的创新心态"密不可分，正如王致和臭豆腐的问世，便是其首次"意外"创新。当下的王致和在保持诚信创业的传统经营理念和工艺技术的基础上，创新经营思路、工艺技术、营销模式，积累经验，逐步形成文化、品牌、技术、渠道和运营模式五大发展优势，使得王致和公司在行业内一直处于领军地位。公司拥有腐乳、料酒、黄豆酱、火锅调料、香油、芝麻酱、辣椒酱等不同系列百余种产品，在43个国家和地区注册了商标，产品远销26个国家和地区，将中华老字号的优质产品、文化底蕴和文化自信推向世界。

思考：王致和臭豆腐的故事表现了古代商人的哪些品质和精神？王致和成功的现代化转型给其他老字号企业带来什么启示？

5.2.3　振兴中华老字号

中华老字号目前存在的最大问题是观念和体制问题。观念老化，体制僵化，这两个致命弱点造成了中华老字号企业的亏损。在市场经济条件下，中华老字号企业需要解决老品牌和新消费对接的问题。具体措施包括：

一是增强保护的意识。中华老字号的商标商号被滥用、盗用的情况时有发生，严重阻碍了中华老字号企业本身的健康发展。保护商标，重视商标。应该从资源调查、形象拍摄、文字整理、编研出版等多方面入手，创建中华老字号文化库，为保护、传承、发展中华老字号再造历史声势。

二是留住中华老字号。受拆迁、租金上升、业态调整、选择性招商等客观原因影响，越来越多的中华老字号逐步离开自己的标志性位置。应该尽可能将它们吸引到一起，形成中华老字号的集体优势。

三是创新经营理念。中华老字号企业要摈弃"只此一家，别无分店"的落后经营理念。中华老字号企业要积极扩大经营规模，利用先进技术来改善自己的产品，加强传承、扩大影响；对涉及商业秘密的技术可采取一定的保护，在资金允许的情况下应增设分店，开展中华老字号连锁经营或加盟经营。

四是增强品牌意识。中华老字号品牌是一笔无形资产，它蕴藏着巨大的商业价值。企业要有强烈的品牌保护意识，及早确立品牌保护战略，形成规范的品牌保护制度是十分重要的。一个致力于品牌运营的中华老字号企业，必须努力消除品牌理念缺失的情况，需要进一步了解自己悠久的历史及其沉淀下的文化特征，深入挖掘自身的文化底蕴，将这种文化与品牌观念相结合，并将这种品牌理念有效地融入企业经营理念中去。

五是改变营销观念。可广泛地采用多种形式的媒体传播渠道，充分宣传企业文化和核心价值观。通过各种载体的多次传播将信息送达给广大受众。中华老字号还可以通过设计统一视觉识别系统，树立独特的个性，增加老顾客的忠诚度并吸引新顾客。此外，积极与旅游文化经营接轨也是极佳的宣传形式。

六是提升产品档次。中华老字号也需要研究消费者，并针对自己的产品进行目标市场定位，准确进行市场细分。要转变观念，不要仅仅把眼光停留在产品上，要懂得消费者的需求。在消费者越来越"挑剔"的今天这一点相当重要。

七是改革管理机制。中华老字号企业一般都具有浓郁的亲情化管理色彩，这在企业发展初期是有利的。但随着经营和生产的扩大，中华老字号企业要创新管理机制，实行制度化管理；创新用人机制，对所有员工都要一视同仁，对有能力的要给予更大的发展空间；调整薪酬制度，不断完善激励机制，对于拥有手艺的老师傅要给予高薪，留住人才。

八是改善服务质量。中华老字号必须改变过去的服务模式，要向先进企业学习服务文化，对员工进行相应的培训，使其具备现代服务精神。

九是技术创新。优秀的品牌必须不断创新，以优质高效的产品和服务为载体。例如，同仁堂不断引进国外先进技术，改进传统的中药产品，逐步实现中药现代化、国际化。现在它已发展成为一个集科、工、贸、研发于一身的大型跨国医药集团。

十是品牌年轻化。中华老字号应该"忘掉自己的年龄"，时刻保持年轻的心态，这是向现代品牌转换的关键。因此，要努力实现中华老字号的理念年轻化、体制年轻化、经营方式和服务方式年轻化。

❀ 见微知著 ❀

北京稻香村：老字号的数字化之路

北京稻香村是一个知名老字号，于1895年由金陵人（今南京）郭玉生创立。

如今，北京稻香村已经成为北京糕点文化、饮食文化的代名词。近年来它创新不断，发展势头迅猛。2021年底，北京稻香村在北京开设门店216家、销售专柜422家，在京外开设销售网点近600家。北京稻香村的产品有600多种，既有牛舌饼、枣花酥、山楂锅盔等经典糕点，也有逢年过节的传统食品如端午的粽子、中秋的月饼、正月十五的元宵等。北京稻香村还积极适应市场变化，近年来相继推出故宫淘宝联名礼盒、安慕希酸奶口味月饼等跨界合作产品，打造了年轻品牌"稻田日记"。

近年来，移动互联网电商的发展以及各种新零售、新业态的出现，潜移默化地改变了消费者的消费方式和生活方式，这也在无形中改变着传统零售企业的经营模式和管理方式。北京稻香村在新的市场环境下主动应对新的市场挑战，开启了经营管理的数字化之路。北京稻香村的数字化之路主要表现在四个方面：一是打造全渠道管理运营平台，打通营销系统与后端系统，有效提升了渠道的管理运营能力和渠道效率。二是全门店、全库存可视，提高库存周转效率，实现时令产品实施调拨，降低门店的经营

见微知著

北京稻香村：老字号的数字化之路

风险和产品的库存风险。三是上线智慧POS[①]系统，提升消费者购物体验，解决不同产品销售价格、计量方式、促销政策的统一结算问题，增强消费者的购物体验。四是运用营销大数据，随时掌控经营状态，全面解决了门店人、货、财精细化管理的难点，赋能企业科学决策。

从北京稻香村的案例中不难看出，数智化已经成为新时代振兴中华老字号的必由之路。通过数字化工具和手段提升企业运营的效率，通过内部运营管理的优化降低运营成本，优化成本利润结构，中华老字号方能在新时代的环境下不断增强市场竞争力，持续地传承发展下去。

5.3　中华老字号的传承与发展

引言：

中华老字号的传承与发展问题受到了越来越多的关注，其传承发展的重点主要集中在品牌、市场、管理、文化、传承、生产、体制等要素上。要振兴中华老字号，积极发挥其在社会经济发展中的重要作用，首先要认识中华老字号在形成和发展过程中的规律、特征与特色，只有深入了解并把握这些内容，客观地对待其不足和困境，才能找到保护、传承与发展中华老字号的策略与路径。

中华老字号是一个光荣的称谓，有着深厚的文化底蕴。它们的开创和发展，都蕴涵了几代人的艰辛。中华老字号不仅是一块沉甸甸的"金字招牌"，更是中华民族经济发展史的有效见证。时至今日，中华老字号凸显出巨大的魅力和功用。可以说，在某种程度上保护中华老字号，就是保护中国的商贸文化记忆。

中华老字号大多诞生于交通发达、文人荟萃、商贾云集之地，脱胎于近现代工商、手工业者。明清时期，商品经济繁荣，全国出现30多座较大的工商业城市，店铺林立、商贾云集、牌匾交错、人声喧腾。在激烈的市场竞争下，那些各具特

---

① 指Point of Sale，可译为"销售点"。

色又深谙求同存异之道的商铺便脱颖而出，形成了一代又一代的中华老字号。

可以说，这些在老百姓心中留下深刻印记的中华老字号，无不栉风沐雨，在它们成功路上充满着艰辛。它们要经历市场一次又一次的检验，在竞争中长久不衰。

微课
————
老北京的老
字号

中华老字号大都有着属于自己的经典经营信条，养成了一些习惯性的企业经营方式，所有这些，共同构成了其特有的文化传统。

5.3.1　知名中华老字号介绍

1. 同仁堂

同仁堂（图5-3-1）是中药行业中著名的中华老字号，创建于清康熙八年（公元1669年），至今已有三百多年的发展历史。同仁堂人在制药过程中秉持兢兢业业、精益求精的严细精神，其产品以"配方独特、选料上乘、工艺精湛、疗效显著"而享誉海内外。

同仁堂的历史，是一部经济与文化交相辉映的发展史。同仁堂不仅精研医药之术，立下"炮制虽繁必不敢省人工，品味虽贵必不敢减物力"的店训，而且把医药作为"养生""济世"之方，讲"仁心""仁术"之道，从而奠定了同仁堂文化的底蕴，成为历代同仁堂人遵循的行为准则。随着时代变迁，同仁堂文化也在不断丰富和发展。1992年中国北京同仁堂集团组建并于2001年改制为国有独资公司，现代企业制度在同仁堂逐步建立并完善起来。

✦ 图5-3-1　同仁堂

2. 狗不理

"狗不理"始创于1858年。当时在天津郊县有一户农家，四十得子，为求平安，取乳名为"狗子"，期望孩子像小狗一样好养活。狗子十四岁时来津学艺，在一家蒸食店铺做小伙计。他心灵手巧又勤学好问，练就一手好活，后来便自己摆起包子摊。他的包子皮用半发面，口感柔软，鲜香不腻，形似白菊花，色、香、味、形都独具特色，引得十里百里的人都来吃包子，生意十分兴隆，以至于狗子忙得顾不上跟顾客说话。这样一来，吃包子的人都打趣说"狗子卖包子不理人"，日久天长，人们就都叫他的包子铺为"狗不理"了。

当年，袁世凯在天津小站编练新军，将"狗不理"包子带入皇宫敬献慈禧。慈禧吃后大悦，评价曰："山中走兽云中雁，腹地牛羊海底鲜，不及狗不理包子香矣。"从此狗不理名声大振。

至今，狗不理已走过了160余年的风雨历程，历经了中国近现代的沧桑变迁。现在狗不理已成长为一个综合性的企业集团，是商务部认定的首批中华老字号，曾荣获"中国十大餐饮品牌企业"的称号。狗不理包子店（图5-3-2）始终秉承多元化、复合式的发展战略，涉足中式快餐连锁产业，为百年老字号注入了新的活力和内涵，但同时也迎来了新的发展机遇和挑战。

◆　图5-3-2　狗不理包子店

3. 全聚德

中国烤鸭历史悠久，在距今约1 500年的南北朝时期成书的《食珍录》中就已有关于烤鸭的描述。明清两朝宫廷中常食用烤鸭，后来传入民间。

全聚德的第一代掌柜叫杨全仁，蓟县（今天津市蓟州区）人，17岁到北京，在前门外做生鸡生鸭的买卖，后来接手了一个濒临倒闭的叫作"德聚全"的果铺，将其改为烤鸭店，把店名倒过来改为"全聚德"。全聚德于1864年正式开业，百年基业也从这里开始。由于全聚德烤制手艺特别讲究，烤鸭的质量、名声很快便传开了。

◆　图5-3-3　全聚德烤鸭店

百余年的岁月里，全聚德菜品经过不断创新和发展，形成了以独具特色的全聚德烤鸭为龙头，集"全鸭席"和400多道特色菜品于一体的全聚德菜系，备受各国元首、政府官员、社会各界人士及国内外游客喜爱。中华人民共和国成立以来，以周恩来总理为代表的国家政要曾多次把全聚德的"全鸭席"列为国宴，用以接待贵宾。1993年中国北京全聚德集团成立，截至2021年，全聚德烤鸭店（图5-3-3）在全国已有百余家门店，在海外有多家特许门店。

4. 泥人张

据记载，闻名海内外的天津泥人张的创始人张明山因捏泥人的一手绝活而受到清朝宫廷赏识，曾为皇家御用匠师。他在继承传统泥塑艺术的基础上，不断从绘画、戏曲、民间木版年画等艺术中吸收营养，经过数十年的辛勤努力，一生共创作泥塑作品一万多件。1915年，在美国举行的巴拿马万国博览会上，泥人张选送的多件作品获奖，随后又在南洋各地巡展，从此在国内外声名鹊起。2006年，泥人张被认定为首批国家非物质文化遗产保护项目。

泥人张彩塑（图5-3-4）创作题材广泛，或反映民间习俗，或取材于民间故事、舞台戏剧，或直接取材于《水浒》《红楼梦》《三国演义》等古典文学名著。所塑作品不仅形似，而且以形写神，达到神形兼具的境地。泥人张彩塑用色简雅明快，用料讲究，所捏的泥人历时久远，不燥不裂，栩栩如生。泥人张彩塑属于室内陈列性雕塑，一般尺寸不大，可放在案头或架上，故又称为架上雕塑、彩塑艺术，是一种可用于各种环境装饰的艺术形式。

◆　图5-3-4　泥人张彩塑

5. 内联升

"内联升"始创于公元1853年（清咸丰三年），创始人赵廷为今天津武清人。他早年在京城一家制鞋作坊学做鞋，由于悟性极高，很快便学得一身好手艺。在积累了丰富的客户人脉和一定的管理经验后，赵廷决定创业。

慧眼独具的赵廷分析了当时京城制鞋业的状况，认为京城缺少专业制作朝靴的鞋店，于是决定办一家朝靴店。店名定为内联升，"内"指大内宫廷；"联升"示意顾客穿上此店制作的朝靴，官运亨通，可以连升三级。

北京有句老话儿叫：爷不爷先看鞋，穿上好鞋脚底下有劲儿。内联升为当时来店做鞋的重要客人记录好尺寸、爱好样式等信息，汇编成一本《履中备载》，被称为中国最早的"客户关系档案"。

2001年内联升变更为有限责任公司，如今，内联升鞋店（图5-3-5）与时俱进，不断创新地发展着。

◆　图5-3-5　内联升鞋店

图5-3-6　荣宝斋

6. 荣宝斋

荣宝斋前身是"松竹斋"，始建于清康熙十一年（1672年），后于清光绪二十年（1894年）更名为荣宝斋，至今已有350多年的历史。

店名"荣宝斋"取"以文会友，荣名为宝"之意，大字匾额由当时著名的大书法家陆润庠（清同治状元，曾任国子监祭酒）题写。后荣宝斋又以其绝技"木版水印"闻名中外。荣宝斋（图5-3-6）是国家认定的"中国驰名商标"，也是首批国家级非物质文化遗产生产性保护示范基地，"诚信为本，荣名为宝"是其百年古训。

图5-3-7　张一元茶庄

7. 张一元

前门外大栅栏是北京最繁华、最热闹的街道之一，在大栅栏这条街的中间路南，有一家驰名中外的茶庄，叫张一元，它经营茶叶已有百年历史了。张一元茶庄（图5-3-7）的店面紧邻同仁堂药店。张一元茶庄由安徽歙县定潭村人张文卿于清朝光绪年间所建。定名"张一元"，取"一元复始，万象更新"之意。寓意开市大吉，不断创新发展。

8. 瑞蚨祥

瑞蚨祥始建于1862年（清同治元年），距今已有160余年的历史，其名称取自《淮南子》《搜神记》中"青蚨还钱"的典故。它在北京的第一家店面开设在北京大栅栏，开业后很快便生意兴隆，名声大作。1900年庚子事件中，北京瑞蚨祥被焚毁，它作出对外欠款如数奉还，对己欠款一笔勾销的诚信承诺，被商界传为佳话。1949年中华人民共和国成立时，瑞蚨祥提供了第一面五星红旗的面料。

2001年北京瑞蚨祥绸布店有限责任公司正式成立，目前所售产品涉足丝绸、呢绒、服装、皮草、家纺用品等多个领域。瑞蚨祥始终坚持以"至诚至上、货真价实、言不二价、童叟无欺"为经营宗旨，获得"中华老字号""北京市著名商标"等多项殊荣，"瑞蚨祥中式服装手工制作技艺"被列入北京市非物质文化遗产名录。瑞蚨祥在不断完善服务和商品品质的同时，秉承"传承、创新、合作、发展"的企业精神，延续传统，与时俱进，努力续写百年辉煌。

9. 都一处烧麦馆

都一处烧麦馆（图5-3-8）坐落在繁华的前门大街，它始建于乾隆三年（1738年），起初是山西人开设的小店"王记酒铺"，距今已有近300年的历史，是北京有名的百年老店之一。

据说，乾隆十七年，乾隆皇帝回京途经前门，当时所有的店铺都已关门，只有这家"王记酒铺"亮灯营业，便进店用膳并赐名"都一处"。乾隆回宫后亲笔题写了"都一处"店名，将其刻在虎头匾上，几天后便派人送到店中。从此以后"都一处"代替了"王记酒铺"，生意红火起来。

◆ 图5-3-8　都一处烧麦馆

都一处的烧卖曾先后获得全国烹饪大赛第一名、"金鼎奖"及"中华名小吃"等殊荣，都一处老店也荣获"中华饮食名店"的称号。

10. 上海老凤祥

上海老凤祥是我国历史悠久的经典珠宝品牌。她的前身是慈溪费氏在1848年创立的"老凤祥裕记银楼"。费汝明、费祖寿、费诚昌祖孙三代是老凤祥最初的三代传人，其中经营最为出色的非费祖寿莫属，他在任期间把老凤祥银楼办得有声有色。

上海老凤祥建成初期属于封建社会末期，店面的规模小，经营不稳定，一直到1930年老凤祥逐渐声名鹊起，受到上海市民及周边省城的欢迎。在抗日战争、解放战争时期，国民政府禁止黄金自由买卖，银楼行业遭到灭顶之灾，当时著名的九大银楼几乎全军覆没、一蹶不振，唯有老凤祥趁着政府政策调整的间隙获得重生。因当时的"老凤祥"含金量足，深受典当行业认可，品牌更加响亮，越发受到老百姓的喜爱，期间甚至创造了库存黄金数以万两，日销售黄金曾达千两的骄人业绩。

上海老凤祥总部门庭上有典雅的金凤形象、圆润有力的"老凤祥"三个繁体大字，这是老凤祥银楼的金字招牌。"老凤祥"三字包含两层意义，"老"是表示资历深厚，足以让人信赖；"凤祥"则是女性至美的象征，并喻示它给人带来吉祥如意。老凤祥一百多年的历史中，店面名称几度变化，但都保留"凤"字，将"凤"作为一种品牌文化的图腾。170多年的岁月锤炼，赋予了"老凤祥"这个民族品牌深厚的历史文化内涵，在一定程度上代表了中国珠宝首饰的发展潮流。

5.3.2 中华老字号的优秀特征

老字号不仅体现出商贸景象的多样性，更重要的是一种历史传统文化的沿袭和继承。它是经历数百年商业和手工业竞争中留下的精华，是百姓对一种产品的肯定和缅怀。洗尽铅华后，中华老字号品牌凭其特色的工艺或经营手段独树一帜，成为同行业的翘楚，取得社会的认可。中华老字号可以说是中国的一个象征。我国官员接待外宾时经常选择中华老字号产品作为礼物；来华旅游的外国友人，回国时也大多会带一份中华老字号产品作为纪念。

与现代企业、名牌相比，中华老字号具有以下典型优势与特征：

第一，中华老字号具有悠久的历史和文化内涵。被定义为中华老字号的企业都诞生于1956年及之前，这些中华老字号都至少经历了几十年甚至上百年的历史沉淀，被视为中国传统文化、商贸文化的"活历史"。作为商业企业的中华老字号更像是一段段留在人们心中的历史记忆，历久弥新。它们是中华民族经济发展史的缩影和精华，历史和文化是老字号不可替代的底蕴与积淀。

第二，中华老字号具有无可替代的产品、技术、特色和服务，优势突出。中华老字号在多年的经营中积累了宝贵的经验、独特的理念和秘不外传的配方。这些产品、技术等很难模仿，是中华老字号的竞争优势。

第三，中华老字号享有盛誉，品牌知名度非常高。中华老字号的高信誉表现在两个方面：一是产品质量优良，在消费者心目中树立了良好的形象；二是以人为本、以顾客为核心的经营理念。例如，同仁堂就一直把"炮制虽繁必不敢省人工，品味虽贵必不敢减物力"作为立身处世的标准，在制药方法上讲究"养生、济世"，在经营之道上讲究"仁心、仁术"。又如，"黍①稻必齐，曲蘖

---

① 也作"秫"。

必实，湛之必洁，陶瓷必良，火候必得，水泉必香"的"六必精神"是六必居一直恪守的古训。而"自采、自窨、自拼"的"三自经"是吴裕泰保品质、立品牌的基础。这些中华老字号的古训、标准、原则正是其技能、特色、服务的体现。

❀ 深思启慧 ❀

谁来拯救在国外被抢注的中华老字号？

说起中华老字号注册商标，你会想到哪些？全聚德烤鸭、同仁堂药店、六必居酱园、狗不理包子……在几代人的心中，中华老字号往往是品质保证的代名词，值得消费者信赖。然而，与中华老字号无历史渊源的个人或企业将中华老字号或与其近似的字号注册商标或直接"傍名牌"使用的情形层出不穷，无形之中令中华老字号的品牌效应日渐式微，继而令人对品质存疑。

中华老字号面临"内忧外患"：在国内被大量"山寨"产品攀附，在国外被大量抢注。目前中华老字号注册商标品牌在国外被"抢注"现象严重，据不完全统计，有15%的知名商标在国外被抢注，每年在国外被抢注的商标案件都有上百起，造成数亿元无形资产的损失。商标被抢注，是每一家企业准备进驻国际市场，必须面对的挑战。

中华老字号商标的价值巨大，享有很高的知名度和影响力，有些甚至是某些行业的代名词。对于执行国际化战略的中华老字号企业而言，除了要维护好自己的权益，更需要树立知识产权意识，否则自己好不容易经营起来的品牌将成别人之利。

第四，中华老字号因扎根地域文化而具有民族性和文化性。在数百年的历史发展过程中，中华老字号逐步形成了自己的文化特质，其商号招牌、经营理念、商业传统、祖训店训等具有鲜明而独有的特征。中华老字号作为一个行业的佼佼者，既与行业发展息息相关又与地方经济紧密联系，具有明显地域特征，更是商业发展的缩影和见证，这也是传承和发扬中华老字号的方向和动力。

在市场活动以及品牌竞争时代，"中华老字号"本身就是一种品牌宣传，老字号品牌应以诚信取胜，以品质开市，将其无价的品牌资产充分利用起来，再创新的辉煌。

"六必居"的发展启示

"六必居"是著名的中华老字号，始建于明朝嘉靖九年（公元1530年），其生产的数十种传统酱菜，早在明清时期就成了宫廷的御膳食品。

"六必居"店名的来历，有许多的说法。据说，除了不卖茶，其他柴米油盐酱醋六样日常必需品它都卖，所以叫"六必"。六必居一直恪守"黍稻必齐，曲蘖必时，湛炽必洁，水泉必香，陶瓷必良，火齐必得"的"六必"精神。

酱腌菜是家喻户晓、传承数百年的六必居产品，是人们喜欢的调味副食品之一。六必居作为中华老字号品牌，传承着传统的技术但并不拘泥于单一的经营。好的味道需要用心传承，六必居酱菜经久不衰，与每一代传承人有着密不可分的关系。坚守传统工艺的六必居，也在互联网时代寻找全渠道的融合、发展之路。从2014年开始，六必居全面进驻各大网络销售平台，销量名列前茅。能够在消费理念已经有了极大变化的当下依然保持当年的市场优势，六必居自然有它独特的魅力。

中华老字号"六必居"的创办、兴盛和发展，带给我们很多启示。中华老字号企业只有在传承和创新中才能保持永久的发展魅力。企业的核心文化和价值追求是推动企业发展的无穷动力。必须拥有全面的认知、开阔的眼界和创新的思维，才能在新时代的发展大潮中捕捉更多的商机，拓展广阔的天地。

思考题

1. 老字号的创立、发展、兴盛和衰败对现代企业的发展有哪些启示？

2. 中华老字号的优秀理念和世界知名品牌的企业文化具有哪些相通之处？应该如何培养现代企业文化与职业道德？

3. 如何才能更好地保护和振兴中华老字号？

专题测试

专题五
————
交互式测验

专题六

商策

学习目标

知识目标：
了解我国不同历史时期商品包装的形成过程及其文化符号，熟悉经济发展对商标发展的影响，掌握不同类型的商业广告的区别。

能力目标：
能够分析商品包装和商品商标中的传统文化元素应用方式，能够选择适合指定商品的广告形式。

素养目标：
养成文化鉴赏能力和审美能力，树立品牌意识，增强文化自信。

本章导读：

商策是指经商策略。在漫长的中国商贸发展进程中，形成了许多行之有效的商业经营策略。不论是商品包装的改良与精进，还是商标和广告的设计与使用，商策都在相当程度上促进或保障了商业贸易的进行。在商策使用得当的情况下能够有效地促进商品的交易和贸易的发展。本专题选取了商品包装、商品商标和商业广告三项内容，反映了中华优秀传统文化对商业和经济发展的影响，体现了中国商贸发展史中的文化传承和创新。

6.1 商品包装

引言：

　　当我们看到五颜六色、琳琅满目的商品时，其实我们看到的大多是它们的包装。美丽精致的包装可以化平淡为神奇；惟妙惟肖的图案可以反映包装中的内容；结实牢固的包装可以确保商品的装运安全。不断发展的科技带来越来越多的包装材料和包装技术，在生活中，包装已无处不在，在现代商业观念中，包装已和商品浑然一体了。

6.1.1 商品包装概述

　　商品包装是指在商品流通过程中为保护产品、方便储运、促进销售，按一定技术方法所使用的容器、材料和辅助物等的总称；也指为达到上述目的在采用容器、材料和辅助物的过程中施加一定技术方法等的操作。商品包装是一种满足和美化生产、生活的行为，几乎与商业的起源同步。伴随着人类社会和商业活动的发展，商品包装也经历了一个不断演化的过程，不仅包括商品包装材料的拓展、工艺的进步，还包括商品包装功能的演进。

微课
———
商品包装

1. 商品包装的形成

　　（1）商品包装形成的萌芽期。早期，商品包装在被人们当作日常生活用具的同时，兼具裹包、捆扎、储放、转移物品的功能。原始社会生产力落后，人们为了携带方便，拣拾采摘植物果壳、叶子或枝条，以简单的形式对物品进行包裹或捆扎。这种行为仅停留在满足人类基本生活需要的"盛装"和"转运"的功能上，至多算是早期人类的一种包装意识的萌芽。从原始社会后期开始，人们制作器物来盛放商品，进行长途转运或长期储存，如竹器、陶器等。这一创造性的劳动可谓开启了人类步入有意识制作商品包装品的阶段，但包装品的功能与生活用具的功能并未明确分离。

　　（2）商品包装形成的过渡期。这是人们对商品包装从偶然利用到有意识自觉制作和使用的转变时期。人们将自己的情感、思想、认知一并注入其中，创造了一系列具有文明特征的竹木器、陶器、青铜器、漆器包装等。

（3）商品包装形成的转型期。商品包装的一个显著特征便是其从属性。步入"从属性"阶段的商品包装实质上是产品外在形态的设计，是通过提高产品的外观质量，用商品包装与同类产品展开竞争。随着商品经济的繁荣，交换行为的增加，社会对商品包装的需求不再停留在方便运输、保护产品、便于使用等基本功能上，而是上升到了增加产品附加值和提高审美意识的阶段。商品包装的"转型期"始于春秋战国时期。

见微知著	买椟还珠	楚人有卖其珠于郑者，为木兰之柜，薰以桂椒，缀以珠玉，饰以玫瑰，辑以羽翠。郑人买其椟而还其珠。——《韩非子·外储说左上》 这段故事是讲：楚国商人在郑国卖珍珠，把珠宝装在木兰木制的盒子里，用桂椒薰香，用珠玉、玫瑰花、翠羽来装饰、点缀。郑国人买下了这个珠宝盒却把珠宝还给了商人。 虽然买椟还珠这个成语是讽刺那些没有眼光取舍不当、做事舍本逐末的人，但却客观反映出古时商品包装的精湛工艺。

2. 商品包装的发展

春秋战国时期商品经济发展，出现了区域性经济中心城市，便利的水陆交通使各地的商品得以在全国流通，开始讲究以包装来促进销售。当时对于商品包装的重视，可以从著名商人子贡、范蠡、白圭等人对于商品的贮藏和贩运情况可知，他们伺机储藏，贱买贵卖。而储藏是离不开包装的，贵卖是需要空间区域的，当时商品经营过程中购买、存储、运输、售卖等环节都与商品包装密切相关，在促使商品包装功能性提高的同时其商业性也相应出现。

秦汉时期商品经济持续发展，特别是丝绸之路开辟后，出于长途运输需要和吸引域外消费需求，无论是经营者还是消费者，都更加注重商品的包装。

隋唐时期经济繁荣，贸易兴盛，商品竞争意识增强，商品市场得到扩展，商品从奢侈品扩大到日用消费品。商品种类繁多，人们对商品包装的制作和规格、质量都有了更多具体的规定。

瓷器的包装

　　唐朝瓷器外销主要是通过丝绸之路。当时波斯和阿拉伯商人采购大量瓷器，用马车装载运回。从长安到波斯，路途遥远，质脆易碎的瓷器经不起长途颠簸。为解决这一难题，商人们绞尽脑汁，终于试验成功了一种有趣的瓷器包装方法：他们把采购的瓷器先放在潮湿的地上，按照瓷器的不同品种与规格，十件十件地叠放起来，用绳子紧紧捆牢。然后撒沙土，填没其中空隙，再播些豆种或麦种。这些种子生根发芽，互相交错缠绕，将捆在一起的瓷器牢牢地黏合在一起，形成一个坚固的整体。黏合好后，商人还要对这些"土块"进行考验，摔到地上如果不破就合格，可以装车起运。他们用这种商品包装方法，将中国瓷器经"丝绸之路"远销国外。

　　及至宋朝，随着文化的昌盛，商品外观包装的艺术性和审美性骤然兴起，商品包装的审美功能和促销功能得以拓展。此时的商品包装讲究"图必有意、意必吉祥"，吉祥纹样（图6-1-1）开始流行。这种设计符合大众审美的要求，体现了商品包装生活化、大众化的发展趋势，使传统商品包装的内涵得以扩展。

　　在明清两朝时期，"西学东渐"，西方科技文化进入中国，私营手工业迅速发展，出现了资本主义萌芽。这种情况下商品包装的发展，开启了我国近现代包装工业的大门。

　　19世纪欧洲包装工业的发展，为近现代包装工业和包装科技的产生奠定了基础。如18世纪末的灭菌包装法，19世纪初的玻璃罐头和马口铁罐头，以及后续机制木箱、镀锡金属罐、瓦楞纸、合成塑料袋等技术、材料的出现，都使商品包装得到迅速发展，客观上也促进了我国商品包装的专业化。

　　20世纪之后，科技发展迅速，新材料、新技术不断出现，纸、玻璃、铝箔、各种塑料、复合材料等包装材料被广泛应用，无菌包装、防震包装、防盗包装、保险包装、组合包装、复合包装等包装技术日益成熟，从多方面强化了商品包装的功能。随着国际贸

图6-1-1　吉祥纹样

易的飞速发展，绝大部分商品都要进行不同程度、不同类型的包装，商品包装已成为商品生产和流通过程中不可缺少的重要环节，信息技术、电子技术、激光技术、微波技术广泛应用于包装工业。在未来的智能化时代，商品包装形式与技术必然还会产生新的变革，不变的将是商品包装所体现的人类对美好生活的追求。

3. 商品包装的作用

（1）保护商品，减少损耗。商品包装的重要使命就是保护商品不受损伤，使商品安全地从生产领域进入流通领域和消费领域，避免商品因损耗而增大成本，浪费社会财富。

（2）便于运输，提高仓容。合理的商品包装在储运过程中便于计量、搬运和堆码，能够有效地利用仓库容量，从而节约储运费用。

（3）宣传商品，广而告之。商家通过对商品包装的巧妙设计，可以起到吸引消费者购买和宣传，扩大销售的作用。

（4）美化商品，促进销售。随着经济的发展和生活水平的提高，人们对商品的需求不仅局限于商品的数量和质量，还注重商品包装所带来的审美感受。商品包装对冲动型购买者和年轻人的影响尤其明显。

（5）升华商品，传承文化。不同时代、不同民族、不同地域的商品包装有明显差异，商品包装大多承载当时当地的文化特征与文化符号，商品包装带给商品以文化属性，同时也是对文化的传播与弘扬。

4. 影响商品包装的因素

（1）文化因素。如秦汉时期的朴素简洁，隋唐时期的开放包容，两宋时期的含蓄优雅，明清时期的繁华浓烈，每一个时代的文化审美都影响当时的商品包装的图形图案、形制款式、色彩装潢。

（2）外来因素。在中外文化交流过程中，异域文化在一定历史时期对中华文化也产生了巨大的影响。例如，唐宋、明清时期的商品包装，在材料的选取、制作工艺、造型形态、装饰纹祥和审美情趣等方面均烙上了浓郁的异域艺术风格。外来文化不仅拓展了古代包装艺术的表现空间、题材，而且在一定程度上促进了我国古代包装艺术风格的多元化发展。

（3）地理环境因素。我国幅员辽阔，资源丰富，使得古代包装的材料具有多样化的特征。北方盛产葫芦，南方多产竹藤，东北则用树皮，西北北部则利用皮毛做包装材料。地理环境的差异造成各地包装材料具有明显的地域性与差异性。

（4）科技因素。从天然的树叶、果壳、藤蔓等作为包装材料，到陶质、竹质、漆器包装的出现，到青铜、瓷、金银被用作包装材料，再到纸包装、塑料包装、复合材料等的广泛使用。包装用材的演变始终和新材料的发现、发明密切相关。科技的进步还在功能拓展、造型与结构的科学性及合理性等方面对商品包装产生着重要的影响。

6.1.2 传统文化在现代商品包装中的应用

中国传统文化艺术表现形式多样，从书法到绘画，从剪纸到皮影，从纹饰到材质，从民俗到宫廷，元素众多，内涵丰富。将中国传统文化元素运用到现代包装设计中，充分发挥传统文化的影响力、感染力和凝聚力，既体现出中华民族的文化自信，又创新了现代商品包装形式，还有助于商品自创品牌抢占市场、提高销量。

1. 水墨画的应用

中国水墨画作为中华艺术的瑰宝，笔法多变、墨色晕染、意境深邃，将传统水墨技艺应用于现代商品包装设计，表现出外在形式与内在精神的统一，其艺术韵味所表现出的装饰性，体现了独特的视觉效果和深厚的文化底蕴。水墨艺术有独特的民族气息和文化特点，画面简洁而寓意丰富。水墨画脱俗灵动，给人以清新之感，商品水墨画包装（图6-1-2）上的留白可以给人以艺术遐想的空间。

◆ 图6-1-2 水墨画包装

2. 书法的应用

中国书法名家云集，书法作品灿若繁星，为包装设计提供了宝贵的创作素材，启迪了创作灵感。中国书法是一门独特的艺术，书法中蕴涵的形体美、意境美和力道美越来越多地被现代设计者所喜爱并采用。书法包装（图6-1-3）厚重

◆ 图6-1-3 书法包装

而富有古韵的字体给人以美的享受，让人感受到其中深藏的文化内涵，尽现汉字的艺术魅力。

3. 剪纸艺术的应用

在中国民间艺术中，剪纸艺术独树一帜，不仅历史悠久，而且民间普及度高。剪纸艺术点、线、面相结合，虚实穿插，体现出非常直接而生动的美感。剪纸艺术作为一种艺术门类，富有亲切感和家乡情怀。将剪纸艺术融入包装设计，能够增强包装设计的艺术性和趣味性。剪纸包装（图6-1-4）能强化产品的地域性和民族性，使产品更具吸引力，起到促进销售的效果。

❖ 图6-1-4　剪纸包装

4. 传统图案的应用

传统图案中的图形纹饰是包装设计中表现个性的重要元素，也是包装设计中常用的一种装饰手法。在我国传统文化中产生了许多图形纹饰，如新石器时期的鱼纹、商周的饕餮纹、战国的蟠龙纹、明清的道八宝等。这些图形纹饰具有很强的装饰性，在现代包装设计中经常被采用。中华民族悠久的历史文化，使传统图案具有极为丰厚的生存土壤、独到的艺术气息和浓厚的文化底蕴。从古到今，传统图案经久不衰，不仅因为它具有欣赏价值，更重要的是其蕴藏的吉祥意义。由于传统图案包装（图6-1-5）具有视觉效果强烈、含义丰富、容易记忆、特征突出等特点，人们单凭视觉即可直观地从图形中直接或间接地感受到商品内容，并由此引发需求。

❖ 图6-1-5　传统图案包装

5. 天然材质的应用

我国传统包装大多采用天然材料，如竹、木、草、麻、柳、藤、荆条、兽皮等。例如，用麦秸秆编成的绳子作为一种包装形式，一直沿用至今，其具有成本低、轻便通风等特点。竹子也是我国运用较多的传统包装材料，可以用来制成各种类型的竹盒、竹筐、竹篓等，还能编织出漂亮的图案和花纹。现代包

装设计中有许多土特产和节庆礼品都依然选用竹材包装
（图6-1-6），形成独特的韵味。在现代包装设计中，越
来越注重对天然原料包装容器的深加工，一方面提高了
材料性能，适应了现代包装技术标准，体现了商品包装
的文化审美，提升了商品包装的观赏价值；另一方面促
进了包装工艺的发展，顺应了和谐自然、绿色包装的商
业发展理念，其纯朴、自然、环保的特征，也更符合现
代人的消费心理和市场需求，深受顾客的欢迎。

❖ 图6-1-6　竹材包装

6.1.3　传统设计理念对现代商品包装的启示

随着时代的不断发展与进步，包装设计在商品的生产、运输、销售等环节
中的作用越来越重要。包装设计的优异程度在体现商品的品牌形象和企业形象
的同时，也影响着消费者的购买兴趣。我国传统包装设计的一些理念对现代包
装设计依然具有指导意义，值得学习借鉴。

1. 注重实用性
实用性是我国古代包装设计思想中的一项基本准则。古人认为包装设计应
该简约质朴，不需要华丽繁复的装饰，但是包装设计一定要实用。当今很多华
丽而毫无实际意义的装饰，忽略了实用性这一包装设计的基本准则。消费者讲
求"实惠"的购买原则可以说是对商品实用价值的一种需求。所以，在进行包
装设计时，设计者就要考虑商品包装所体现出的商品的实用价值，以此来吸引
消费者的眼球，增加商品的销售量。

2. 注重创新性
创新是中国传统包装设计中不断强调的一个重要理念。它对于现代包装设
计具有指导意义，要善于从古法中寻求变化，不断推陈出新。

3. 注重简约自然
简约是我国古人所推崇的一种设计思想。关于设计规范的中国古籍《考工

记》记载，"天有时，地有气，材有美，工有巧。合此四者，然后可以为良。材美工巧，然而不良，则不时，不得地气也"。这里把"天时""地气""材美""工巧"作为造物的四个基本条件，表明了自然与人工相融合的重要性，强调在包装设计中简约自然，不过分追求外在的、人为附加的内容，要顺应事物的本质。

近年来，社会已达成共识，即抵制过度包装和华而不实的包装，多使用绿色、环保、可再生、可循环使用的包装，避免资源浪费和环境污染。这与传统包装设计理念中的简约自然理念相吻合，对今天的商品包装设计提供了有力借鉴。

6.2 商品商标

引言：

孩童要起名，画龙需点睛。什么是商品的名片？是盖在泥绳蜡塑上的封印？还是那镌刻于青铜顽石上的篆铭？

从"借问酒家何处有，牧童遥指杏花村"到"兰陵美酒郁金香，玉碗盛来琥珀光"，古往今来，岁月悠悠，它却历久弥新；世易时移，科技迭代，它依然永不止步；传承历史，彰显文化，它只占方寸之地，却值无量之价。它，就是商标。

商标是如何从无到有，又是如何创造商业价值的呢？让我们一起走进商标的世界。

6.2.1 商标概述

商标是用以识别和区分商品或服务来源的标志。商标最早是由符号、标志构成的直观图像，到近代才开始被商家广泛采用，并逐步发展为专门的法律术语。商标是品牌在依法注册后的图文形式，受法律的保护，商标注册者有专

微课

商品商标

用权。商标体现出丰富而深刻的物质与精神文化内涵。商标是企业文化的载体，凝聚着企业经营活动中的许多文化现象，浸润着企业的经营理念、行为规范、群体意识和意志风格，是企业的无形资产。

　　商标文化既承载传统文化，也体现企业文化。我国历史悠久，商标的发展也经历了漫长的过程。探索商标的历史与文化，对于了解我国古代商品生产，继承中国商标优秀文化基因，建立和发展中国特色的商标文化等，都有重要意义。

1. 商标的起源与发展

　　（1）商标起源。我国古代商标起源于先秦的印信（统称为玺）。其作用为"封物的信验"，就是将物件用绳子捆好，在绳结上用泥封固，然后在泥上捺上印章，运输途中不得拆封，保证物流中的货物安全。这些印信虽然和现代商标不同，但它具有"区别"的作用，已含有现代商标的一些意义，是我国商标的雏形。

　　后来，手工业者为区别自己与他人的产品，往往将作坊名称或工匠姓氏刻制在产品上，这就是我国早期的商标。考古挖掘出的长城秦砖上发现有产地、窑场名称、工匠姓名等印记。这些印记具有标识质量和责任的意义，也提升了信誉和名气，体现了商标的功能。

　　（2）古代商标。封建社会自然经济发展缓慢，市场对商品质量、规格和特点进行区别的要求也不迫切，因而商标发展得十分缓慢。我国古代商标与现代商标的概念和作用不同。现代商标是商品或服务的标记，而古代商标则被认为是商业的标志，作用是"用之以广招徕者"，所包含的范围则更为广泛，更注重消费者的认知和广告宣传，基本表现方式为幌子、张贴物、牌匾、字号等。

　　汉朝铸于铜镜上的铭文，除记录铜镜的生产者姓名和质量优良外，还祝愿使用者趋吉避邪，长寿高升，家人安康等。东汉后，造纸术发展，开始有了纸质图文商标广告。考古工作者曾在现新疆吐鲁番市附近出土了一件江南地区生产的金箔包装纸，纸上印有商标广告。

　　唐朝经济繁荣，手工业品多供宫廷使用。为进行自我宣传，在销售活动中占据有利地位，商家将字号留在铁器、瓷器、锦缎等商品上，或刻印在包装上作为标识。例如，现藏于韩国国立中央博物馆的两件唐朝长沙窑瓷壶上分别写着"郑家小口天下有名"和"卞家小口天下第一"。博物馆还特意将这两只壶放于一处，像是叫板一样，让人忍俊不禁。可见当时商标和广告同为一体，没有分离。

　　宋朝龙泉青瓷上有"永清窑记"（图6-2-1）标识；湖州石家铜镜有"湖州

真石家念二叔照子"（图6-2-2）和"湖州真正石念二叔照子"（图6-2-3）两种商业标记，已具有现代商标防止假冒的作用。山东济南刘家功夫针铺的"白兔为记"商标（图6-2-4），被普遍认为是我国最早、最为完整的商标，配以贴切的广告语，寓意美好，创意新颖，独具特色。

在元朝，商标得到进一步发展。在湖南沅陵出土的元朝文物上印有"潭州升平坊内，白塔街大尼寺相对住危家，自烧洗无比鲜红紫艳上等银朱、水花、二朱、雌黄，坚实匙箸，买者请将油漆试验，便见颜色与众不同，四远主顾请认门首红字高牌为记"的字样。元朝"红字高牌"（图6-2-5）。在创意上颇为用心，不仅使用了有强烈视觉冲击的红色，且寓意美满幸福、吉祥如意，在当时已经达到相当的营销水准。

图6-2-1 "永清窑记"

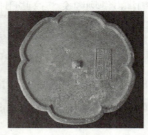

图6-2-2 "湖州真石家念二叔照子"

图6-2-3 "湖州真正石念二叔照子"

图6-2-4 刘家功夫针铺的"白兔为记"商标

图6-2-5 元朝"红字高牌"

明清时期商品种类丰富，消费者很难通过商品的外观而论质量高下，商标成为消费者辨识商品质量的捷径。明清地方志对名牌记载很多，如"曹素功墨汁""雷允上药材""王信益珠宝"等品牌。在出版业商标权意识也进一步发展，多以书法或图案巧妙饰之，甚至起到一定的版权保护作用。如萧山来氏宝印斋以汉佩双印为识、福建熊氏种德堂以八卦为识，著名书商兼作家如李渔和余象斗，还在书籍扉页刻上自己的肖像。据传，清朝儒商胡荣命在谢绝他人以重价购其店名时说："彼果诚实，何藉吾名？欲藉吾名，彼先不诚，终必累吾名也。"可见当时人们已明确商标的无形资产作用。

（3）近代商标。近代中国沦为半殖民地半封建社会。帝国主义国家利用通商口岸，大量输入洋品牌商品来霸占市场，又在租界建厂制造各种洋货，采取各种手段扼杀我国的民族工业，仅在商标制作和使用上就有许多表现。有的直接通过商标图案，大肆宣传帝国主义的霸权形象。也有的选用中国传统图案如龙、凤、八仙过海、五子夺魁、福、禄、寿等作为商标，利用先进印刷设备，大量印制彩色广告宣传画，配以日历，大力宣传自己的商品，争夺中国的市场。同时他们设立牌号注册局并订立专律，以保护自己的商标。

在这一时期，工商界人士怀着一腔爱国热血，提出"实业救国"的口号，在全国掀起了一系列抵制洋货的爱国斗争。为打破洋品牌在我国市场的优势局面，我国民族工业逐步重视商标的作用，并在实践中以商标为武器，与帝国主义相抗争。出现了"中国人""爱国图""醒狮""雪耻""警钟"等商标，激发起国民的爱国热情，唤起民众，团结一致，旗帜鲜明地与洋货品牌斗争。最具代表性和影响力的有"三枪""羝羊""征东图"等商标。"三枪"商标的图案为三支步枪靠在一起，形似众字，寓意为拿起武器，众志成城，与帝国主义势力作斗争。"羝羊"商标谐音"抵洋"，商标图案是在山顶上的两只雄健公羊，它们前蹄腾空，两头相对，一决雌雄，明确表达出抵制洋货的意志与决心。这些商标立意鲜明，具有强烈的挑战性。

在同类产品中，爱国商人取能制服或相克的商标含义，树立民族自信心，长民族志气。例如，温州吴百亨先生创办的乳品厂，针对英国"鹰牌"乳品，将商标命名为"擒雕牌"。吴羹梅创办的中国标准国货铅笔厂，生产"三星牌"铅笔，商标寓意为"福、禄、寿"，以克制美国的"星牌"铅笔。我国生产的第一台电风扇商标为"华生"，还有纺织品商标"华新""耀华"等，无不蕴含着对祖国早日富强的期盼，以中华富强、民族昌盛为目标，体现广大爱国商人为之竭尽努力的信念和追求。

（4）现代商标。中国现代商标的发展历程，大致可分为计划经济和市场经济两个阶段。

计划经济条件下，商品以产定销，选择余地很小，因此商标多是用以装饰、美化商品，多选择如"解放""红旗""红星""胜利""向阳""团结""丰收""工农兵"等名称来体现对党和国家的热爱，以及对人民当家作主的新生活的向往。社会主义建设时期的商标记录了祖国经济建设所取得的辉煌成就和重大历史事件。如纪念大庆油田的"大庆"商标；南京长江大桥胜利通车后，以"大桥"为商标的产品纷纷出现。这一时期的商标具有比较明显的时代色彩，如"东风""跃进""长征""井冈山""火炬""长城"等。

改革开放初期，商标多以山水、动植物和当地的名胜古迹为题材，商标的作用仍没有得到充分发挥。商标在命名设计上雷同现象严重，例如，全国注册"长城"商标的有130多个，注册"三潭印月"商标的有200多个。这些商标不易辨认商品的性质和内容，缺少时代感和多元的创新精神。随着改革开放的深化，我国步入了社会主义市场经济的快速发展轨道。商标不仅是商品的标志，而且是企业的象征，是企业参与全球市场竞争的重要武器。因此，这一时期的商标反映了企业精神和发展理念。

东西碰撞、古今交融的文化形成了多元化的商标形态，主要有：① 国外商标品牌大量涌入，如"可口可乐""奔驰""宝洁"等，它们不仅是商品，也代表着国外企业文化形态；② 中外企业合作、合资会形成中西合璧的商标，如"新飞"，原是"新乡——飞利浦"的代称，后注册为商标；③ 传统文化与现代文化理念相交融形成的商标，如"海信"，取自"海纳百川"和"诚信无限"；④ 体现传统文化的商标，如"汇仁"，把"仁者爱人"的观念纳入商标理念。

全方位竞争的理念也通过商标反映出来。有的商标体现的是企业的奋斗目标和企业精神，如"华为"，意为"中华有为"；有的商标体现商品的消费群体，如"足力健老人鞋"；有的商标体现企业产品的应用空间，如"施可丰"；有的商标体现消费文化，如"同仁堂"；有的商标体现某种产品的服务个性，如"真不同"等。

多样化的艺术表现形式在商标设计、创意上得以体现。汉字商标、拉丁字母和外文商标、图形商标、几何形商标、文字和图案组合商标等都有广泛应用。

综上所述，商标是时代的产物。不同时代的商标，必然打上不同时代的烙印，反映出不同时代的特征。商标从古至今的发展历程，反映出社会商品经济的发展程度和民众的文化审美水平。

2. 商标的特征与功能

（1）商标的特征，如表6-2-1所示。

表6-2-1　商标的特征

商标的特征	具体描述
显著性	识别并区分不同的商品或服务
依附性	依附于商品或服务之上，不可分割
价值性	承载着商品或服务的质量、形象、信誉，拥有价值和附加值，可以评估或转让
竞争性	商品、服务质量和信誉的竞争工具
排他性	注册者拥有商标专用权，受法律保护，擅自使用者将负法律责任
可视性	由图形、图像、文字和其他视觉艺术形式所构成

（2）商标的功能，如表6-2-2所示。

表6-2-2　商标的功能

商标的功能	具体描述
标明商品来源	标明商品产地，是商标最本质、最基础的功能
表明商品质量	体现商品或服务的质量和信誉，加强消费者的监督
广告宣传	言简意赅、醒目突出、便于记忆、利于宣传
正当竞争	形式简明有力，竞争公平公开，有利于开拓市场，引导消费

6.2.2　商标文化

1. 商标文化概述

商标是文化的载体，它用文化来提高知名度和亲和力，在体现传统文化的同时也承载着企业文化。我国传统文化有着非常广泛而深远的影响，许多内容妇孺皆知，把这些文化精华应用于商标，会快速产生知名度，拉近商家与消费者的距离，使消费者更容易接受商品。

中国文化源远流长，尚义的价值观，重情的道德观，凝重的文化观，含蓄而规整的审美观，在商标的命名、创意、设计等方面都有明显体现。如鸟兽齐鸣，把祥兽、猛禽作为高贵、力量、美好的象征，体现在商标上如"凤凰""虎豹"等；花木移情，将花木用以传递悲欢离合、喜怒哀乐，并根据花木的特点赋予其不同的品格，体现在商标上如"红豆""莲花""牡丹"等；山水施德，历代人们都把山水等自然景物作为品德和精神的象征，体现在商标上如

"黄河""白云山"等；胜迹传说，我国民间神话传说中古迹众多，形成了多彩文化现象，体现在商标上如"铁塔""龙门""飞天"等；立象尽意，中国的书法、绘画、图案讲究意象，是我国美学的重要命题，通过联想产生形象，体现在商标上如中国联通的中国结图案等；以形写神，人们常赋予"形"以象征意义，如方形端庄正直，菱形生动锐敏，长方形平衡规整等，运用几何形表现商标特性，如"金星""双环"等；文简寓深，汉字极富表意功能，简单的汉字就能表达寓意深远的内涵，如"万家乐""加多宝"等。在我国商标中，文化承载量大、使用频次高的有龙文化、儒家文化、方圆文化和民俗文化等，这些文化现象构成了我国商标文化的独有特色。

2. 商标中的龙文化

中国是龙的故乡，中华民族是龙的传人，龙文化在我国根脉极深，有极强的生命力。中国龙来自图腾崇拜和祖先崇拜。龙文化与中国传统文化一脉相承，符合中华民族心理特征。龙代表吉祥、有通天、避邪等神性；龙是完美的艺术形象，驼头、鹿角、兔眼、牛耳、蛇颈、蛙肚、鲤鳞、鹰爪、虎掌，赋予人多样的审美需求。因此，龙就成了很多商标的首选目标，并借助龙的文化内涵，作为企业的思想理念。用文字或图形制作的龙形商标在我国数量众多。人们崇尚龙、热爱龙，采用各种方法使用与龙有关的商标名称，每年都会有许多新的龙商标出现。承载着全新文化理念和时代精神的龙形象，构成商标群中一道亮丽的风景线。

3. 商标中的儒家文化

两千多年来，儒家文化在我国传统文化中长期占主导地位。它的价值观念、道德准则以及审美意识，反映到商标文化领域中，表现在以下三个方面：

（1）以"仁"为中心的仁爱思想。"仁者爱人""泛爱众而亲仁""仁民而爱物"，这是儒家所倡导的仁爱理念，历史悠久而且厚重，是中华文化的重要组成部分。国药老字号"北有同仁堂，南有庆余堂"，都坚持儒家以仁为本的精神，有数百年的发展历史。同仁堂还在全国各地设立怀仁堂、乐仁堂、宏仁堂、达仁堂、树仁堂等，与社会各界共襄仁义之举，共为仁义之事，共倡仁义之行，崇尚以利社会的经营理念和服务宗旨。此外，如"汇仁""辅仁""仁和"等企业商标也坚持贯彻仁爱思想。

"亲亲，仁也"，仁也是一种亲情。某公司将"亲亲"作为注册商标，使商标具有亲和力，逐渐赢得消费者认可，成为驰名商标。乡情是放大的亲情。"远亲不如近邻"，在仁爱思想影响下，人们对乡情的感悟特别深，诸如"乡恋""乡亲""乡情"等商标屡见不鲜。中国人的感情十分丰富，感恩于别人的帮助或有共同的生活经历，都会产生一种感情，如"恩师""恩人""恩德""同学"等商标都具有此类情感色彩。

（2）以诚信为理念的道德原则。"诚""信"是儒家的基本概念。"诚"即以诚相待，"信"即恪守信义。"言必信，行必果"，许多企业将诚信准则融入企业文化和企业精神。青岛海信集团公司注册商标"海信"，就源于"海纳百川""诚信无限"两词，体现海信人胸襟广阔、海纳百川的决心意志和以诚为本、以信立业的发展理念。

（3）以中庸为主导的审美意识。中庸是儒家待人接物所采取的不偏不倚、调和折中的道德标准，这形成了我国美学领域里的对称、均衡、协调的观念。儒家的中庸思想和传统的审美意识，对我国商标创意与设计，产生了深远的影响，如中华汽车的"中"字形商标。

4. 商标中的方圆文化

方、圆图形都是商标中最常见的符号，多用来体现人的思想品德和实现美好愿望的理想境界。在中华传统文化中，正方形代表着端庄、正直。孔子说："直其正也，方其义也。"即把"正"视为直，把"方"视为义。所以正方形也是中华民族立人之道的一种象征符号。圆形在中华民族传统文化中代表着团圆、美满。圆形的表现力极强，在我国商标中多体现团结、进步、事业有成等非常丰富的思想理念，如太极集团的太极形状商标。

5. 商标中的民俗文化

民俗又称民间文化，是指一个民族或社会群体在长期的生产实践和社会生活中逐渐形成并世代相传、较为稳定的文化事项，包括生产劳动、节气礼仪、庙会赛事、民间艺术等。民俗的渗透力极强，能在很大程度上影响民众的思想观念和行为模式，是人们精神心理的直接表现之一。我国民俗文化多姿多彩，为商标提供了丰富的题材。民俗文化的本质就是崇尚和禁忌，前者反映人们的崇尚心理，后者表现避讳心理。

人们会采用多种多样的图文结合形式来"讨口彩"。吉与鸡谐音，商标图案采用"金鸡报晓""金鸡独立"的造型给人以奋发向上的美感；"喜梅"商标中喜鹊和梅花组成"喜上眉梢"的图案，以迎合人们趋吉求祥的心理；还有鸳鸯寓意相爱，"荷"同"和"，"鱼"同"余"，"蝙蝠"同"福"等。我国民俗祥瑞图案源远流长，广泛应用于社会生活的方方面面，为广大民众所喜闻乐见。民俗文化来自民间，作为民族文化遗产，它进入现代商标，很容易被接受。

在激烈的市场竞争中，商家借用民俗文化，创意制作了许多符合消费者心理需求的商标，如顺丰、圆通、万发、金利来、万事达、三得利、喜临门、多喜、乐福等，反映人们追求致富，期盼幸福美满生活的愿望。

6.2.3 商标品牌建设

1. 树立商标意识

商标意识是商标所有者对商标价值和作用的认识，体现为对所持商标的自我保护意识和使用商标时的守法意识。商标意识的强弱与经济发展水平成正比。商标意识的主要内容包括以下几方面，如表6-2-3所示：

商标意识是商品生产经营者所必须具备的企业经营意识。掌握商标价值规律，创造驰名商标，加强商标意识，保护商标权利，对于我国企业运用商标，开拓市场具有重要意义。

表6-2-3 商标意识的主要内容

名称	内容
商标注册意识	商标只有经过注册才享有专用权，受法律保护。我国的商标法律实行"自愿注册，申请在先"的原则
驰名商标意识	包含了更多的经营成果，更高的经济价值，是企业重要的无形资产
自我保护意识	商标注册取得专用权，被侵犯后运用法律手段获得保护
守法意识	不得在同一商品上或类似商品上使用与别人已注册的相同或相类似的商标，任何"假冒"或"仿冒"行为都是违法行为
商标运营意识	可在法律允许的范围内对商标进行转让，许可他人使用，或投资入股，或进行抵押
国际意识	商标具有地域性，国内商标出境后，可能会得不到外国法律的保护，应先对相关法律条文进行确认，必要时要在有关国家申请注册，以求法律保护

2. 实施商标品牌战略

为加强知识产权的保护和运用，激发全社会创新活力，推动构建新发展格局，国家明确提出，要"实施商标品牌战略，加强驰名商标保护，提升品牌国际影响力"。大力推进商标品牌建设，对于促进知识产权强国建设，实现经济高质量发展具有重要作用。

（1）推进商标品牌建设工程。通过建立健全商标品牌推进工作体系，能够完善产品质量监督体系，提升商标品牌质量；能够引导行业机构和科研院所，服务于商标品牌发展；能够推动新型农业、先进制造业、现代服务业等产业集群品牌的商标化。通过引导企业实施商标品牌战略，能够加强商标品牌资产管理，强化商标使用导向；能够培育具有市场竞争力、国际影响力的知名商标品牌，加强中国商标品牌的全球推广。

（2）推动商标品牌指导站建设。商标品牌指导站是加强商标品牌建设的重要载体，是推动企业打造知名品牌，丰富优质供给，优化产业结构，培育经济增长新动能的重要举措。它的主要作用有以下三点。

第一，通过服务企业，优化企业商标管理体系。帮助有需求的企业完善商标管理制度，规范企业商标品牌管理，有助于培育更多知名品牌。在商标注册、续展、运用、专用权保护等方面，为企业提供专业指导，引导企业对注册商标做到正确使用、有效保护。协助外向型企业运用国际商标注册开拓海外市场，打造更多适合国际市场需求、具有国际影响力的中国品牌。

第二，通过服务产业，赋能区域品牌经济发展。能够围绕地方经济和社会发展规划，加强产业集群商标品牌建设工作。通过加强地理标志商标品牌培育和地理标志产品的协同保护，助力乡村振兴。通过指导开展集体商标、证明商标的保护、运用、管理、推广工作，引导使用主体统一品牌标识、统一质量标准、统一授权许可、统一溯源机制，加强行业自律，切实维护区域品牌形象和声誉。

第三，通过服务基层，提升社会商标品牌意识。利用"中国品牌日""中国国际商标品牌节"等活动，开展商标品牌营销策划、宣传推广等工作，提升地方商标品牌知名度和影响力。通过组织开展商标品牌、知识产权、质量、标准化等法律法规和政策宣讲，宣传推广商标品牌，提升社会公众的商标品牌意识。通过组织实施商标品牌培训，有效连接线上线下专业资源，提升企业商标品牌建设能力。

6.3　商业广告

引言：

广告总在我们的生活中出现，人们生产、创造、交换、消费，停在哪里，哪里就会有广告的身影。其实广告的产生与发展和商业的发展与繁荣是相生相伴的。货通天下，商品怎能养在深闺人未识？无人知晓，即便酒香也怕巷子深。

它们种类繁多，乱花渐欲迷人眼；它们形式多样，万紫千红总是春；它们无处不在，润物无声只留名。精准定位，就莫愁前路无知己；广而告之，则天下谁人不识君。

清朝末年，我国开始使用"广告"一词来指代商业广告，到民国以后它被社会广泛接受。商业广告，是商家为了赢利，通过传播媒介所进行的有关商品、服务、市场、观念等方面的广告活动。商业广告自身的发展反映出所处时代的商品经济发展程度和文化审美水平。虽然"广告"一词的商业广告含义出现较晚，但中国商业广告的行为却有十分悠久的历史，浸润着中华文化独特的人文情怀，折射出中国商贸活动的发展规律。

6.3.1　商业广告的起源与发展

1. 商业广告起源

商业广告的出现，有两个基本前提，一是生产力水平提高，人类已创造出相对丰富的社会物质财富，这是商品广告出现的物质基础；二是社会分工的出现，促使行业形成、商品产生及商品交换的出现，这是商品广告出现的最直接的动因。由此可推断，中国古代商业广告产生于原始社会解体到奴隶社会形成的初期。

这一时期，中国古代商品交换活动日趋成熟。商品交换的数量、种类、区域和范围不断扩大。商品交换的形式变得更加简单，从最初的物物交换发展到使用一般等价物进行交换。相对固定的交换场所"市"出现。交换活动的频繁和交换形式的成熟促使了原始商业广告的出现——实物陈列广告和口头叫卖广告产生。如吕尚在被周文王赏识启用之前，曾隐居市井，操屠宰之业，在肉铺

微课

商业广告

里"鼓刀扬声"招徕顾客，这就是典型的口头叫卖广告形式。

春秋战国时期商家往往会悬挂与经营特征有关的物品作为实物广告，如卖牛肉的悬挂牛头，卖山货的悬挂山货野味等。当时的商业活动由官府管理，市场管理逐渐完善，挂旗开市，鸣锣闭市，这一市场形制一直延续到隋唐。春秋青铜铸造业发达，青铜器上出现铭文，还有一些建筑材料上也出现了工匠或产地的铭文，这既是早期的商标，也是一种标志广告的雏形。

| ❖见微知著❖ | 酒旗高悬 | 韩非子在《外储说右上》中曾描述过一个小故事：
"宋人有沽酒者，升概甚平，遇客甚谨，为酒甚美，县帜甚高。"
这里提到"县帜甚高"，就是将酒旗高悬，起到招徕顾客的标志广告的作用。 |

现代广告虽然形式多样，但追本溯源，多是从过去简单的表现形式演变而来，采用了新的表现手段和工具，增加了新的表现元素。

2. 古代商业广告

秦统一中国，使跨区域商贸往来成为可能。秦朝初期的一系列政策，也使商品经济的发展步入一个新时期。在规范的市场管理要求下出现了新的商业广告形式——悬牌广告。云梦秦简中的《金布律》记载，"有买及买（卖）殹（也），各婴其贾"，"婴"是悬挂之意，"贾"是价格之意，说明当时市场要求商家悬挂商品价格以告之顾客，即悬牌广告。

汉朝初期实行休养生息政策，商业恢复并快速发展，主要表现为城市的繁荣。西汉长安城比同时期的罗马城大数倍，人口众多，商品消费量巨大，贸易兴盛。长安市场按间距和方位统一规划分为"九市"。此外还有一些专业行市，例如，交易物品以书籍和乐器为主的槐市，市场中的交易者多为京城求学的太学生，交易"雍容揖让"，尽显书生儒雅，此间交易没有高声叫卖的喧哗，广告形式大多为陈列广告和展示广告。

此外，还出现了一些由市场管理直接派生出来的广告宣传形式，如旗亭和市鼓。旗亭是汉代市场内标志性建筑，是市官的官舍，以其上高悬旗帜得名。旗亭本就是市场的标志，旗帜又成为旗亭的广告。市鼓是市场的另一标志，多悬于市楼之上，开市或闭市时击鼓以告。市鼓是旗亭广告的组成部分，也是一种声响广告。汉代商品生产者在自己的产品上刻名号或打标记，以标明产品质量或显示商业信誉，是汉代重要的广告表现形式，其中以漆器上的标记最具代表性。

魏晋南北朝时期由于战乱，地区商业发展不平衡，南方更为兴盛，民间贸易成为经济发展的重要补充。魏孝文帝迁都洛阳后，洛阳日趋繁荣，城市的繁荣使以日常消费品和奢侈品为主的广告形态逐渐增多。

◆ 见微知著 ◆　古代商业广告

吹箫卖饧。汉代卖麦芽糖的小商贩往往以吹箫或吹管的方式来招徕顾客，是一种声响广告。

悬壶售药。汉代以后，药店悬壶为幌渐成风俗，成为行医的标记并延续至今，悬壶是一种幌子广告。

妇人当垆。垆是在酒店门前所垒用以温酒的土台子，是酒店的标志。当时商家让容貌姣好的女子在垆前招徕顾客，起到非常好的促销效果，其中最著名的一个典故可能当数"文君当垆"（图6-3-1）。

◆ 图6-3-1　"文君当垆"

隋唐时期，国家统一，商品经济快速发展，商品交换活跃，广告表现形式丰富多彩。这一时期标记广告大量出现，商品要镌刻工匠的名字或推销词，既保质量，也创名牌；口头广告日益丰富，诗人元稹在《估客乐》中写道："经营天下遍，却到长安城。城中东西市，闻客次第迎。迎客兼说客，多财为势倾。"寥寥数语，将商家以口头广告的形式劝说客人的经营形象生动描绘出来。随着夜市、草市及农村贸易的墟、集、亥、庙会等新形式的出现，以"市场"内广告为主体的广告表现也逐步突破"市坊"制度的限制，开始向更宽阔的领域和空间扩展。

宋朝是中国古代社会政治、经济、文化大变动时期，商业环境和广告环境也发生了较大变化。首先是"市坊"制度被打破，商业流通扩散到民间，商品交换的范围和领域进一步扩大；其次是早市、日市和夜市的出现，商品交易的时间也得以延长；再次是城市商业中心呈现出东进和南移的趋势，城市商业发展呈现出新的格局。在这种变化下，广告的环境变得更宽松，普通民众的联系更紧密，表现形态更加丰富多彩，彩楼、欢门广告出现，招牌、幌子、楹联、诗歌广告更加成熟。商家更注重宣传字号或名号，突出信誉或承诺。《清明上河图》中商铺林立，商家多以姓氏或经营产品作为店招，清晰可辨的就有"刘家上色沉檀栋香""杨家应症""王员外家"等店招。其中，"赵太丞家"招牌（图6-3-2）较为醒目，宽阔的大店铺两旁还竖立着"治酒所伤真方集香丸""太阳中医肠胃"等竖招牌，尽显店家的气派和经营特色。

此外，行业的标志也更加明显。北宋时饭店分为"正店"（大店）和"脚店"（小店）两种，在《清明上河图》上，能清晰地看到"正店"（图6-3-3）及"脚店"（图6-3-4）的招牌。

◆　图6-3-2　《清明上河图》　　　◆　图6-3-3　《清明上河图》　　　◆　图6-3-4　《清明上河图》中
　　中的"赵太丞家"招牌　　　　　中的"正店"　　　　　　　　　的"脚店"

彩楼和欢门广告（图6-3-5）是宋朝新出现的广告形式。彩楼主要是指店铺的门面装饰，欢门则主要指喜庆节日临时用彩色纸帛或树枝鲜花扎成的栅栏或特殊造型，均是店家为吸引或招徕顾客而设计的广告形态。除此之外，商家还喜欢设红绿杈子和悬挂栀子灯，或用鲜花或名人山水画来装饰店面。

宋朝的叫卖、吟唱广告颇具特色，各行各业均有独具行业特征的叫卖之声，吟叫百端，种类繁多。特别是小商小贩走街串巷，其叫卖声成为汴梁城内一景，也成为居民日常生活的组成部分。

图6-3-5　彩楼和欢门广告

　　宋朝的标记广告也有新发展，除商品标记外，出现了独立于产品和店铺之外的广告形式。现收藏于中国国家博物馆的济南刘家功夫针铺的铜板雕版印刷广告，就是典型的代表，是中国最早的商标广告，且采用了当时最先进的铜板印刷工艺。

　　元朝时商业环境发生重大变化和转折，商业广告传播区域重心北移，广告内容和形式相对成熟并呈现出浓郁的民俗特征。印刷广告出现套色技术，书坊广告和书籍广告流行，出现了在图书中征稿的印刷广告新形式。吟唱广告和声响广告中大量采用元曲的演唱风格，使叫卖更加的真实、生动。

　　明朝商业发展整体水平提高，商人地位提高，商业行会作用加大，商业广告得以进一步发展，表现形态也更加的成熟。明代的叫卖广告已成为民俗文化的重要组成部分，商贩的叫卖吟唱带有浓郁的民俗风情。诗歌广告频繁出现，印刷广告的竞争激烈，招牌广告更重视内容设计和文化内涵。值得注意的是，当时一些著名商铺把反映行业特点、经营特色和商家经营思想、经营道德的招牌悬挂在店铺或店堂正中相对于柜台的墙壁上，使顾客一踏进店铺大门便能明晓其经营风范。招牌制作考究，选材上乘，黑漆金字，多为四字，意旨特色，用字讲究，寓意深刻。

　　这种广告形式可视为企业经营理念的始端，其悬挂的位置也为现代许多企业所借鉴，是明代店铺招牌广告中具有独特文化内涵的表现形式之一，史书称之为"青龙牌"。如绸布店多写"七襄曜彩"，酒楼茶肆则多用"太白遗风"，药店是"杏林春色"，杂货店是"山海珍奇"，鞋店是"圯桥进履"，帽子店是"冠冕堂皇"，钱庄银号则用"钱谷流通"等，行业特征被商家巧妙地糅合在词句里，通俗易懂，拉近了商家和顾客的距离。

清朝城市商业发展进入繁荣期，内地与边疆贸易畅通，集镇商业发展迅速，商品交换与流通平台宽阔，商业行会组织发展迅速，这些都为商业广告的发展提供了土壤。实力雄厚的大店铺比比皆是，店铺装饰金碧辉煌，冲天招牌高"三丈余"。这种冲天招牌较之普通招幌，更引人注目，加之可以用较多的字来宣传商家的主张，在清朝成为一种流行广告形态。此外，还新出现了"水牌"。水牌是商家在经营过程中根据经营特点而创作的一种可反复使用的招牌广告。由于酒肆、茶楼等经营场所每日都向顾客推荐或展示其经营的品种和价格，于是这种每日可用水擦洗的招牌便渐渐流行开来。饭店水牌（图6-3-6）多为木质，用白漆或黑漆涂底，饰以朱栏，用黑色或金色可擦洗材料撰写字词。其流行开来后不仅适用于酒肆茶楼的食品、饮品名称、价格，而且也延伸到戏院的节目预告上，以至于普及到社会生活的各个领域。

◆ 图6-3-6 饭店水牌

中国古代商业广告的出现，与当时人们的生活需要、商业发展水平和信息传播方式密切相关。当时广告市场的发育还不成熟，广告的发布者、商品生产者和经营者大多是一体的，广告业还没有形成独立的行业。

3. 近代商业广告

鸦片战争之后，中国社会沦为半殖民地半封建社会，由于帝国主义的军事和经济侵略，中国自给自足的自然经济遭到破坏。随着外国商品进入中国，西方现代文化也进入中国，新的商业广告形式不断出现，有报纸广告、杂志广告、图片广告、路牌广告、电影广告、戏剧舞台广告、车厢广告、流动广告等多样形式，如北京大栅栏的正月花灯广告誉满京城，八大祥之首的瑞蚨祥绸布店为促销首创礼券，大华百货在橱窗首次陈列人体模特等。

1912年以后，中国社会经济发生了重大变化，民族资产阶级争相发展实业，广告行业也相应制定了行业规范和准则。外商在中国开办广告公司，大型户外广告开始出现。《申报》开设广告专栏，报纸广告很受工商界欢迎。在年画基础上产生了月份牌广告画，是绘画、广告和年历相结合的商业化产物。民国初年，北京流传有由良好的商业信誉和民间口碑形成的口头广告，如"鞋买内联升，帽买马聚源"等。其背后是商家的货真价实和周到服务，还有利及天下的商道精神。

这一时期，报刊广告发展较快，宣传新思想和反帝、反封建的爱国广告成为主流，如"长城牌""大爱国牌""彩塔牌"等。天津爱国青年抑制日货，编唱《国货歌》："国货好！国货好！人人全用本国货，工厂多，闲人少！救中国，用国货。"五四运动期间商人罢市，许多商店门口都贴有"不除国贼不开门"的纸条，全国人民同仇敌忾。

此期间商业广告有所发展，广告服务增加了为顾客绘制、设计的内容。大型玻璃橱窗广告非常流行，连环画广告、电台商业广告、电话广告、默片广告、霓虹灯广告、路牌广告出现并盛行，空中广告、商品推广会、时装表演会等新广告形式也层出不穷。

中国近代商业广告新的发展，与时代的巨大转变密切相关，自然经济的迅速瓦解与市场经济的快速发展、国外商业资本的入侵，都促使广告业迅速转型、发展、完善，并独立成长为一个特定的行业。

4. 现代商业广告

中华人民共和国成立之后，国民经济开始恢复发展，但广告业的发展却很曲折。为服务于经济建设、方便人民群众，不少报纸、广播电台等媒体都开始刊播商业广告，但受制于当时我国对广告的认识观念偏差，商业广告业发展缓慢。直到党的十一届三中全会后，我国当代广告事业才进入新的历史发展时期。

当代广告业的恢复和发展始于1979年，中共中央宣传部在这一年发布《关于报刊、广播、电视台刊播外国商品广告的通知》，各类广告纷纷出现在大众视野中。这一时期企业广告意识逐步提高，工商企业开始有计划、科学地进行产品宣传，广告业初具规模，广告公司大量涌现，广告从业人员不断增加。中国广告业逐渐与国际接轨，广告的服务对象也随之明晰，广告业的管理与行业法规随之不断完善。1993年《关于加快广告业发展的规划纲要》出台，明确了广告业是知识密集、技术密集、人才密集的高新技术产业，广告业自此开始了跨越式的发展。

随着我国经济的稳定发展，以及移动通信、互联网、数字媒体等新业态媒体技术的飞速发展，广告业进入了加速转型、蓬勃创新的发展新阶段。尤其是伴随大数据技术、人工智能技术、云计算技术等互联网技术的广泛使用，广告的投放更加精准化、差异化，广告运营也更加精细化、个性化，更注重消费者的体验感和接受度。对商品生产企业品牌形象的塑造和品牌情感的建立成为现代广告的主要策划点。全媒体时代的到来则为广告的投放带来了更多可能性，从线上到线下、从纸媒到数字媒体，新技术催生新业态，新形势也必然产生新型广告。

6.3.2　商业广告的类别

1. 根据传播媒介分类

（1）实体广告。实体广告主要包括实物广告、橱窗广告、赠品广告等。

① 实物广告。早期的广告基本上都是实物广告，即把所售卖的货物陈列或悬挂于大道边或店门前。在唐代之前坊市制度没有被打破时实物广告应用广泛，尤其适用于前铺后坊者。如牛肉铺前挂牛头，粮店门口挂玉米、高粱、稻穗，炊具店前挂勺子、笊篱，饭店门前摆放馒头、熟肉，酒店门前挂瓶瓢、秫秸[①]等。这些陈列的货物样品已经不仅是商品本身，还是以其实物为媒体的广告。其目的是把商品信息传递给顾客，给人以直观的感觉，引起人们的购物欲望。

② 橱窗广告。橱窗广告是利用商店或门面的临街窗体来宣传商品的一种广告形式，起源于近代，属于户外广告的一种。橱窗广告的流行与近代玻璃窗的广泛使用有关。橱窗广告通过道具、灯光、色彩、图文等形式将店内商品展示出来，既科学地利用了空间，又富于变化，适应性极强，所以时至今日依然是主要的广告陈列形式。

③ 赠品广告。赠品广告是指以赠品的形式无偿赠送给顾客一定数量的商品小样或与商品相关的物品，以此起到宣传促销作用的广告形式。由于赠品本身多为有使用价值和欣赏价值的物品，所以具有较强的吸引力和长期的广告效果。传统赠品广告一般是商品的样品或者只体现商品的商标，承载的信息量有限。现在的商家把赠品与会员制、二维码相结合，以增加商品信息量。

（2）印刷类广告。印刷类广告的出现同印刷技术的进步直接相关，包括印

---

① 秫（shú）秸（jiē），指去掉穗的高粱秆。

刷品广告和印刷绘制广告。印刷品广告主要有书坊与书籍广告、广告画、木版年画广告、插画广告、报纸广告、杂志广告、招贴广告、传单广告等。印刷绘制广告有墙壁广告、路牌广告、包装广告、挂历广告等。

我国古代的印刷类广告是伴随着雕版印刷技术而出现的广告形态，隋、唐时期雕版印刷技术已经成熟，宋、元、明、清时期印刷广告较为流行。由于印刷广告脱离了店铺的限制，能够在更加宽泛的领域传播信息，且多以文化产品为传播载体，因此，这是一种较为典型的广告表现形态。

我国是印刷术的故乡，早在隋朝时就出现了雕版印刷技术。印刷技术随着文化的发展也在不断改进。北宋出现了铜板雕刻印刷技术，典型代表是北宋时期的"济南刘家功夫针铺"的印刷广告，这是世界上最早的铜板印刷广告。

雕版印刷术促进文化快速传播。书坊广告和书籍广告的出现打破了古代商品广告大多依附行商坐贾的伴随性定式，催生了新型的广告形态——广告画和产品包装纸。广告画内容丰富，一类是书籍插图，另一类是单张印刷的广告画，相当于今天的招贴画，其中既有商品广告也有反映文化内容的广告画，著名的木版年画多属于后者，如朱仙镇木版年画云记老店广告（图6-3-7）。

❖ 图6-3-7 云记老店广告

清代的木版年画颇为流行，大江南北都有大大小小的年画铺。年画多以民间故事人物、戏曲人物为题材，还有福、禄、寿、喜等字画。这些年画色彩艳丽，生动逼真，深得群众喜爱。商业广告借助年画形式深入民间，广泛张贴，起到了很好的商品宣传作用。如苏州桃花坞的"四时名点"包装画中，绘有《失街亭》的戏文和插图，十分精致典雅。这种既是包装，又是广告的形式，收到了一举两得的效果。

产品包装纸一开始并没有文字或画面。印刷技术的进步促使产品包装纸广告的出现。说明随着社会发展和文明进步，人们的消费需求开始注意产品形状或质地的外在表现，包装纸在产品形象塑造和质地衬托上能给人以更直观的印象，也反映出商品生产者开始自觉运用印刷技术来为产品宣传服务的发展趋势。

（3）电子类广告。电子广告是利用电子媒体来传达广告信息，主要有广播广告、电视广告、电影广告、计算机多媒体广告、电子显示屏幕广告、霓虹灯广告等。

1922年，美国商人在上海开设了中国境内第一个广播电台，为推销美国商品，在广播节目中插播广告，这是中国最早的广播广告，标志着中国现代广告进入新的历史阶段。

1923年，某公司在上海安南路开办动画片绘制所，专为该公司制作动画片广告，当时仿制的动画是《武松打虎》，这是无声电影广告。

1926年，上海南京东路伊文思图书公司的橱窗内首次出现了霓虹灯广告，是为"皇家牌"打字机做的英文广告吊灯。

（4）全媒体广告。互联网时代的到来促使广告的发展进入全媒体时代。所谓全媒体广告，是指覆盖线上线下各种主流媒体的综合形态广告。在物联网、人工智能、数据分析、云计算等新技术的推动下，万物皆媒的时代到来，图文、视频、游戏、电影、AR、VR等，给消费者带来全新的不同体验，广告的呈现也更为立体。互联网的发明是继文字、印刷术、电信技术之后的又一次传播领域革命，各种有形介质的数字化，实现了全媒体的融合。而全程媒体、全息媒体、全员媒体、全效媒体的"四全"媒体概念的提出，更是拓展人们对全媒体的认知。具体到广告的发展，全媒体意味着未来的广告将无处不在、无所不及、无人不用，广告的传播方式将会发生深刻变化。有人说，未来广告会突破时空限制，实现零时差推送；会突破物理限制，不断出现新的信息载体；会突破主体限制，从"一对多"变为"多对多"，大大增强互动性；会突破功能限制，会和其他信息、服务融为一体，催生新业态。

2. 根据表现形式分类

（1）图文广告。图文广告指以文字或图形来表现广告内容的形式，我国古代的图文广告主要包括幌子广告、诗歌广告、楹联广告和招牌广告。

① 幌子广告。幌子广告分为形象幌、标志幌和文字幌三种。幌子广告具有鲜明的行业特征，是中国古代民俗文化的载体，其发展与行商坐贾分化有关。行商走村串寨进行交易，使用的多为口头广告和现场演示广告。坐贾在固定场所或店铺经营，为招徕顾客，商人把商品实物悬挂在店铺上吸引买主，后来演变和发展成幌子广告。

形象幌是指以悬挂所售商品、实物或模型、图画为标志的广告形式。在幌子广告中占比较大，表现题材十分丰富，起到引人注意、诱发好奇的作用。有

❖ 图6-3-8　古代酒楼的酒旗和灯笼

❖ 图6-3-9　《清明上河图》中的"新酒"文字幌

些形象幌因大出实物数倍而十分醒目。有些商品不适合作为实体广告悬挂在店外，店铺便巧借与经营有关的物品，使用形象幌来宣传。这些幌子后来约定俗成地成为该商品或服务的标志，起到行标作用。

标志幌主要是旗幌，以酒旗为多；另一种主要形式是灯笼，古时多悬挂在酒店和客店门前（图6-3-8）。

文字幌上多写有单字或双字，形状各异，文字内容多与经营内容有关，如"酒""茶""米""酱""当"等，挑挂在门前十分醒目，如《清明上河图》中的"新酒"文字幌（图6-3-9）。

② 诗歌广告。诗歌广告是较为成熟的古代广告形式，立意清新、格调高雅、语言简练、描述细腻，深受民众喜爱。唐朝杜牧有诗云：

千里莺啼绿映红，水村山郭酒旗风。

南朝四百八十寺，多少楼台烟雨中。

此情此景令人陶醉，自此"酒旗风"的说法不胫而走，流传至今。

真正用诗歌这种艺术形式自觉为商品宣传服务的，首推苏东坡。传说苏东坡贬居海南时，遇一卖馓子的老妇为生意不好而发愁。苏东坡同情老妇并挥笔作了一首广告诗：

纤手搓来玉色匀，碧油煎出嫩黄深。

夜来春睡知轻重，压匾佳人缠臂金。

此诗一出，老妇的生意顾客盈门。

中国诗歌广告以独特的艺术形式来表现广告，诠释了"似商非商总是商"的宣传模式，极具浪漫色彩，令人回味无穷。

③ 楹联广告。楹联广告多分布在店铺、酒楼、茶肆，结合经营内容，反映行业特征，具有鲜明的民族特色和广泛的群众基础，而且言简意赅，朗朗上口，易读易记，被商家广泛运用。一般认为，招牌广告主要书写店名或字号，相当于店标。幌子广告主要表现商品种类、特色或抽象特征，相当于行标。而楹联广告使用招牌广告的表现形式，反映着商家经营特色，兼顾了招牌广告和幌子广告的优点。楹联广告在五代十国时期便已出现，在明朝得到提倡，到清朝则

流行于民间市井。

在长期发展和积累的过程中，楹联广告经过精心加工和提炼，具有了鲜明的行业特征。如颜料店的楹联广告有"青黄赤黑白，紫绿朱蓝橙"；酱菜店的有"金鼎酸咸皆宜口，玉缸滋味好充肠"；酒楼的有"酿成春夏秋冬酒，醉倒东西南北人"；旅店的有"未晚先投宿，鸡鸣早看天"；饭店的有"佳肴美酒千人醉，饭暖茶香万客尝"。格调高雅、立意清新的楹联广告因其文学艺术魅力，在中国广为流传。例如，"货真价实，童叟无欺""公平交易，保管来回"这两则楹联广告浓缩了中国数千年的"诚信"经商思想，具有典型的积极意义。

此外，反映商家美好祝愿的楹联广告也为数不少。如米店的楹联广告有"谷乃国之宝，民以食为天"；油铺的有"欲把名声充宇内，先将膏泽布人间"；药铺的有"但愿世间人无病，何忧架上药生尘"。这些广告立意深远，博人好感。有的楹联广告则反映了商家自身的希望，如杂货店的有"生意兴隆通四海，财源茂盛达三江"；车马行的有"行车千里路，人马保平安"。

④ 招牌广告。招牌广告在中国古代社会发展较为成熟，对现代社会影响深远。时至今日，无论城市还是乡村，凡商店企业，均有招牌，其表现形式和所蕴含的文化更加丰富多彩。古代招牌广告分两类。一类是刻有文字的产品标记，这些文字标记具有标识和招牌的作用，在现代则演变成商标和品牌。古代商人为了提高商品的知名度和识别度，多以工匠的名字或与商品有关的人物传说、历史典故来命名商品。东汉时期，市场上比较著名的有"张芝笔""左伯纸""韦诞墨"等名牌。另一类是店铺广告，即传统意义上的招牌广告，又分横牌（门匾），如北京同仁堂门匾（图6-3-10）和竖牌，如《南都繁华图》上的竖牌（图6-3-11）。

图6-3-10 北京同仁堂门匾

图6-3-11 《南都繁华图》上的竖牌

（2）声响广告。声响广告指利用语言艺术和技巧来影响社会公众的广告形式，主要包括叫卖广告、吟唱广告、音响广告等。

① 叫卖广告一类是为了引人注意，通过叫卖声把行人或顾客吸引过来。时至今日还能听到商贩们高喊"瞧一瞧，看一看啦""走过路过不要错过"等，都属于这类。叫卖广告也注重宣传商品的功能和特点，以达到促销目的。另一类则是利用叫卖声来彰显行业特色的，如走街串巷的吆喝声等。吆喝起源较早，并衍化出一定节奏和韵律，内容丰富，表现多样，发展到明清时期，吆喝不仅押韵上口，还带有浓厚的民俗风情。

② 吟唱广告是叫卖广告与民间说唱艺术相结合的产物。吟唱广告节奏明快、婉转动听，韵律稳定，有明显的行业标识特征。宋朝韵语说唱艺术盛行，遍布酒肆茶楼，民众喜闻乐见，于是一些聪明的商贩便借鉴韵语说唱艺术进行口头叫卖。由于其效果要好于一般吆喝，人们纷纷效仿，渐成风气。其中影响较大、流传较广的有北方的货郎调、江浙的卖梨膏糖调和京津的卖估衣调等。

③ 音响广告是利用工具发出的音响来代替口头叫卖。音响广告形式丰富，种类繁多，有明显的行业特点。从使用音响工具的类型看，主要有吹奏和击打发声等。吹奏主要有喇叭、笛子、唢呐、箫、哨等。击打发声则以小锣为主，还有鼓、铃、梆子、板、盏等。货郎走街串巷，卖副食及日杂用品时一般使用小锣，称为糖锣或"镗儿"。卖日用品如针、线、零碎物件的货郎则多用鼓，也称货郎鼓。清朝卖食品者多敲打梆子，如卖烧饼、油条、窝窝头、粥、糕、油、盐、酱、醋、咸菜等。剃头理发的用镊叉，也称唤头，形状似一柄大镊子，上下两片，一端有柄，以铁棍从另一端划出即合振而发出颤声。这些丰富多彩的音响广告和传统的吆喝、吟唱广告相结合，形成古代商业社会独具特色的广告景观，也成为中国民俗文化发展、延续的载体。

6.3.3　商业广告的作用

1. 提升企业知名度

消费者通过各式商业广告认识和了解商品的商标、性能、用途、使用和保养方法、购买地点、购买方式、价格和售后保障等内容，广告在此起到了传递信息、沟通产销的作用，同时提升了商品生产企业的知名度。广告在传递商品信息方面，是最迅速、最有效的手段之一。

2. 提高商品销量

好的广告能诱导消费者产生兴趣，引发消费行为，从而提高商品的销量。不论是促销型广告的立竿见影，还是功能型广告的突出优势，或是品牌形象广告的积累信誉，最终目的都是吸引消费者购买商品。

3. 促进企业竞争

广告是企业的重要竞争策略。从通过新商品打开销路到使用老商品巩固市场，企业间的竞争无处不在。在市场竞争激烈、商品迭代速度加快的情况下，通过广告使消费者对商品产生吸引力和关注力，有利于企业的市场竞争。

4. 宣传企业文化

企业文化是企业的灵魂，其核心是企业精神和价值观。优秀的企业文化，对消费者会产生很大的吸引力。商品是企业文化的载体之一，商业广告可以通过对商品的介绍，用图文并茂的形式充分展现和宣传企业文化，树立企业的信誉和口碑。

传承·创新·创业
新市场 新广告 新业态

"绿水青山，浓浓'橙'意""香甜冰糖橙，一口透心窝"，这是湖南怀化长寿之乡麻阳冰糖橙的广告语，自从得到中央广播电视总台的热情推介和全媒体广告宣传之后，迅速打开了市场和销路，成了当地人民的脱贫果、致富果、小康果。"色金味醇，清香回甘"的江西修水金丝皇菊也依托央视的优质广告资源和强大的传播力、影响力，迅速建立了良好的品牌形象，电商和网购平台下单量也迅速翻番。

同样，"食百草、饮山泉，肉嫩无膻、厚味醇香"的甘肃东乡贡羊、"丝路游牧遗风，温带自然馈赠，万顷牧草资源"的张掖牛奶、"原生态、自天然，食药同源、呵护健康"的云南昭通彝良天麻、"一心一'薏'、软糯甘稠，生态福建、山海臻品"的浦城薏米、"依古法、取初榨、得上品，一滴精粹、唇齿留香"的河南信阳山茶油等一系列品高质优却因地理局限、经济欠缺、包装陈旧、宣传滞后或销路老套等问题而"养在深闺人未识"的商品一炮走红，从此"天下谁人不识君"。

"好风凭借力，送我上青云"，借助央视这股强势广告助推之力，各地区也迅速把握时机，将本区域的优质品牌和特色产品重新整合，进行打包宣传，形成"品牌群"合力，打造"强吸力"效应，以期构建"一地多采"或"一站购齐"的集群化新业态营销模式，并最终形成以单个品牌带动集群品牌，以产品优势助力精准扶贫、促进乡村振兴、带动区域发展的最大价值。例如，通过贵州的"多彩贵州·精品黔货"和安徽的"精品安徽·皖美智造"系列品牌广告形成的"云上购""线上助""团里买""数据推"等新型消费模式就深受广大消费者欢迎，尤其是在新冠肺炎疫情防控期间，虽然人员流动受限，但消费热情不减，"足不出户、买遍全国"的消费模式为促进社会生产、提振民众信心起到了不容小觑的作用。

这些新广告模式的出现，与新时代的历史条件直接相关，从国家提出构建"以国内大循环为主体、国内国际双循环相互促进"的新发展格局，到如今"建设全国统一大市场"的具体要求，立足内需谋发展的基调已然呈现。当前创业者应敏锐地把握这一态势，立足国内、选好产品、打造品牌、把握时机，进行有情怀的广告宣传，讲好品牌故事，将个人创业、品牌塑造和国家使命相结合，更快更好地实现多方共赢。

思考题

1. 古代商品包装的功能从何时起开始出现质的提升？为什么？对今天的包装设计有哪些启示？

2. 商标文化一般都体现在哪些方面？

3. 商业广告的功能还有哪些领域有待开拓？

专题测试

专题六
————
交互式测验

专题七

商战

学习目标

知识目标：

了解我国商战思想的演变历程和我国著名的商战实例，掌握重要的商战思想。

能力目标：

能够正确认识商战对国家富强、民族振兴的重要作用，客观认识不同时代背景下商战的必要性和重要性。

素质目标：

具备对我国商战思想的深刻认知，认识到我国商界人士对国家进步、民族独立所做的深入思索和卓越努力，培养深厚的爱国情感和民族自豪感。

本章导读:

　　商战不是普通的商业经营与商业竞争，而是中国人以商业为武器，所发起的一种抵御外侮、强国富民，推动经济发展，实现民族振兴的形式。

　　商战自古有之，但商战思想是在我国商贸文化长期的发展过程中孕育的，真正成熟则在清末。著名实业家、启蒙思想家郑观应在其《盛世危言》一书中对商战思想进行了详细的论述。商战思想对我国的商业发展、商业地位、商业作用具有重要指导作用。

　　在不同的时期，我国的商战表现形式也不同，在清末主要表现为商业界人士面对外民族的经济侵略，顽强抵御；在北洋军阀统治时期，面对国家动荡、内忧外患的境况，商业界人士则力挽狂澜，一方面要团结起来抵御外来资本入侵，发展民族工商业，另一方面还要与腐败的军阀政府斗智斗勇；在抗日战争时期，商业界人士投身于抗战的洪流中，他们不怕牺牲，保卫祖国；在改革开放之后，我国商业界人士又在党和政府的领导下，担负起了促进国家经济发展与稳定的重任。

7.1 商战思想

引言:

　　清朝末年，面对鸦片战争后西方列强的入侵，我国一批批的仁人志士不断地进行总结思考，希望能找到富国强民的道路。林则徐、魏源等人开始睁眼看世界，提出"师夷长技以制夷"的设想，主动向西方学习，打破了闭关锁国的壁垒。曾国藩、李鸿章等人实施洋务运动，开工厂，修铁路，创办北洋舰队，希望从物质层面解决国家落后挨打的问题。康有为、梁启超等人随后又进行维新变法，实践了君主立宪的改良道路；孙中山、黄兴等人通过辛亥革命推翻了两千多年的封建帝制。

　　以郑观应为代表的中国商业界人士，在近代中国危急存亡之际，创造性地提出了"商战富国、商战强国、商战拒寇"的设想，并将其付诸实践。

　　商战与普通的商业经营和商业竞争活动不同。在我国近现代，西方列强入侵，国家局势动荡，商战是人们以商业为武器所发起的一种抵御外侮、强国富民的斗争形式。在当代经济全球化的大背景下，它又为我国经济发展与稳定起到重要作用。商战以商人为主体，以强国富民、民族振兴为目标，以商业经营为手段，以浓郁的爱国情怀为动力。

7.1.1 商战思想的演变历程

　　我国的商战思想始于清末，是当时的商界人士在西方列强侵入中国的大背景下，提出的一系列强国富民、抵御外寇、发展商品经济的思想观念。商战思想有一个转变、形成、成熟的演变过程。

1. 由抑商到重商的转变

　　从历史发展的进程来看，我国各个朝代基本上都将"重农抑商"思想作为国家的重要经济政策和治理国家的基本理念。这种思想和我国封建社会的生产力水平低下相适应，与"男耕女织"的社会结构相吻合。

随着时代的发展，尤其到了19世纪第一次鸦片战争爆发后，列强的入侵、清政府的没落，使我国的商业环境和商业条件都发生了巨大的变化，重农抑商的思想和与之配合的政策越来越成为社会发展的阻碍。这使得一部分中国人开始"睁眼看世界"，了解西方的商业文明，对我国商业的重新定位进行了思考。

魏源就是这一时期主要的代表人物。魏源认为，不论是在漕运改革和盐务治理的具体事务中，还是在"师夷长技以制夷"的实践中，都要重视商业资本的发展。他把商业提到了关乎国家利益的高度，并举海运为例，认为海外贸易对国家来说有三大好处：一是符合国家发展的根本国策，二是可以改善民生，三是可以发展沿海的商业。这是对"重农抑商"传统观念的一种冲击。魏源的观念，为打破抑商的藩篱奠定了思想基础。

深思启慧	商重于农	魏源从当时的现实出发，对"重农抑商"的观念发出质疑：从中国传统来看，人们长期认为农"本"比商"末"更为重要，民众的"食"应比市场上流通的"货"更重要。可是从鸦片战争后的形势来说这种传统的观点应该反过来，即商应该重于农，商品的流通要比民众的"食"更重要。魏源的这种观点现在还适用吗？为什么？

2. 商战思想的初步形成期

19世纪60—80年代，西方列强进一步加剧了对中国市场的掠夺，外国商品的输入量成倍增加。为改变这种局面，维护统治，当时的洋务派官员开始求富，认为"言强必先富""欲强必致富"，国富是国强的前提，要求致力发展中国的民族工商业。他们从求"富"出发，认识到重视商业是西方列强势力强大的原因之一，开始在魏源思想基础上进一步思考，形成了初步的商战思想。

这一时期的代表人物有杨晨、奕澴、刘铭传、张之洞、李鸿章等。例如，时任山东地区的监察御史杨晨认为国家要富强，就必须先振兴商务。总理海军事务的大臣奕澴称不开展商务，国家就不会有财富收入。刘铭传认为国家要自强，就必须让国家富足起来，要使国家富足，就必须发展商业，只有商业发展，才能有能力与西方列强展开商战，从容地抵御他们经济方面的侵略。

在此认识下，他们提倡兴办洋务，开发矿藏，重视商业在整个社会中的重要作用，希望通过分洋商之利，来振兴民族的工商业，使国家富强，抵制西方列强的侵略。这些认识初步构成了我国商战思想的一些基本内容。

3. 商战思想的成熟期

19世纪末，伴随着中国民族资本主义的兴起，近现代化的商业在中国出现并逐渐发展起来。早期的资产阶级改良派呼吁包括商业在内的全面改革，在经济上则要求建立我国的独立民族商业，反对西方列强的经济侵略。商业界人士开始全面思考如何提高商业的地位，发展民族商业，采取合适的商业形式与西方列强进行商战，这些思考标志着我国商战思想的成熟。他们的代表人物主要有郑观应、王韬、薛福成、陈炽、马建忠等。

首先，这些进步的商业界人士肯定了商业发展对国家的重要作用。他们认为朝廷应广开言路，使"言利之门"大开，使"理财之说"盛行。他们结合当时西方国家的商业情况，批评当时的清政府对商业不引导管理的消极政策，认为正是政府对商业的不作为，才使国家和民众不能从商业当中获利，力劝政府要对商业加强引领，做商业的"调剂翼助"，使商业有组织地发展起来。

其次，他们旗帜鲜明地提出，要发展我国民族商业，反对列强的资本主义经济侵略，要与外国在商业领域进行商战。他们指出，西方列强的侵略主要有两个途径：一是武力征服，二是经济侵略。前者是大家都能看到的，而后者是隐性的，不为我国国民所注意，所以危害性也就更大。针对这种情况，我们必须对列强发动商战，在商业"战场"上维护民众的利益，使国家的财富不外流。针对当时清政府只从发展器物层面去战胜外国列强的片面观点和错误做法，呼吁政府要从制度层面进行改革，转变观念，以商战的形式向外国的经济侵略反击。

总之，从"重农抑商"到"商足以富国"，再到"与外争利"、对西方资本的侵入进行商战，在一步步的演进中，商战思想逐渐地形成并成熟起来。

7.1.2　郑观应的商战思想

商战思想家中以郑观应（1842—1921年）最具代表性。他曾为宝顺洋行、太古洋行的买办，先后做过生祥茶栈的通事、太古轮船公司的总理。他得到洋

微课
郑观应的商战思想——富民强国辟新径

◆ 图7-1-1 《盛世危言》

务派领袖李鸿章的赏识，以商股代表的身份在上海机器织布局、上海电报局、轮船招商局、开平矿务局、湖北汉阳铁厂、商办粤汉铁路公司担任总办、帮办等职务，同时又自营企业。

在长期的商业实践中，他认为要改变鸦片战争后国家受经济侵略的状态，就要与西方列强"决胜于商战"。为此，他提出了进行商战取得胜利的一系列切实可行的商战思想。这些思想主要体现在其所著的《盛世危言》（图7-1-1）中，主要内容有：

1. 论述了在鸦片战争后采取商战的必要性

鸦片战争后，中国的对外贸易状况不断恶化，长期处在贸易进口量大于出口量的逆差下，这种巨大的贸易逆差给中国带来极大的危害。郑观应发觉西方商品倾销还有棉布棉纱、大量生活用品等。面对西方商品的倾销，他认为仅仅凭借出口传统的丝、茶等商品，不能轻易扭转形势。况且日本、印度等国的丝、茶出口业又冲击着中国丝、茶的国际市场。在这些分析认识的基础上，郑观应指出，如果不改变我国商业的状况，与外人通商，吃亏之处比割地赔款还要厉害，因此要改变贸易颓势，加强商业战争的学习。实行商战，可以在市场的竞争中无形地增加国力，起到制敌的目的。

郑观应认为商战是国家振兴富强的必然选择。在郑观应看来，商业是国家的根本所在，通商会使国家运作更顺畅，商业可以使国家富强，是国家的第一要务。

商战不仅仅是口号，还必须付诸行动。他提出在诸多领域内与西方列强进行商战。如进行丝、茶、日用品、零星货物的交易战，实行煤、铁、铜等矿产资源战，展开货币战等。商战的内容涉及国民经济的众多商业、生产领域。

知识视窗

《赛会》

郑观应对商业的发展有很多的思考，例如他曾提出了举办世博会，是中国主张办世博会的第一人。《盛世危言》中的《赛会》一篇集中反映了郑观应对世博会的理解，并大胆提出了在上海举办世博会的主张：认为中国要让人民生活富裕，一定要发展商业，发展商业就要举办世博会，从当时的情况看，上海最有条件举办世博会。

2. 商工结合是商战取胜的关键

郑观应注意到，在中外通商中，中国以前以出售传统的未加工的原料产品为主，而西方国家能用技术加工原料，再转卖于中国获取利润。因此中国必须实行生产与贸易的结合，商工结合是商战获胜的有效途径。

要在商战中取胜，他认为必须打造出质量过硬，可以和西方列强争夺市场的产品，提高我国商业的核心竞争力。工艺精巧是商品质量的关键，可以提高商品的品质。如何提高工艺？郑观应主张采用机器制造。他列举在丝织、纺纱等行业，由于西方用机器生产，其产品的质量远比中国用手工生产出的货物要精致。所以中国要想增加货物出口，行销欧美，必须采用新机器。他深感我国在与外国商贸的过程中，饱受盘剥，受制于人，因而提倡自制机器，发展中国自己的机器制造业，从客观上摆脱对外国的依赖。

他还进一步提出要掌握先进的生产技术。郑观应是较早意识到发展技术重要性的先知先觉者。在商工结合中，他反对不加分析地简单效仿西方，而应立足中国实际状况，根据中国的国情去学习。这种学习必须是有创造性的，不脱离中国生产实践的学习。

3. 提出"护商"，促进商业发展的主张

开展商战，政府就要对商业采取有效的保护措施，使商业得到发展壮大。郑观应呼吁政府采取各种措施保护工商业的发展。

首先，设商部。在传统六部之外增设商部，统领商务，协调各部门生产经营关系，有效组织各行业商务活动。由众人推举有才能、有实践经验的人任商部局董，履行统一管理的职能。郑观应本人就担任过局董，深切地知道这一职位设置的重要性。

其次，立商法。郑观应认为要想有力促进商业发展，就应该修改不利于商业发展的规章制度。他注意到外商因为有不平等条约的保护，享受许多中国商人没有的特权，往往在竞争中占上风。郑观应提出要重新立法，对中外的商人统一征税，建立一个公平贸易的商业环境。

最后，予商权。为了增强商战的实力，他还要求减轻商人的各种苛捐杂税，给予商人从商、贸易、投资的权利。政府对商业不要管得过宽、过死，要给予商人充分的尊重与权利，营建宽松和谐的商业营运环境。商人办公司，或集股，或独办，悉听其便，全部按照商业的规律去运行，不能以官场的法则去

约束管理。

4. 在商战中要大力提倡商学

他批评那种认为商学是简单贸易技巧的思想，指出商务极博，涉及很多的知识领域，需要专门钻研，需要专门的具有商业智慧的人才。他认为，中国不缺乏聪明才智之士，可惜的是这些人士长期形成了重视修身、不肯讲求技艺的陋习，不肯深入探索自然科学知识，总以为工商界人士所做的是谋利取巧之事，身上充满了铜臭味，不屑于与他们打交道。

一方面是商务的复杂精深，另一方面是聪明才智之士不屑从事商务，面对这种情况，设立商学势在必行。唯有如此，才会教育聪明才智之士成为商业人才，在商战中纵横驰骋。郑观应提倡务实之学。务实之学是相对于当时形而上学的空洞学问而言的。长期以来旧有的中国教育对于西方的格致之学的忽略，导致了工商业人才的缺乏，要改变这种状况必须培养精通工商业的专门人士。

郑观应眼界宽广，深悉西方经济发展的来龙去脉，所以他提倡在中国进行商战，多结合中国的具体情况，向商业发达的国家学习。郑观应在《盛世危言》中反复阐述向西方学习其先进经验，以消除国人传统妄自尊大的意识，纠正士大夫们的偏见，这在当时主张学习西方的改良主义者行列中，独树一帜。

另外，郑观应还指出商战要得天时、地利、人和，要根据不同的气候条件、地理位置、交通设施，发展有创新的技术，多种因素相结合，才可在商战中取得胜利。

7.1.3　商战思想的影响

以清末郑观应为代表的人士提出的商战思想，是我国商业史、思想史中重大的成果，对我国当时及至以后的商业、政治、经济等各方面产生了重要的影响：它开辟了一条富国强民的道路，提高了民众对商业的认识，提出了发展商业的各种措施，尝试了除军事之外的另一条抗击殖民者侵略的途径。

1. 商战思想为我国开辟了一条富国强民的道路

由于几千年封建政治体制的束缚，闭关锁国、男耕女织的社会结构模式造成了中国的衰落，落后就要挨打，鸦片战争以来，西方人凭借着洋枪洋炮，让国人明白了一个道理：闭关锁国不能强国，封建社会不能富民。那么，富民强国之路究竟应怎么走？

以郑观应为代表的商业界人士，在与外商打交道的过程中，从商业的角度对祖国的前途进行思考。他们审视时局、立足商界，对比中西方的不同，得出西方各国的先进很大程度上在于其能致力于商业，商人与商业的发达是其扩展基础的结论。洋人往往先以商业为手段进行财富掠夺，继而再进行军事进攻，商业侵略是其军事侵略的先导。正是基于这种认识，他们提出了商战思想，为中国人找到了富国强民的另一条道路：想要打败西方殖民者的侵略，使国家强大，一定要振兴商务。

这种认识体现出了"专"与"新"的特色，即专注于商业，提出了一条崭新的富国强民之路。

2. 商战思想为我国找到了一条抗击殖民者侵略的途径

面对西方列强的殖民侵略，当时各界人士都在思考应对的方法。当然最常见的是直接采取军事行动，以牙还牙，以武力把侵略者驱逐出去。但当时我国兵器的制作、军队的作战能力与装备洋枪洋炮的侵略者相比，差距很大，而且也不是短时间内能够改变的，因此，国人开始思考其他的御敌之策。

一些商业界的爱国进步人士从中国的传统文化方面入手进行思考，希望找到有效的方法。例如，受到战国时期商鞅的"耕战"思想的启发，产生了发展商业，抗击敌人的想法，提出了"商战"的口号，通过对比中西方治国政策的优劣，对商业促进国家发展的重要性进行了深入的思考。他们从西方富强国家的发展现状进行总结思考，借鉴别国的先进经验，认为我国应向先进国家学习，在进行军事备战的同时，也要发展商业，军战要与商战并举。

不论是从中国传统的文化方面思考，还是总结西方先进国家的经验，二者殊途同归，不约而同产生了发展商业、抵御外寇的观点。认为商战可以有效地抵御当时西方殖民者入侵，使中国强大起来。商战思想的产生为中国找到了除军队作战之外，另一条有效抗击殖民者侵略的途径。

3. 商战思想为工商业的发展提出了切实可行的措施

为了在商战中取得胜利，晚清人士所形成的商战思想提出了许多促进民族工商业的措施。

首先，国家要加强对商业的领导。要发挥社会各阶层的力量，调动国家的一切力量，来共同促进商业的发展。国家对商业的领导要有专门的组织机构，建议国家在六部之外，专设一商部，兼辖与外国的通商事宜。再在各府、州、县设立商务会所，处理地方上的商业事务。

其次，国家要在政策方面进行改革，来促进商业的发展。政府对国民的保护不力，是未能履行国家责任的表现，而税收不平等的政策，使中国商人失去了应有的权利。税制改革的具体措施包括裁撤厘金，加增关税等。

再次，国家要进一步扩大商贸领域，收回海关管理权，加强河海贸易，给予商人自由投资的权利，遵循商业的运行特点来进行管理。江海各埠自有轮船往来，货物荟萃，客货贸易更倍于前。可在轮船去不了的地区，则仍萧条寥寞，若能设小轮船经常在内河行驶，则众商之贩运也会多起来，生意兴隆计日可待。

最后，商业界人士要加强自身的管理和对行业的研究。要推选有能力的绅商为局董负责商务运作，定期召开会议，采取切实可行的措施，管理商业的各种事宜。要重视商业行情，采用先进的通信手段，及时了解商业信息，以便在商战中立于不败之地。

7.2 近代著名商战

引言：

鸦片战争后，西方殖民者打开了中国的大门，随之而来的是他们在商业领域内的掠夺。加工技术先进的西方产品冲击着我国传统的手工业商品市场。对此，我国商业界如何发展壮大？又如何绝地反击？

20世纪初，国家局势动荡，外资企业的不良竞争和北洋政府无序的统治，使得中国商业发展出现了严重的危机。我国的民族工商业如何在错综繁杂的环境中生存和发展？如何与北洋政府斗智斗勇？

在中国近代的商业发展历史中，我国优秀商人胸怀爱国之情、报国之志，发奋图强，他们以商业经营为手段，以强国富民、民族振兴为目标，与西方的商业侵略者和北洋政府展开了一场场的商战。

在清末和北洋政府统治时期，我国人民饱受西方列强的欺凌和军阀割据混战之苦。我国商业界人士在这种多灾多难的境况下，开始了商战救国、商战强国的奋斗，表现了商业界人士高度的爱国之情。

7.2.1　清末列强经济侵略中的商战

19世纪三四十年代，西方国家经过工业革命的洗礼，掌握了先进的生产技术。而我国长期坚守闭关锁国的政策，导致生产力低下，生产技术落后。随着鸦片战争的失败，中国这个巨大的贸易市场被西方列强蚕食瓜分，先进的生产工艺冲击着中国自给自足的传统市场。自1845年第一家外资工厂——柯拜船坞在广州建立至1894年外国在华设厂已达80余家。它们还在我国设立了各种洋行、商行，以此作为基地进行经济侵略，推销商品，掠夺原料。面对这种困境，如何使我国富强，使民族独立？我国商业界人士开始了艰苦的抵抗经济侵略的商战。

1. 基础性产业的争夺

基础性产业是国家经济的基础，对工矿业和运输业等基础性产业的争夺关系到国家的经济命脉，影响到国家的前途发展。

清末基础性产业争夺战主要是在政府领导下，以"官督商办"的方式在商业领域内展开的。从19世纪70年代开始，中国商人在政府的引领下，兴办了一批民用的工矿业和运输业。主要有1876年沈葆桢在台湾开办的基隆煤矿；1878年唐廷枢在河北开办的开平煤矿，同年李鸿章在上海筹建的机器织布局；1890年张之洞在湖北建立的汉阳铁厂等。当时美国的旗昌洋行与英国的太古洋行是势力最大的船运公司，它们相互联手制定了"齐价合同"，垄断了长江中的航运业务。在这种情况下，李鸿章主持创办上海轮船招商局（图7-2-1），聘用了唐廷枢为总办，展开抗争。唐廷枢取得朝廷的支持，获得了中央的低息贷款，依

微课

清末基础性产业争夺战——洋务兴国御外侮

❖ 图7-2-1　上海轮船招商局

靠开展漕运业务在市场上站稳脚跟。

在20年的时间里，国人先后创办了20多个基础性企业，创办资本约1 700万两白银，工人20 000余人。这些基础性产业在政府的领导下，采用"官督商办"的形式，在众多的工矿、运输及民用领域，向西方资本主义商业侵略宣战，为我国后来商业的发展起到了重要作用。

基础性产业争夺的过程，是我国商业从传统的生产方式出发，引进现代化管理的过程。例如，在轮船招商局内部管理上，唐廷枢凭借着其为外国公司做买办时积累的丰富经验，结合中国传统的生产、管理方式，根据当时的实际情况，开始对公司进行现代化管理。他们制定了科学的公司章程，公开面向社会民众招股，定期召开股商大会，讨论公司的重大措施；同时坚守诚信，定期分红、定期公示账目，调动员工的积极性；利用宣传、降价、改善服务等各种手段争夺航运业务。这些经营方法提高了我国基础性产业的竞争力，让英美船运公司倍感压力。

充分利用本土优势并取得国人支持，是清代末期基础性产业的争夺战胜利的关键。外国公司是在鸦片战争后进入我国商业市场的，从本质上来说，属于经济侵略。在最开始阶段，它们依靠先进的技术和先进的管理经验，以低成本占据市场优势。在我国工商界人士学习技术和引进先进设备，创办出自己的产业后，中国人对自己的民族产业的热爱之情也随之升温。在当时与轮船招商局竞争的美国旗昌洋行与英国太古洋行就是这样，它们失败的迹象是先从股票市场开始的。当时许多商人纷纷购进轮船招商局的股票，而导致这两家的股票大跌。太古洋行发行的面值100两的股票，到1876年跌至56两，公司已无盈利，连股息已不能按时发放。旗昌洋行的股票价值跌了三成，公司收入已不能保证公司的正常运营，其董事会在这种情况下，最终只好以220万两白银的价格把公司转卖给了轮船招商局，退出中国航运业。中国人以大量的资金购买民族产业的股票，以实际行动表明了他们对国家和民族产业的支持。

2. 民间商业市场的对抗

清末，在以政府为主导的基础性产业与列强展开争夺战的同时，民间商业也应时而起，办起了大量企业与外商争夺民间市场，来振兴国家经济。在这一时期，民间企业在纺纱、制豆饼、制茶、制糖、制药、面粉加工等各个领域内都纷纷兴起商业兴国的行动。它们在形式上仿照资本主义企业公司，吸收私人资本入股，大量引进了现代技术、设备从事生产，训练了一批批掌握近代生产技术的工人和技术人员。它们从事专门的商品生产，有明确的成本利润计算方式，工人都是招聘来的自由劳动者，企业资本也大都是由商股和私人投资所组成。这些企业在国家落后挨打的局面下奋发图强，以兴办民用工厂为基础，以市场争夺为核心，在一定程度上起到了抵制外资侵略，以商战来维护国家利益的作用。其主要表现有以下两点：

（1）民间商业利用我国的传统优势，改进技术，取长补短。造纸术曾是中国人民的伟大发明，但后来西方在这些方面的技术超过我国。1881年，英国商人在上海建立了华章纸厂，采用毛竹竿为主要原料，因工艺先进而在市场上大获其利，在纸张供应市场上占据了优势。面对这种情况，1882年，广州商人合伙建立广州造纸厂，引入先进的纸浆机，以当地价格低廉的稻草做原料，生产车间的中国师傅与英国技师相互合作，把现代的造纸技术与传统的造纸技术相结合，与外商展开了市场的争夺。发挥传统工艺，学习先进技术，中洋结合，当时我国民间商业走出了一条商战的成功之路。

见微知著　同文书局

　　清末的印刷市场，以英商美查在上海设立的点石斋石印局为代表的外资印刷企业，凭借着先进的石印技术，获得了很大的成功，对我国传统的木版雕刻技术造成了巨大的冲击，有垄断行业的势头。在这种情势下，1882年徐润、徐鸿复等商人集股在上海开办同文书局，与点石斋相抗衡。他们从两个方面做起：一是购置当时最先进的滚筒印刷机，派人到西方学习先进的石印技术；二是发挥传统印刷的优势，影印（石印）古书，先后印出《二十四史》《图书集成》等传统文化古籍，获得了广大读者的喜爱。

（2）在当时民间商业的争夺战中，中国商人表现出艰苦创业、奋发图强、顽强拼搏的精神。民间商业因资本少，往往要经过艰苦的奋斗才能在市场上立得住脚，在与外商的抗争中这一点表现得尤其突出。1866年，打铁出身的方举

图7-2-2　发昌机器厂

赞、孙英德以两百银圆的资本（相当于当时苏州洋炮局外国技工一个月的薪水）合伙开办发昌机器厂（图7-2-2）。该厂设在虹口外商船厂"老船坞"的对面，开始只有一座打铁炉四五个工人，主要业务是通过同乡关系承揽"老船坞"船用零件的打制修配。后又兼造车床、汽锤，除此之外还经营进口五金。为招揽生意，发昌厂从1873年起就开始在报纸上做广告，其中一则广告在《申报》上连续刊登了三个月。19世纪80年代末，发昌机器厂发展到300余人，拥有20多台机械设备，分设木匠、木模、翻砂、打铁、车床、水铁炉等车间，成为当时上海民族机器工业中规模较大的一家。从无到有，从小到大，发昌机器厂靠的就是奋发图强、顽强拼搏的精神。

7.2.2　北洋政府时期国家动荡中的商战

20世纪初，北洋政府统治期间，国家动荡不安，中央失控，中国商业面临着严重的危机。以棉纱产品为例，在当时中国棉纺织工业中心天津，规模最大的四家纱厂——华新、恒源、裕元和裕大纺织纱厂中，其25个大股东竟有23个是民国政府重要官员。黎元洪、徐世昌和曹锟三位民国大总统，段祺瑞和龚心湛两个政府总理，都在这些纱厂中占据了大量的股份。这些人以官僚或军阀之身，组成一群错综复杂的利益集团，投注商业，扰乱市场，攫取暴利。

与此同时，在20世纪上半叶，西方列强的商品涌入，洋面、洋布、洋火、洋盐、洋油（煤油）占领了几乎所有的国内民生市场。如上面提到的天津四大纱厂，这些纱厂由于权贵作祟，在经济高涨期当然顺风顺水，成长迅猛，而到了经济危机关口却毫无竞争力，到20世纪30年代初，四大纱厂已有三家落入日本商人之手。

在这种国家动荡的境况下，我国民族商业奋发图强，一方面要与外资商业入侵做斗争，另一方面还要与腐败的军阀政府斗智斗勇。

1. 消费市场的对峙与争夺

在之前的40多年里，外国公司已经在众多民生领域进行了大量的投资并掠夺消费市场，民族资本正是在这一前提下，靠生产成本的低廉以及对本土市场的熟悉，与外商进行着对峙与争夺。

（1）消费市场的对峙与争夺存在范围非常广泛。这一时期，在几乎所有重要的消费领域里都有中外企业对峙争夺的景象：棉纺市场上，无锡荣家、张謇等人的对手是日本的多家棉纺株式会社；纺织机械市场上，华资大隆机器厂的对手是美国萨科—洛厄尔机器厂和维定机器厂；火柴市场，刘鸿生的大中华火柴公司与瑞典火柴公司、日本铃木会社难解难分；出版市场，商务印书馆、中华书局与英资兆祥洋行势同水火；制碱与肥料市场，是天津永利制碱公司与英资卜内门和帝国化学工业之间的竞争；肥皂市场，是五洲皂药厂与英资联合利华的竞赛；水泥市场，周学熙的启新洋灰厂与日本水泥及英资青洲英妮公司打了一场长达十年的商战；钢铁市场，汉阳铁厂与日本南满株式会社难分高下。

（2）消费市场的对峙与争夺，遏制了外来侵华资本对民族商业的冲击，促进了民族商业的崛起与发展。以面粉行业为例，1910年，无锡的荣德生、荣宗敬兄弟（图7-2-3）经过两年的努力，在上海新闸桥创办了福新面粉一厂。荣宗敬在第一次股东会上表示，为了扩大生产规模，三年内自己不从厂里提一分红利，所有的钱都用来扩大再生产。为此，他多管齐下，采取了新建、租赁和收购等多种经营手段。1913年6月，他租下陷入困境的中兴面粉厂，紧接着在中兴厂的东面建起福新二厂。1914年夏，他又在福新一厂的旁边购买土地，建起福新三厂。1915年又斥巨资收购了中兴面粉厂，改名为福新四厂。至此，在上海闸北的光复路上，沿苏州河，一字排开四家荣家面粉厂，其机器的轧轧声昼夜不绝，苏州河里运麦装面的船只更是川流不息，英商所开的增裕面粉厂独占上海面粉市场景象已成过眼烟云。与荣氏兄弟相似，全国各地的商人也在面粉行业中崛起。据统计，1914—1922年，我国商人所办的面粉工厂迅速增加了108家，为1913年前20多年所建面粉厂数的2倍。

◆ 图7-2-3　荣德生（左）、荣宗敬（右）兄弟

（3）消费市场的对峙与争夺，增强了民族商业界的自信心，激发了中国人的民族自豪感。19世纪中期以后，中国国内对棉纱的需要不断增长，1913

年实际消费总额为700万担，1918年近1 200万担。同时，由于国际局势的影响，国内棉花出口减少，棉花价格下落。棉贱纱贵的结果，使棉纱业的利润成倍增长。英国、日本的外商利用这一时机在中国大肆办纱厂，几乎垄断了中国的纺织市场。

在面粉行业取得胜利的同时，荣家的棉纱工厂也同步跟进。1915年，荣宗敬在上海郊外的周家桥开建申新纱厂，购英制纺机36台。当时上海有多家英国人兴办的纱厂，还有日本的多家棉纺株式会社，申新纱厂与它们在市场上展开激烈而长期的竞争。1917年，荣宗敬买下上海一家原本由日本商人经营的纱厂，改名为申新二厂。当时荣家企业竟有气魄和能力收购日本企业，一时成了上海人津津乐道的新闻。荣氏兄弟的奋起不仅有力保护和发展我国的民族商业，还增加了商业界人士的信心与勇气。

2. 金融领域的奋起抵制

当时的商业界人士不但与外商争夺市场，还与军阀政府斗智斗勇。其中，上海的企业家们在金融领域与袁世凯政府的商业斗争就是一个典型案例。

袁世凯政府为了应付盘踞在南方的革命军，拼命扩大军费，肆无忌惮地下令其所控制的官方银行——中国银行和交通银行开动机器印钞票。1913年中国银行发行钞票只有502万元，1915年猛增到3 844万元。交通银行更多，1914年钞票发行为893万元，1915年增到4 729万元。钞票发行过多，势必引起银行的信誉动摇，引起市民恐慌，北京和天津地区的这两家银行的钞票持有者纷纷前往银行要求兑现。在这种情况下，北洋政府国务院为稳住金融市场，于1916年5月10日突然下令中国、交通两行停止兑现，一切存款止付。法令传到上海，中国银行上海分行采取了公开抵制。在总经理宋汉章、副经理张公权的带领下，拒绝执行法令，电复北洋政府，抗不受命。他们采取措施积极应对，进行资金调集，应对客户的提现。成功地平息了这次挤兑风潮。

在这次发生的与北洋政府之间的商战中，金融领域内商业人士展示了他们的正义与担当，同时也表现出金融领域内商战的特点。

首先，金融领域的商战要坚持金融原则，坚持客户信誉是银行立身之本的理念。银行若不能兑现，就等于失信于客户，而客户信誉是银行的立身之本，没了客户的信任，银行等于自取灭亡。前文中中国银行上海分行的宋、张二人决定拒绝执行法令，电复北洋政府："为对持票人负责，无论处在任何困难的环境中，愿尽一切力量，将库中现金兑至最后一元，始行停兑"等语，措辞激烈。

其次，金融领域的商战需要业内人士的群策群力，团结互助。在这次商战中，中银的职工团结在一起，各显其能。宋汉章在行内有实权，对外商银行有信用。张公权长于政治活动，对社会各方面和报馆也颇有联络。营业主任胡桂萝在钱业中有影响，经过他的疏通，中行才能派人到上海钱业市场做交易，各钱庄承认中行是同业，不作为普通往来户。三人各有所长，相得益彰，在这次风潮中都发挥了作用。除了银行内部人员的团结外，中国银行上海分行在这次事件中，还得到了银行业内10多家其他银行的帮助，借贷了200万元，尤其在兑换的关键时期，上海的一些银行开会议决，委托其他银行接济中行。众多银行界人士在关键时刻，伸手援助，不仅稳定了客户的心理，而且也坚定了中行工作人员坚持到最后的信心。

最后，金融商战中要坚持有利、有节、有理的原则。面对政府的无理政令，宋汉章、张公权和他的同仁一方面寻找相关的法律依据，使抵制拒绝兑现的行为有理有节，同时建立组织取得商界人士的支持，使局面尽可能地向有利的方向发展。为此，中国银行联合银行界的著名人士成立中国银行商股股东联合会，副经理张公权还专程访问了南通的企业家张謇，说服张謇出任会长，并且在当时的《申报》《新闻报》等大报上登报声明，宣布上海中国银行的全部业务归商股股东联合会主持处理，承诺中国银行上海分行的存款随时可以兑现。这样既为事件的发展未雨绸缪，又消除了客户的后顾之忧。

7.3 现当代著名商战

引言：

1937年12月日本侵略者占领南京后，实行封锁政策，禁止一切粮食生活必需品和生产资料的流通。当时安徽贵池县（今池州市贵池区）一带的农村，物价飞涨，物资供应困难，紧张时，100斤的木柴只能换食盐1斤左右，老百姓的生活陷入困境。为反对敌人的封锁，解救民生危困，一种泛称为"徽州担子"的特

❖ 图7-3-1　"徽州担子"雕塑

殊商贩开始活跃在战时的大后方。他们在农村收购青麻等农产品，冒着生命危险，从城里偷购出肥皂、蜡烛、火柴、煤油、布匹等日常用品，运往乡下。

这些"徽州担子"商贩贩卖货物一律是肩挑的。为躲避敌机轰炸，他们不能走大路，专挑小路或偏僻险道。他们往往日夜兼程，或者夜间交易，来躲避兵匪抢夺和税务的敲诈。挑工大多是商贩自身，他们穿草鞋、戴斗笠、腰束长带，长带上系着汗巾和一个小草包，那是自带的午饭或点心。他们运货的工具就是一根结实的大扁担，扁担的两头是货物。他们大都结队而行，三五担、七八担一伙儿，前呼后应。这种担子商贩全靠辛苦劳动赚取微薄利润，进货和出货都受制于人，往往会遭多次盘剥。他们在国难当头之际，勇于冲破敌人封锁，为民生解困付出了血汗，有力地配合了正面战场。他们的爱国义勇可歌可泣，有诗称赞他们："日寇封江商道艰，肩挑小贩奔山间。为有物货足民用，枪弹任它爆眼前。"并为其立雕塑（图7-3-1）以纪念。

在我国现代史中，最让国人难忘的是抗日战争时期。"中华民族到了最危险的时候"，全国人民万众一心，军人、工人、学生、农民都在对日寇进行着艰苦卓绝的斗争，商业界人士也同样谱写着一篇篇抗战的乐章。在中华人民共和国的当代史中，改革开放之后，我国以市场经济建设为中心，商业在一条高速之路上飞驰。在经济全球化态势下，商战在维护国家、民族利益，实现经济稳定发展，民族振兴中起着重要的作用。

7.3.1　抗战时期民族危亡中的商战

1931年9月18日"九一八"事变后，中华民族展开了长达十四年艰苦卓绝的抗日战争，在此民族危亡之际，商界人士团结协作，进行抗日商战，发出了时代的强音。

1. 旗帜鲜明地表现出不屈服的坚定民族立场

面对日寇的侵略，爱国的商界人士在民族危亡之际，拒绝与日伪合作，保持名节，展现了威武不能屈的高风亮节。1937年秋，日本华北开发公司企图夺取当时中国著名的永利碱厂，由于永利碱厂当时生产的"红三角牌"纯碱在国际上影响很大，最开始他们想以收买的手段，"名正言顺"得到产权。日本公司代表几次到永利碱厂"拜访"。大谈"日中亲善"，以提供资金和技术名义进行诱骗，当时永利碱厂的负责人李烛尘大义凛然，以公司章程明文规定"必须是华籍人士才能入股"为理由拒绝。日方不肯善罢甘休，又找到另一个负责人范旭东，提出希望以巨额资金把厂子买下来。范旭东严词拒绝：厂子我不卖，你要能拿走，就拿走好了。日本军部最后恼羞成怒，拿着事先拟写好的将碱厂交日本人接办的文书，逼迫李烛尘签字。李烛尘忍无可忍，怒斥日寇：世界上哪有强盗抢了东西还要物主签字的道理，你们做强盗也太无勇气了。

在抗战期间，像李烛尘、范旭东这样的爱国商人还有很多，如上海总商会会长虞洽卿，创办《生活周刊》的邹韬奋，还有方液仙、王性尧、李康年、余芝卿、吴蕴初等，他们在国家危难之际，面对日军的威胁利诱，立场坚定，旗帜鲜明地站在民族立场，保持名节，显现了作为商人应有的骨气与高尚的节操。

2. 竭尽全力地保存民族工商业的元气与命脉

自晚清以来，中国工业大多集中在东南沿海和长江中下游流域。据学者吴晓波统计，到1937年6月，全国（东北除外）资本在1万元以上的工厂有3 935家，其中，约70％集中在上海、武汉、无锡、广州、天津等五大城市，其中仅上海就有1 235家，占总数的31％。日寇入侵后，上述地区先后全数沦陷，在此紧急情况下，能够抓紧时间实现企业西迁关乎国运商脉。

抗日战争爆发后不久，工商业的爱国有识之士审时度势，提出了工商业界战略大转移的策略，主张把临近战区的工厂设备抢拆、抢运，以迁移到后方。这样既利于战时的军事和民用需求，也可免遭日军的掠夺。这一提议得到了广大民族工商业者的响应，他们组成"上海工厂联合迁移委员会"，以上海机器厂的颜耀秋和新民机器厂的胡厥文为正、副主任。直至上海沦陷为止，共计内迁了148家工厂，带走了大量的工作母机、动力设备、专业设备及原材料，2 000多名上海的熟练工人也随同内迁。

事实说明，商业界的战略大转移的做法是正确的，仓促之间未能迁移的多数工厂在战火中遭到惨重的损失。工商业界的战略大转移为民族经济的恢复保存了力量和元气。

3. 表现出舍小家、卫国家的无私报国情怀

卢沟桥事变后，日本军部制定出了"三月灭国论"，内容是利用军舰沿着长江水路快速西进，攻克重庆。于是如何阻断长江，已成当务之急。如果靠军队在水面或沿线狙击日军，几无胜算，于是，只能沉船断流。

1937 年 8 月 12 日，爱国商界人士实施"江阴沉船计划"，计划的目的一是隔断航线，使日军战舰无法从东海攻入长江流域，二是对长江内已有的日本舰船"关门打狗"。为实施这个计划，当时国营的轮船招商局和民营的三北公司、大达公司拿出自己的轮船，共计 24 艘，凿沉在江阴黄山下游的鹅鼻嘴，其中招商局沉船 7 艘，计 1.37 万吨，占公司江海大轮总吨位的 1/4，三北和大达的沉船吨位分别为 2 万吨和 1 万吨。

1938 年 4 月，商界人士又组织第二次沉船计划，参加这次行动的除了上述的三家企业之外，还有民营的大通、民生公司，这次自凿沉船共 18 艘，总吨位为 2.5 万吨。此后，商业界人士又在镇海口、宜昌、武穴田家镇等长江水域相继实施了多次沉船计划。

这一系列惨烈的自毁行动，成功地阻止了日军通过长江快速西进的战略，使重庆等地的大后方得以保全。在这些行动中，一艘又一艘的装满乱石的船只自凿沉没，中国商业界以自己的无比悲壮而又无私的方式诠释了商战的内涵。这些长江的航运公司舍小家保国家，做出了巨大的牺牲：招商局沉船占总吨位的 40%，三北公司损去了 50%，大达公司的船只全数损失。

4. 表现出可歌可泣的英雄主义、爱国主义精神

在抗日战争期间，许多爱国商人以各种方式，表现出英雄无畏与为国献身的高尚精神，有被日寇抓获后受尽种种酷刑宁死不屈的巩天民，有为抵制日货被日伪特工杀害喋血街头的方液仙，有组织抗日义勇军怒斥日寇宁死不屈、为国捐躯的项松茂，还有为抗日反蒋杀身成仁的史量才。其中，民生公司员工的作为很具代表性。

面对日寇对华侵略，民生公司的卢作孚向公司职工表示，我们要以事业报

微课
民生公司
的宜昌抢
运——拒日
寇商人报国

效国家，要以身心尽瘁事业。我们虽然不能到前方去执干戈以卫社稷，拿起武器打敌人，当就本身职责，要努力去做一员战士，以增强抗战力量。公司职工正是怀着这种救国之情、报国之志，紧急行动起来，紧张调配船只，冒着敌人的炮火，勇敢地投身于艰苦卓绝的战时抢运之中。

在宜昌的紧急抢运中，民生公司先后有16艘轮船遭遇敌机轰炸，其经济损失巨大。有人曾问起抗战兴起以后民生公司航业经营状况，卢作孚自豪地说："这一年我们没有做生意，我们上前线去了，我们在前线冲锋，我们在同敌人拼命。"在紧急抢运中，民生公司先后有117人牺牲，76人伤残。许多船员职工冒着敌机轰炸进行抢运。有一次，"民俗"轮正在川江青石洞段航行，忽遇敌机7架轮番俯冲轰炸、扫射，烟火弥漫，血肉横飞。许多船员舍身抢救船舶和旅客，表现出高昂的爱国精神。加油工邱宝定在机舱值班，飞机轰炸时腹部中弹，血流不止，他仍忍着剧痛，坚守岗位。当船将倾、要沉没时，全体值班员没有一人离去，仍坚持岗位工作和救助旅客。大副李辉汉、引水员王炳荣、报务员陈志昌、加油工杨培之、加煤工罗绍倍等以身殉职。民生公司的职工如同在抗战前线同敌人作战的战士一样，为了挽救国家和民族危亡，英勇斗争，不怕牺牲，不少人为之献出了宝贵的生命，把一腔热血洒在了长江上。

7.3.2 改革开放以来强国之路中的商战

20世纪80年代以来，以经济建设为中心，坚持四项基本原则，坚持改革开放，中国正行走在一条强国之路上。商业领域日新月异，2021年8月的统计数据显示：《财富》世界500强企业中，中国公司的数量有143家。位列第一，超过了美国（122家）。在汽车制造行业，中国新能源汽车产销量连续多年居世界第一。在传统家电行业，冰箱、空调和电视机市场，中国的产销量居世界第一。商业的高速发展，中国公司纷纷走出国门，参与全球竞争，取得了丰硕成果。

如今，在互联网技术与全球资本的合力下，中国的制造能力、供应链以及消费水平都发生了翻天覆地的变化，我国的商业开始具备全球竞争优势，能够对标世界最先进的市场。中国出现了越来越多具有全球竞争力的工商企业。

改革开放以来，商战对我国经济的发展与稳定、民族的振兴起着重要作用，同时商战也表现出了一些新变化、新特点。

强国之路中的商战以1998年发生在中国香港的亚洲金融风暴具有代表性。这一金融风暴是乔治·索罗斯最先发动的。乔治·索罗斯是一个美国的货币投机家，股票投资者。1997年年初，索罗斯所主持的量子基金把目光盯上了亚洲的一些经济发展过热的国家，先后在泰国、日本、印尼、马来西亚、韩国、菲律宾、新加坡掠夺了大量财富。

这场金融风暴席卷东南亚之后，开始刮向中国。1998年8月5日，在刚刚回归祖国仅一年的国际金融中心中国香港，乔治·索罗斯等国际金融投机家在一天内抛售200多亿港元，矛头直指港币汇率。面对着国际金融大鳄们的疯狂进攻，8月13日，中国政府率领商界人士开始了对投机者的阻击。我国把巨额的外汇基金投入到股票市场和期货市场，与投机家直接对抗。8月28日是香港恒生指数期货的八月合约结算日，按照交易规定，这一天所有近一个月来的交易均要结算。国际投机家们手里持有的大批期货单子在这一日必须出手，能否抵得住量子基金为首的炒家这一日的进攻，是这场商战的关键，双方到了决战之际。这一天交易大厅上方的屏幕数字起伏跌宕，国际金融投机家一个个抛盘狂赌，本性全面暴露。与此相反，面对着疯狂的进攻，代表国家的香港特区政府带领众多经济界精英，则坦然面对，镇静地照单全收，挥洒自如。在这场世界瞩目的国际大商战中，港市的恒生指数岿然不动。8月28日是惊心动魄、令人荡气回肠的一天，当日成交额创下了历史的最高纪录。下午4时许，收市钟声回响在全世界，恒生指数和期货指数分别稳定在7 829点和7 851点。以索罗斯为代表的国际炒家，遭受重创，仓皇逃去。在以后的几个月内，恒生指数稳定回升。香港特区政府代表中国政府庄严宣布：在打击国际投机家，保卫股市秩序和港币稳定的战斗中，我们取得了决定性胜利。

香港金融保卫战是我国改革开放之后的一场有代表性的商战。它反映出在新时期我国强国之路中商战的新变化和新特点。

1. 改革开放以来强国之路中的商战有着复杂的国际背景

香港金融保卫战爆发前，当时全球经济局势对中国不利，各国的股市低迷，亚洲股市几被摧残，欧美金融饱受连累，美国道琼斯指数下降近8%。整个亚洲经济形势一片凋敝。1997年2月份开始，泰国政府的证券市场，泰铢对美元的汇率剧烈下降，泰国政府动用近50亿美元的外汇和200多亿的借款来进行市场干预，但效果不尽如人意，泰铢币值大幅缩水。7月2日，泰国政府在绝望中被迫放弃救市，一天之内，泰铢跌幅超过20%，居民资产缩水41%。泰国政府被迫宣布关闭58家主要金融机构，经济完全崩溃。即使是当时经济发达的国家也遭受重创。如韩国在受到金融风暴冲击的两个月内，长期坚挺的韩元疯狂贬值50%。国家财政大臣姜庆植、总统府经济首席秘书金仁诺因无法扭转经济局势而不得不黯然辞职。韩国政府不得不向美、日以及国际货币基金组织申请紧急救助，借贷了金额创全球纪录的550亿美元外债。政府向所有公务人员实施了勒紧裤腰带方案，要求公务员至少将薪水的10%存入银行，民众也把家中的金银首饰捐献出来救市。在当时金融风暴的压力下，韩国政府不得不采取措施大规模整顿市场和治理环境。30个大财阀企业中，大宇公司等16家企业惨淡退出了市场；25家大型银行中的16家沉寂消失在历史舞台上。

2. 改革开放以来强国之路中的商战要坚持党和政府的正确领导

香港回归以后，我国非常需要一个相对稳定的环境。金融危机的到来是对香港回归后，国家政府的承诺是否兑现的一个考验，它涵盖了政治、经济、军事、民生以及国家信誉度等诸多方面问题。面对着国际金融投机者们的疯狂进攻，中国政府进行统一的部署和安排，把巨额的外汇基金投入到香港，委派特区政府直接入市，在股票市场和期货市场与投机家直接对抗。中国政府掷地有声：不惜一切成本，保证人民币的坚挺，一定要将恒生股指抬高600点。事实证明，这场正义的商战香港赢了，因为有着党和政府的正确领导与全力支持。

3. 在强国之路的商战中，经济实力的发展是取胜的关键因素

亚洲金融香港经济保卫战是经济实力的较量。在保卫战爆发前夕，香港不仅自身拥有820亿美元的外汇储备，而且身后还有中央政府1 280亿美元的外汇储备，两者相加的外汇储备量，居当年世界第一位。在这场金融商战中，中国政府投入资金1 637亿元港币，以索罗斯集团为首的国际投机家一败涂地，近24亿美元付之东流，彻底粉碎了他们企图通过港币来冲击人民币，使人民币贬值的梦想，也粉碎了他们企图把香港作为"超级提款机"的野心。

4. 改革开放以来强国之路中的商战彰显了我国民族振兴、国家崛起的大国风范

在亚洲金融保卫战中，人民币如果沦陷，不但会对中国国内经济飞速发展的

形势带来空前的灾难，而且将会给世界带来巨大的负面影响。面对当时严峻形势，早在1997年10月世界银行的年会中，中国总理朱镕基发表专场演讲，向世界人民承诺：中国将坚持人民币不贬值立场，承担稳定亚洲金融环境的历史责任。在亚洲金融风暴中，中国政府本着高度负责的态度，从维护本地区稳定和发展的大局出发，做出人民币不贬值的决定，承受了巨大压力，付出了很大代价。此战对亚洲乃至世界金融、经济的稳定和发展起到了重要作用。这次金融领域中的商战，震动海内外，有人称之为世纪之战。香港金融保卫战的成功，不仅使我国政府化被动为主动，大大提高了抵御亚洲金融风暴的能力，而且中国敢对国际大鳄说不，要求金融正义，为发展中国家和地区自立自强、防范金融风险、保障金融安全树立了可贵的经验和范例，赢得了海内外的赞许。

传承·创新·创业

齐国购鹿

春秋时期，齐国和楚国是相邻的两个大国，双方都想称霸诸侯，两国的斗争非常激烈。齐国的国君齐桓公对他的大臣管仲说："楚国地域宽广，人口众多，物产丰富，其军队又善打仗。我们讨伐楚国，恐怕力不从心。"管仲说："战胜楚国用军事行动虽然不能取得成功，但我们可以与他们展开以贸易为主的商战。大王您出高价购买楚国特产的鹿吧，这一招准管用。"

齐桓公派中大夫王邑带了两千万钱去楚国大肆搜购活鹿，收购价格高至八万钱一头。为炒作这一事件，管仲还煞有介事地对楚国的商人说："你能给我弄来二十头活鹿，我就赏赐你黄金百斤；弄来二百头，你就可以拿到千斤黄金了。"楚王听说了这件事情，对其部下说："金钱是国家赖以生存的基础，而鹿，不过是禽兽而已，楚国多的是，即使都不要也无所谓。现在齐国出那么多钱来买我们不需要的东西，这是我们楚国的福气啊！赶快发布命令，让老百姓抓紧时间捕捉活鹿，尽快把齐国手上的钱换过来！"于是楚国上下都轰动了：无论官方还是民间，无论男女老少，全民动员来捕鹿。老百姓连粮食也不种了，漫山遍野地去捕捉。

与此同时，管仲让大臣悄悄地在齐、楚两国的民间收购并囤积粮食。几个月过后，楚国靠卖活鹿赚的钱，比往常多了五倍；齐国收购囤积的余粮，也比往常多了五倍。齐桓公在管仲的建议下，又下令封闭边境，断绝与楚国的边境贸易。

由于楚国人前几个月都忙着捕鹿挣钱，粮食都没有来得及播种。结果当家中没有存粮时，楚国的粮价疯涨。半年不到，各地官府的粮库也出现空仓的现象，楚王只好派人四处买粮，但购粮的行动都被齐国截断。楚国国内没粮食吃，人们纷纷外逃，使楚国元气大伤，三年后向齐国屈服。齐国在称霸的道路上迈出了关键的一步。

在齐国打败楚国的过程中，管仲没有采用传统的兵战策略，而是巧妙利用两国贸易进行商战。通过对楚国进行针对性的贸易，在楚国民众不知不觉中，削减了其粮食供应，造成人员流失，使齐国最终兵不血刃地取得了胜利。正如郑观应在商战思想中分析的那样，兵战通过武力拒敌，使敌人容易觉察，而实行商战既避免了人员的牺牲，又可在市场竞争中无形地增加国力，削弱敌人，从而达到制胜的目的。

思考题

1. 为何我国在清代末年才形成较为完整的商战思想？在我国抗击外国侵略时，商战与兵战相比有哪些优势与劣势？

2. 在抗日战争中，商战的方式主要有哪些？在当今经济全球化的时代背景下，商战要坚守哪些原则？

3. 为什么说我国的商战以浓郁的爱国情怀为动力？请结合近现代的商界名人事迹，谈一谈如何把商业实践与热爱祖国统一起来。

专题测试

专题七
————
交互式测验

专题八

商道

学习目标

知识目标：
了解商道文化的起源和发展，熟悉商道文化的内涵与要旨。

能力目标：
能够掌握商道的核心内容并进行实践运用；能够树立正确的商业经营理念。

素养目标：
明确新时代的企业社会责任，弘扬商道文化精髓，提升综合职业素养。

本章导读：

　　"君子爱财，取之有道。"在中国的语言体系中，"道"代表着万物本源和自然规律。商业之中蕴含的规律与道义则被称为商道。两千多年来，在中华大地上，商人不计其数，商品千差万别，商业特点和商业环境不断变幻，但商业经营的道理却一以贯之，义利合一的商道要旨从来没有改变过。无数有志商人心怀国家，诚信立业，将商业实践和成功经验归纳提炼，著书立言，在后世的传承和发扬中形成中国特有的商道文化，为今天商业的发展提供了宝贵的文化财富，为当今商人的成长提供了重要的精神指引。

　　商道文化是商业经营理念与人生智慧的结晶，不仅仅被中国商人视为文化瑰宝，也越来越多地被世界所认同，进一步彰显了中华文化和中国商贸文化的独特魅力及国际影响力。

8.1 商道概述

引言:

　　古往今来，要做商人就要懂得经商之道。中国两千多年的商业发展，创造了许多的商业奇迹，也造就了众多的成功商人。从先秦古书《范子计然》到古人总结而成的《陶朱商经》，从明朝商书《士商类要》到新时代企业社会责任，文字将商人们在丰富的实践中探索出来的经商之道记录并传承了下来，形成了特有的中国商道文化。今天，让我们一起沿着前人的足迹，怀着远大的理想抱负，踏上征程，共同感悟商道文化的精髓。

　　商道，是商业经营的方法论、经验谈和商业规律的总结与提炼，是经商的道义或道理。两千多年来，中国商业的发展在世界经济发展中留下了浓墨重彩的一笔，中国商人巨贾的经商之道也精炼为世界众多成功商人经商的指导思想。中国商人们艰苦奋斗的创业历史、出道入世的经商领悟、心怀天下的雄心壮志，不断影响和规范着后世子孙的商业行为。伴随着改革开放的日益深化，新时期的现代商人在继承前人商道思想的基础上，也为商道文化注入了更多的道德血液，赋予其更多的社会责任。

8.1.1 商道文化的起源和发展

　　文以载道，在浩瀚的中华文化历史长河中，无数成功的商业人士将商业实践总结、传承、创新，形成了系统而有效的经营思想与处世之道，通过口口相传或文字记载的形式记录并保留下来，产生了独特的中国商道文化。中国传统商道文化追求的"义"，经过两千多年的发展已升华为"道"，经商的"商道"和做人的"人道"共同构成了中华商道文化体系。

微课
————
商道文化解
析：一脉相
承商道经

1. 传统商道文化的起源

　　商道文化从哪里来？商祖王亥用牛车拉出了一个商业王朝，也播撒下了传统商道文化的第一粒种子。春秋战国时期，诸子百家迎来了中国古代文化的大繁荣，在相互交流中促进了古代商业的大发展。同时期的范蠡、白圭、子贡等人进行了百花齐放的商业实践，创造了一个个商业传奇，他们的经营思想成为中国商业文明的源头活水，而那些流传下来的经典故事和被后世记载下来的如《陶朱公商训》《致富十二戒》《经商十八法》《陶朱公经商三谋三略》等商业思想总结文字，成为传统商道文化的开端和源头。

商业的发展总是与其所处的时代息息相关，时代的变化又总离不开文化和思想的引领。子贡被后人誉为中国儒商始祖，表明儒家思想与经商之道从一开始就结下了不解之缘。子贡的老师是孔子，是儒家文化的创始人。儒家思想所倡导的"利义"观，从根本上影响了人们的价值观和道德观，也直接影响了历代经商之人的商业理念和处世方式，因此，儒家文化是中国古代商道文化的另一起源。

魏晋时期，"贱商"思想逐渐盛行，在这样的社会氛围下，商业不受重视，商人地位低下，商业文化衰落。直到隋唐时期，政府抑制商业的政策和民间的贱商思想依然比较严重，阻碍了商业文明的进一步发展，这一时期流传下来的商业理论较少。明朝迎来了中国商业文化的复兴，世人对经商的态度发生了根本性改变，商人的地位提高，商业发展空前繁荣，诸多商业书籍问世。以《客商规鉴论》《士商类要》《商贾便览》《贸易须知》等为代表的商业书籍、文章，构建了明清商业伦理的基本内容体系。诚信为本，以义行商，公平交易，光明正大，诚实无欺，重恩守信，这种"取财以道，利己利人乃见本"的商道思想是经商智慧的体现，也是明清商业伦理的中心内容①，为中国商道文化注入了丰富的内涵。

2. 现代商道文化的发展

现代商道文化从传统商道文化的继承中发展而来，从孔子的"见利思义"和孟子的"先义后利"开始，古代商人们以诚实守信来处理商业业务往来，看重商人的道德自律。中国改革开放后，西方社会"适者生存"的竞争意识和"金钱至上"的社会伦理对"重义轻利"的中国传统商道文化产生了影响，"签字画押"的契约精神慢慢成为商人道德他律的一部分。

无论是改革开放初期的商人群体，还是现如今的民营企业家，一直以来所

---

① 张海英.走向大众的计然之术——明清时期的商书研究.北京：中华书局，2019.

遵循的传统商道文化，慢慢凝结成现代商道文化的丰硕果实，即企业社会责任。这是现代商道文化赋予商人群体更大的使命，是商业持续发展、良性经营的生命力之所在。

传统商道文化的发展经历了从"金钱与义务"，到如今"财富与伦理"的转变，形成了现代商道文化中的"财富伦理"观念，这体现了人性的转变和升华，展现了当今财富的真正价值："取之于民，用之于民"，也就是企业社会责任，这是商人所追求的商道文化的真谛。

<table>
<tr><td>◈ 深思启慧 ◈</td><td>儒家文化的创业经</td><td>儒家"义利"的商业追求、"人无远虑、必有近忧"的战略意识、"和气生财"的经营理念、"穷则独善其身，达则兼济天下"的责任使命，都作用于企业经营的全过程。如今，越来越多的企业遵循着儒家文化的理念，找到了创业成功的"道"，开启了财富的大门。</td></tr>
</table>

8.1.2 商道的要旨

中国商道文化内涵丰富，意蕴深远，不仅包含了经商的规律、成功的实践，更体现了处事的方法、做人的道理。无论是古代的成功商贾还是当今优秀的民营企业家，对财富的态度和对商道的坚守都是一致的，"义利合一"的经商之道始终是商业的主流，也是商道的核心要旨。

何为"义"与"利"呢？孔子认为，"义以生利，利以平民"，在义中产生利，而利是用来满足百姓生活的，这句话道出了儒家义利观的本质。明末清初的大思想家王夫之认为，"立人之道曰义，生人之用曰利。出义入利，人道不立；出利入害，人用不生。"即人的立身之本叫作正义、仁义，而满足人的生活需要的则是利益。背离了正义、仁义，只考虑个人利益，那么人就没有了立身之道，得不到社会的认可；离开利益，进入危害之中，就不能满足人的生活需要。可见，利与义对人生具有重要的作用，都是人生不可缺少的。

商业行为的本质是讲求利益的，不可避免地会带有逐利的属性；而商业行为要想取得成功，只追求利益是不行的，还需要赢得社会的认可，这样才能实现长远发展。"逐利"既是人的本性需求，也是企业的生存之本，"履义"是人高层次的主动需求，亦是成熟企业获得高质量发展的必然选择。因此，如何权衡"义""利"，是商业伦理和商道文化的核心。

信义为先，利取正途，"义利合一"是企业的理性追求和经营之本，主要体现在：有超越功利的企业目标，有推动社会发展的崇高责任感，有经世济民、兼济天下的爱国情怀；能够正确认识财富的社会属性，在财富的获得和使用过程中始终坚持最基本的道义，坚持诚信和公平公正，勤勉专注、合作共赢，以财发声、富而好德。这样，在"履义"的过程中，可以塑造良好的企业形象，赢得客户、消费者、供应商等群体的信任，具备强大的感召力，构建和谐的人际关系，获得良好的声誉，从根本上实现企业的良性发展。

8.2 商业之道

引言：

    商道融进了商业的血液中，中国商道智慧以古通今，历久而弥新。古代、近代和现代的商道是不可割裂的统一整体，一以贯之、一脉相承。只有掌握商道文化和经商规律，才能实现商业成就，走出更远的商贸之路。

中国历史上有无数商业先驱，他们以独特于当时所处社会的创新精神，研究经营之术，开创了博大精深的经世商道。纵使千百年之后，他们的思想依旧散发着经久不衰的魅力，依然可以从中寻觅到商道价值之所在。商业行为有其发展的基本规律与方法，它作用于过去、现在、未来。历代商人在商海中不断发现、掌握和创造了行之有效的经商之道和经营理念，总结归纳了商业活动遵循的准则。

8.2.1　居安思危 未雨绸缪

《书经》有云："居安思危，思则有备，有备无患。""处乎其安，不忘乎其危"。经商之人需要常怀忧患意识，常思发展之困，提前做好计划与应对措施，在危机或忧患来临之时，才能从容有效地应对，化危机为商机。著名商人范蠡就是居安思危、未雨绸缪的典型人物，他善于反其道而行之，把"旱则资舟，水则资车"的理念运用在商业经营中，防患于未然，做好万全的准备，才使经商取得成功。

企业的成长必然经历春夏秋冬的兴衰更替，因此，要对企业冬天的含义有着清醒的认识。冬天是随时会到来的，但企业可以通过奋斗来不断延长自己的生命。例如，著名企业家任正非的一个重要责任和任务就是给华为公司灌输危机意识，在组织、管理等各个层面持续变革、改进，以提升华为持续生存和发展的能力。正是基于此，华为在面对重大危机时，总能从容应对，转危为安。经过数十年的发展，华为已经成为全球领先的信息与通信技术设备企业。

8.2.2　专心致志 坚守初心

一个人要想取得辉煌的成就，要对自己所从事的职业有一种强烈的使命感，要在使命感的驱使下"从一而终"，坚守初心，始终把全部的精力专注在一件事上，全力以赴地做好做精，方能成就一番事业。那些不善于坚持的人，没有强烈使命感的人，只有"三分钟热度"的朝三暮四之人，大多注定会失败。

例如，创建于1946年的潍柴集团以振兴民族工业为己任，专注于内燃机的研发、制造、销售，是目前中国综合实力最强的装备制造集团，位列2021年中国机械工业百强企业榜首，这是潍柴动力数十年"心无旁骛攻主业"的结果，为众多企业树立了标杆。又如，享誉全球的"玻璃大王"曹德旺于1987年创办福耀集团，专注玻璃制造30余年，始终坚守"为中国人做一片自己的玻璃"的企业初心和发展目标；重视品牌经营，产品质量可靠、稳定，坚持不做第二主业，专注制胜，成为国内最具规模、技术水平较高、出口量最大的汽车玻璃生产供应商，产品"FY"商标是中国汽车玻璃行业迄今为止唯一的"中国驰名商标"。2021年9月，福耀集团荣获第四届中国质量奖，打造了行业的典范。

"生小价实多，专心财富来"。由此看来，发家致富没有固定的行业，财富也没有固定的主人。无论什么营生，只要专心致志都能成功。

8.2.3　打破常规 勇于创新

当今世界经济全球化、区域经济一体化，全世界通过经济脉络紧密地联系在一起，牵一发而动全身。变革与创新始终是推动人类社会繁荣发展向前的根本动力，是企业发展的核心，没有创新就没有核心竞争力，企业的发展离不开创新的支撑。创新的根本意义就是用于突破企业的自身局限，革除不合时宜的旧体制、旧方法，创造更多适应市场需要的新体制、新举措，走在时代潮流的前沿，赢得激烈的市场竞争。通过理论、管理、技术、产品等方面的创新，始终保持生机，激发活力，推动企业自身持续发展。

例如，著名企业海尔集团，产品销往世界160多个国家，为中国品牌树立了一面旗帜。海尔创始人张瑞敏说，"以前我们是'居安思危'，现在我们是'居危思进'，'思进'就是'创新'，一个优秀的企业或者一个优秀的人才，永远不能停止'创新'的脚步。"为适应物联网时代的发展变化，海尔深入推进人单合一的模式创新，从制造企业转型成为开放的物联网生态，将财务共享中心从传统的"交易处理者"升级为"价值创造者"，应用大数据、区块链等技术，搭建了灵活开放的财务共享服务平台、数据中台，让企业、政府、银行、客商等多方共同参与到财务共享体系建设中，解决了传统财务共享的缺乏创新等痛点。在2021年全国企业管理创新大会上，海尔集团"基于'价值共创'的生态型财务共享管理"荣获创新成果一等奖。海尔中央空调参与研发的"建筑热环境理论及其绿色营造关键技术"项目组荣获2021年国家科技进步奖二等奖。正是不断追求自我创新的使命意识，推动了海尔集团的持续发展。

变革与创新始终是推动人类社会繁荣发展的根本动力。中国要从制造大国向创新强国转变，创新是关键。然而，创新从来都不容易，这是因为：第一，创新意味着根本性的颠覆和格局的改变。一言以蔽之，即为"变"，它是全局的大变而不是局部的小变。第二，创新意味着排除万难，付出常人难以想象的努力和艰苦的劳动。在既有思维的固定模式和惯例的严重阻碍下，如果没有强有力的外在推动是不可能从内部主动发生根本性改变的，这个强有力的外在推动就是创新者本人的坚持与勇气。第三，创新意味着巨大的、不可估量的、或明或暗的风险。创新并非"一分耕耘，一分收获"，数百次的创新付出也可能会收获失败。创新者需要"天下无难事，只怕有心人"勇气和信念，需要有"台上一分钟，台下十年功"的执着和坚忍。在大数据信息时代，以小杠杆撬动商业新模式，靠持续创新的理念取得一席之地，这是企业立于不败之地的必备技能。

8.2.4　敢想敢干 敢于冒险

不入虎穴，焉得虎子。在当今这个充满着不确定性的商业领域里，没有所谓"万无一失"的发财之道，商机具有不可预见性，各种商业要素变幻莫测。在不确定的商业风险中，人的冒险精神是最稀缺的资源。万事开头难，成大事者在面临抉择时，要有勇气毫不迟疑地去迎接挑战。

例如，企业家李书福立志造车，他曾当面请命："请允许民营企业大胆尝试，允许民营企业家做轿车梦。"从零起步，由弱到强，他经历了太多创业的艰辛，却始终没有退缩，造汽车缺少技术，就从拆车、模仿起步，不断摸索、四处求教；经营管理没有人才，就自办吉利学院培养；打破惯性思维，善于抓住机会，把最初在人们眼中并不看好的吉利，打造成在全球范围内管理多个汽车品牌，聚焦于未来大交通格局的全球创新型科技企业集团，在圆中国人汽车梦同时，也为中国汽车人赢得了尊严。

李书福敢于冒险和承担风险，但不是盲目的冒险；他敢想敢干，敢于试错，为的是拥有更广阔的视野，寻求更多的机会。吉利成功收购沃尔沃，将中西两种不同类型的企业文化有机融合在一起，形成新的企业文化和经营模式，积极参与并解决全球化发展中遇到的一些关键性问题，实现协同共赢发展；从单纯的技术输入到探索出一条中国车企的技术输出之路，实现了一个里程碑式跨越。吉利闯出了一条全球化的新思路，成为中国汽车全球化进程中的获胜者和受益者。

俗话说:"没有永远不变的商情,没有一劳永逸的商机。"冒险需要破釜沉舟的勇气,是没有回头路的勇气选择。在很多时候,勇气很有理由被当作人类最美的美德,因为这种德行保证了所有其余的德行。想成功,要有勇气敢于冒险。在新时期的商人眼里,风险意味着巨大的商机,没有风险的商机是不值得谈的生意。在风险面前,冒险也许是最好的武器,或是最佳的商业策略。

8.2.5　出奇制胜 奇谋生财

出奇制胜,原是兵家之道,是指以出其不意的谋略赢取胜利。司马迁在《史记·货殖列传》中写道:"治生之正道也,而富者必用奇胜。""奇"就是使用意料不到的方法、奇妙的计谋取得胜利,不拘于常法,善于变通,能转换经营思路,调整经营策略。司马迁认为,要"人弃我取,人取我与",像白圭一样"趋时若猛兽挚鸟之发",这样方可"挽狂澜于既倒、扶大厦于将倾"。或善于借势,或经营奇物以吸引消费者,这种奇特的经营之道,启迪了无数的后世商人。

例如,南京有家老字号的店铺叫鹤鸣鞋店,产品质量好,却鲜有人光顾。为突出自己的特色,吸引顾客,老板与账房先生拟定一份特殊的广告方案:他们在市里最大的报社连续登三天的广告,第一天只登个大问号,下面写一行小字"欲知详情,请见明日本报栏";第二天照旧;第三天揭开谜底,上面写道:"三人行必有我师,三人行必有我鞋——鹤鸣皮鞋"。广告一经刊登便吸引了广大读者,鹤鸣鞋店很快家喻户晓,自此生意红火起来。他们通过消费者的好奇心理,成功地开展营销推广,打开了企业的发展之路。

相传,范蠡最初来到陶邑做生意时,由于本小利微,平日里只好做一些当地的粮盐买卖。有一天他听说吴越一带需要大批好马,意识到这是个赚钱的机会。在北方收购马匹并不难。但问题是怎么把马匹运到吴越呢?当时运输困难,路途遥远又兵荒马乱。那时北方有一个很有势力、经常贩运麻布到吴越的巨商叫姜子盾。于是，范蠡想了一个好主意，他写了一张榜文，张贴到城门口，内容是：本人新组建了一批马队，时值开业酬宾，可以免费帮人向吴越地区运送货物。不出所料，姜子盾看到榜文后很快就找到了范蠡，希望他能帮自己把麻布运到吴越。范蠡欣喜不已，爽快地答应了。就这样，范蠡与姜子盾一路同行，货物和马匹都安全到达了吴越地区。范蠡在吴越顺利地卖掉了马匹，赚了一大笔钱。

如果仅凭范蠡一个人的力量，无法将马匹运到吴越，但他善用谋略，懂得借力，不仅赚到了钱，还帮了姜子盾的忙，与之成了商场上的好朋友。

8.2.6　慧眼识珠 知人善用

不识货，难成商人；不识人，难成大商；不识己，一切皆无。"眼光独到，百里挑一"是一种商业之道。清代著名晋商李宏龄有句名言："得人者昌，政界固然，商界何独不然！"例如，清朝著名商人胡雪岩眼光独到，精于识人。在商业经营中，他以包容的心态接纳员工的不足，能用人之长，也能容人之短，不求完人，但求能人，把员工的特长发挥到了极致。刘不才是胡雪岩网罗的人才之一，在别人眼中，刘不才是个无可救药的败家子。但胡雪岩看到了刘不才缺点之外的优点，让他当大掌柜，才有了"胡庆余堂"的后话。胡雪岩完美诠释了知人善用的用人理念。

慧眼识珠、知人善用，这是"人和"的关键之处。没有人能够靠单独奋斗取得长远的成功，经营企业必须是团队作战，这是商业活动中不变的规律。

8.2.7　依法经营 信守契约

知法、懂法、守法，是每个公民应尽的义务，也是营造良好的商业环境，构建和谐社会的基本要求。市场经济是法治经济，作为市场经济主体的企业必须依法经营，凡事有法可依，违法必究是衡量一个企业是否成熟，是否实现依法治企的关键。而在具体的商业交易中，需要存在一种最基本的约定，这个约定就是契约。中国是世界上最早运用契约规范社会交往关系的国家，几千年来，契约一直是人们在社会生活各个方面建立关系的重要纽带。契约，作为完成社会功能的一种方式，有其固定的法理基础，即民间的习惯法则与相关国家法令。

商业活动的正常开展必须要接受法律约束，遵守契约精神。契约精神是商业社会最基本的文化基因。契约精神不是单方面强加或胁迫的霸王条款，而是各方在自由平等基础上的守信。当契约精神在社会中成为一种约定俗成的主流时，契约的价值才能真正得到实现。

◈ 见微知著 ◈	『契』字释义	"契"是形声字，它反映了上古时代除结绳记事之外的另一种主要记事方法——契刻记事。"契"即是刻，契约就是把双方的约定刻下来记录备忘。刻是一种动作，由这种动作产生的结果，即刻了字的东西叫契。如书契、符契等。古代符契刻字之后，会被剖为两半，交易双方各收一半以作凭证。人们常说的"契约""契纸""房契""地契"，皆是指此类作用。

8.2.8　开放合作 互利共赢

在经济全球化的时代，商业的发展必将从"单打独斗"向"团队作战"的模式转变。小到一部手机、大到一辆汽车，都有数十家或上百家的供货商合作生产。产业链越来越精密化、专业化，这使得产业链上所有生产商的联系更加紧密。中间任何一环出现问题都会造成全产业链的经济损失。而终端产品的成功销售，也会带来产业链上所有企业的"互利共赢"。商贸活动出现了更深更广的"共赢"局面。

古人云，小胜在智，大胜在德。在追求"互利共赢"的前提下，不能忘记利益相关方的诉求，也就是对社会、对国家、对世界的责任。全球化的时代，中国的"一带一路"倡议，给众多国家带来了实际的经济利益，取得的成果远远超出了预期。为了可持续发展，更需要遵循"开放合作，互利共赢"的商道法则，不以"损人利己"作为经商的手段。高瞻远瞩的商人在衡量舍得关系时，会以双方共赢原则为准绳，在买卖双方共赢的基础上实现自我的发展。

在经济全球化时代，"牵一发而动全球"的利害格局不可避免。在竞争与合作中和谐共处，舍与得、给予与收获始终是相辅相成的商道道义之所在。这要求企业在利益与道德之间找到一种平衡关系，找到利益相关各方相同的诉求点，这才是商道"互利共赢"的根本目的。

8.3　企业社会责任

引言：

舟大者任重，马骏者远驰。当代社会，企业规模越大，创造的财富价值越多，所肩负的责任与使命就越重。企业的经营活动对其所处的社会产生了很大影响，而社会发展同样也影响着企业的前进步伐。

在保持我国经济平稳健康发展的同时，实现就业稳定、民生改善、文化繁荣和生态良好的目标，离不开企业对社会责任的切实履行。优秀的企业家们深刻地认识到，用企业创造、聚集的财富回馈社会是企业实现可持续发展的必然选择。

"利义合一"是商道的核心，利是通过商道追求的财富价值，义是通过商道要达到的道德价值。权衡好利与义的关系，在拥有财富价值的同时，创造更多的社会价值，赢得社会的认可，实现企业的长足发展与社会的和谐稳定，是中国现代商道的题中应有之义。

现如今，越来越多的中国企业正在跳出以追求最大经济效益、为股东带来最大利益为主的单一经营模式，逐步成长为以追求可持续发展为企业战略目标，勇于担当社会责任的良心企业和民族品牌。

8.3.1 企业社会责任概述

企业社会责任，是时代赋予商人群体的历史使命，要求企业必须超越把利润作为唯一目标的传统商业理念，要求商人群体必须树立起正确的伦理观、财富观。承担企业社会责任是企业发展的重要内容，更是当代商人成长为优秀企业家的必由之路。

❖知识视窗❖	企业家精神	2017年，中共中央、国务院印发《关于营造企业家健康成长环境弘扬优秀企业家精神更好发挥企业家作用的意见》，该文件用36个字概括了企业家精神：爱国敬业、遵纪守法、艰苦奋斗，创新发展、专注品质、追求卓越，履行责任、敢于担当、服务社会。这是中央首次以专门文件的形式，明确企业家的社会地位和价值，增强了企业家履行社会责任的荣誉感和使命感。 2021年9月，企业家精神成为被纳入党中央批准的第一批中国共产党人精神谱系的伟大精神，进一步彰显了企业家精神的不可或缺和弥足珍贵。

1. 企业社会责任的含义

企业社会责任，是指企业在创造利润、对股东利益负责的同时，还要承担对保护和增加整个社会福利方面的义务，以获得在经济、社会、环境等多个领域的可持续发展能力，包括依法纳税、货真价实、善待员工、促进就业、保护环境、公益服务等。社会责任是企业利益与社会利益的统一，企业承担社会责任的行为，是维护企业长远利益、符合社会发展要求的一种"互利"行为，能为自身创造更为广阔的生存空间。

2. 企业社会责任的四个层次

随着时代的发展进步，企业与社会的联系日益紧密，企业社会责任的重要性更加凸显，其内涵也在进一步的充实和完善。企业社会责任主要包涵经济责任、法律责任、伦理责任、慈善责任四个层次。

（1）经济责任。这是企业最根本的社会责任，企业履行好经济责任，就是要实现销售收入最大化、成本最小化，最终实现盈利；进而要制定科学合理的战略决策，保证利益相关者的合法权益，让自己做大、做强、做久，丰富和方便人民的物质生活，从而促进国民经济的快速稳定发展。例如，泰尔重工股份有限公司自成立以来，秉承"诚信兴商、实业报国"的理念，致力于科技型、服务型高端装备制造，在国内市场占有率连续多年蝉联第一。在"精勤治业、追求卓越"的经营过程中，它通过构建多维度的薪酬福利、激励分配体系，让每个股东、每个员工都能共享公司的发展成果。泰尔重工股份有限公司先后获得了百余项殊荣，它的"信用管理为企业发展'保驾护航'"事迹入选2021年全国"诚信兴商十大案例"。

（2）法律责任。企业在追求经济责任的同时必须要遵守法律法规，完成合同义务，诚信经营、合法经营，引导和教育全体员工遵纪守法，才能得到政府和社会的支持和认可，这是企业应该履行的法律责任。例如，作为中国客车领先企业，宇通客车股份有限公司严抓制度建设，提高信用级别，严格履行合约，获得了 AEO^① 认证。受新冠肺炎疫情影响，客车行业外需不足、运输成本上涨，宇通坚持信守承诺，努力克服口岸运力紧张的困难，改用火车拉客车的方式，按时履行了国外百余辆客车的订单任务，维护了企业信誉，树立了中国企业的良好形象。

（3）伦理责任。也称道德责任，是社会对企业的期望，是高于法律责任的一种道德要求，如企业应避免不正当的行为，不能因自己的运营活动、产品及服务而给社会造成不良的消极影响；同时应加大科技创新，增大企业吸纳就业的能力，推动绿色发展，为环境保护和社会安定尽职尽责。例如，白象食品股份有限公司是一家以生产销售优质面制品为主的综合性食品企业，也是一家充满人文关怀的企业。公司主动承担社会责任，广泛吸纳残疾人就业，其济宁分公司有残疾职工237人，占员工总数的1/3。它还花费大量资金对生产线和生活区域进行无障碍改造，提供物质支持和精神鼓励，让这些"自强员工"享受与普通员工同等的福利待遇，感受到公司的关爱。

（4）慈善责任。这是企业最高层次的社会责任，是企业自主自愿承担，量力而行非强制性的一种责任，在扶贫济困、助教助学、助弱助残、灾难救助等方面奉献自己应有的力量，弥补社会事业发展的不足，推动精神文明建设，这

---

① AEO 是指经认证的经营者（Authorized Economic Operator）。

也是当今优秀企业家所追求和倡导的责任担当。例如，2021年7月，河南遭遇特大水灾，鸿星尔克实业有限公司不顾自身连年亏损的不利发展处境，毅然捐赠5 000万元物资；在同年10月的山西洪涝灾害中，再次捐赠2 000万元物资，这些心怀国家、主动担当，倾囊相助、奉献社会的善举，铸就了鸿星尔克的企业信用品牌，为国货品牌树立了时代榜样。

3. 企业的财富伦理观

"商人道德的核心就是财富——合法、合乎道义地取得财富，然后是合理、合乎道义地使用和分配财富。在这一过程中，财富既是商人群体的功利价值，同时也是商人群体的道德价值。"[①]商人群体在分享着改革开放的巨大红利之时，能否自觉担当起社会责任，是社会能否和谐稳定发展的因素之一。

好的企业与伟大的企业两者之间最大的差别在于：好的企业提供优秀的产品和服务，为它的顾客创造价值，进而使企业获利；伟大的企业除了为自己的顾客提供优秀的产品和服务外，它还有一个更为重要的积极责任，即通过企业的自觉让这个社会变得更加美好。

无论是"边赚钱边行善"，还是"先行善再赚钱"，企业要想更好地承担起社会责任，商人群体身上就要流淌着道德责任的血液。与道德责任背道而驰的商业行为，绝对不会行之久远，必将导致满盘皆输的结果。企业遵循道德要求，规范自身行为，用行动实现社会的期望，不仅不会增加企业的负担和压力，反而会提升企业的竞争力与影响力，帮助企业树立良好的声誉和形象，从而增强员工的凝聚力和投资者的信心，使企业更加容易地吸引到所需要的优秀人才，实现企业的道德价值。

《四留铭》上记载："留有余，不尽之巧以还造化；留有余，不尽之禄以还朝廷；留有余，不尽之财以还百姓；留有余，不尽之福以还子孙。"留余的精神朴素且高尚，留余的价值历久而弥新。如今，要积极营造企业家健康成长的环境，弘扬优秀企业家精神，使商人群体能够树立正确的财富伦理观，敢于承担助力社会发展进步的责任。

---

① 郭丽双，曲直.商人道德决定中国未来.太原：山西人民出版社，2008，P258.

8.3.2　企业社会责任的承担方式

两千多年前，范蠡于十九年间"三散其财"造福社会，子贡和白圭经商致富后都投资教育事业，这三人可以说是中国古代商人"履行社会责任"的最早范本。如今，企业社会责任是"雷锋精神"传承的现代彰显，也是实现中华民族伟大复兴的有力支柱。

1. 依法纳税守法律

依法纳税是每个企业和公民应尽的责任，企业作为纳税的重要主体之一，在取得经济利益的同时，更应自觉承担社会责任，带头遵纪守法。一个依法纳税的企业，必定是合法经营、诚信经营的企业；一个依法纳税的企业，必定是脚踏实地、追求卓越的企业。企业在依法纳税的同时，也应该依法保障员工的合法利益不受侵害，带领员工遵守所有法律法规，自觉接受社会和公众的监督，维护社会和谐稳定。

2. 关爱员工聚心力

经营企业，最关键的因素是员工，一家企业要想获得长远发展，就要认识到员工的所思所想，就要给予员工与其付出等值的回报，只有让员工在薪资待遇上得到满足，员工们的心与力才能更好凝聚起来，才能更有劲头地努力工作。例如，华为在员工待遇方面提出了不让"雷锋"白白付出的人才培养原则。华为创始人任正非认为，知识是一种珍贵的资本要素，如果掌握知识的人愿意把知识奉献出来，那么企业就应该给予其对等甚至超额的回报。正是因为秉承着这种理念，华为留住了人才，获得了成功。而有些企业的领导人，在企业利益与员工利益之间没有看清因果关系，虽然企业获得了巨大的短期利益，却失了人心，直接后果就是导致企业发展限于停滞。

3. 绿色环保促发展

企业和公众对环境保护的重视，已经从"关注"转到"行动"上来。"同呼吸、共命运"是人们共同的追求，这必然要求企业付出实际行动改善企业经营方式。生态文明背景下的企业应全方位地贯彻生态环保观念，节约资源、保护环境，才能为社会所承认、法律所允许、市场所接受。实践证明，绿色企业、生态产品更受社会欢迎，生态责任提升了企业的竞争性。同时，作为碳减排的重要单元，在我国实现"碳达峰、碳中和"两个目标的过程中，企业应该有更大作为。企业和商人应该牢记，"绿水青山就是金山银山"。

4. 慈善捐助勇担当

企业慈善责任不是指捐赠数量的多少，而是强调个体价值理念与社会责任观念的契合；不是指强制性的外在心灵枷锁，而是传递一种对他人尊严感及社会稳定性的内在责任意识；不是指包办一切，越俎代庖，而是以最终使受助者自食其力为责任。从"授人以鱼"到"授人以渔"，受助人通过企业的帮助得到真实受益，使他们有能力走向更加美好的明天，成为有助于社会之人，进而有能力再去帮助更多的人，真正实现当今财富的真正价值："取之于民，用之于民"。

在脱贫攻坚和抗击新冠肺炎疫情的过程中，各地企业自觉扛起社会责任，国企、民企并肩同行，用资金技术带动农民就业创业，实现增产增收，用责任担当创造中国奇迹，为人民的生命安全提供坚实的物资保障。这既彰显了企业家们的仁爱之心和爱国情怀，也体现了现代商道的深刻内涵。

8.3.3　新时代企业的社会责任

2020年7月，习近平总书记在企业家座谈会上指出，改革开放以来，一大批有胆识、勇创新的企业家苗壮成长，形成了具有鲜明时代特征、民族特色、世界水准的中国企业家队伍。企业家要带领企业战胜当前的困难，走向更辉煌的未来，就要在爱国、创新、诚信、社会责任和国际视野等方面不断提升自己，努力成为新时代构建新发展格局、建设现代化经济体系、推动高质量发展的生力军。立足新时代、新阶段，企业的社会责任被赋予了新的内涵：从"双碳"（"碳达峰""碳中和"）战略，高质量发展，乡村振兴，共同富裕，到社会主义现代化国家建设，每一项都是国之关心，民之关切。

要承担好、履行好新时代赋予的社会责任，企业应该有全局观和大局意识，充分认识企业社会责任对推动企业长远发展的重要作用，敢于担当，形成服务社会的思想自觉和行动自觉，自觉提升产品质量，引领科技创新，推动高质量发展；让看不见的手（市场）、看得见的手（政府）以及看不见的心（道德）协同起来，实现经济效益和社会效益的统一，推动共同富裕；自觉成为乡村振兴战略的践行者，强化人才培育、产业扶持，激发农村市场活力，提高经济效益；自觉保护环境，善待自然，构建良好商业生态，助力"双碳"目标实现。

在新的历史方位上，企业社会责任越来越成为企业生存发展的动力源和落脚点，作为企业，只有把个体的发展融入中华民族伟大复兴的实践中，以更大的担当精神、更大的使命愿景、更大的家国情怀、更大的创造精神去履行社会使命，才会有更大的舞台和发展空间，才能行得更稳，走得更远。

传承·创新·创业 ··

"三分掌柜，七分伙计"乔致庸的创新管理之道

乔致庸，近代著名商人，因家庭变故而临危受命，弃文从商，怀抱以商救民，以商富国的梦想重整家业，最终实现了"货通天下、汇通天下"的夙愿，成就了一代晋商传奇。

乔致庸刚接手家族产业时，就发现了经营问题：有责任心的优秀员工要离职，又有很多伙计不敬业，对店铺的声誉和利益都不关心，长此以往必然影响店铺的发展，必须要改变。通过细致的观察和分析，乔致庸找到了问题的根源：原来按照已有的制度，只有掌柜级别的人才有资格分红。普通伙计因此积极性低，工作懈怠。于是，乔致庸决定进行股份制改革，规定学徒满4年以上的，愿意留下来就给一厘股份。让每一个员工都持有一定比例的股份，普通伙计除了每月领取一份基本工资外，每年还有分红的机会。这样大家都把店铺当成自己的产业，尽心尽力为店铺的利益着想，店铺的生意越来越红火，实现了企业与员工的双赢。

乔致庸是企业员工持股的开创者。他的做法在当时的晋商中引起了极大的轰动，所有人都不能理解，给每个伙计都分红，东家的收入不是就变少了吗？甚至有人联合其他晋商一起抵制乔致庸。然而乔致庸不仅没有被打败，反而成

了晋商中的领军人物。

乔致庸能够取得这么大的成就，靠的是敢于改革创新的勇气与魄力，靠的是对经营之道的精准把握。他爱才惜才，懂得取舍，富有远见，知道"三分掌柜，七分伙计"的益处，明白只有合作才能共赢、才能行稳致远的商道精神。

商贸活动中的商道精神是什么？是不断地打破、改变、革新。这意味着在态度上不迟疑、不抱怨、不守旧；在思想上有思考、有朝气、有远见；在行动上肯付出、肯拼搏、肯牺牲；在勇气上敢抛弃、敢打破、敢探索；在性格上不服输、不甘心、不后悔。这就是现代商人的"英雄本色"，他们的辉煌不是偶然的现象，是古往今来商道精神的必然体现，是新时代商人践行企业家精神的必然结果，更是"脚踏实地、追求卓越"精神的最好诠释。

思考题

1. 商道的要旨是什么？
2. 如何理解企业的财富价值与道德价值之间的关系？
3. 企业的社会责任包含哪几个层次？分别体现在哪些方面？

专题测试

专题八

交互式测验

参考文献

［1］ 马克思.资本论（1—3卷）［M］.2版.北京：人民出版社，1963.

［2］ 范文澜.中国通史（1—3册）［M］.北京：人民出版社，2004.

［3］ 郭沫若.中国史稿（1—2册）［M］.北京：人民出版社，1976.

［4］ 翦伯赞.中国史纲要（修订本）［M］.北京：人民出版社，2006.

［5］ 刘泽华，等.中国古代史（上下）［M］.北京：人民出版社，1979.

［6］ 金景芳.中国奴隶社会史［M］.上海：上海人民出版社，1983.

［7］ 傅筑夫.中国经济史资料（秦汉三国编）［M］.北京：中国社会科学出版社，1982.

［8］ 尹进.中国古代商品经济与经济管理研究［M］.武汉：武汉大学出版社，1991.

［9］ 童书业.中国手工业商业发展史［M］.上海：中华书局，2005.

［10］ 吴慧.中国古代商业史（1—2册）［M］.北京：中国商业出版社，1983.

［11］ 吴慧.中国古代商业政策十二讲（上册）［M］.北京：中国商业出版社，1981.

［12］ 李浚源，任乃文.中国商业史［M］.北京：中央广播电视大学出版社，1985.

［13］ 林文益.中国商业简史［M］.北京：中国展望出版社，1985.

［14］ 余鑫炎.中国商业史［M］.北京：中国商业出版社，1987.

［15］ 张一农.中国商业简史［M］.北京：中国财政经济出版社，1989.

［16］ 李浚源.中国商业史［M］.北京：中央广播电视大学出版社，1985.

［17］ 郭蕴静.清代商业史［M］.沈阳：辽宁人民出版社，1994.

［18］ 赵靖，张守军.中国商业思想史稿［M］.北京：中国商业出版社，1990.

［19］ 沈光耀.中国古代对外贸易史［M］.广州：广东人民出版社，1985.

［20］ 彭信威.中国货币史［M］.上海：上海人民出版社，2007.

［21］ 萧清.中国古代货币史［M］.北京：人民出版社，1984.

［22］余鑫炎.商业经济学（第1—2章）［M］.北京：中国财政经济出版社，2003.

［23］郭冬乐.中国商业理论前沿［M］.北京：社会科学文献出版社，2000.

［24］余鑫炎.简明中国商业史［M］.北京：中国人民大学出版社，2009.

［25］吴慧.中国古代商业［M］.北京：中国国际广播出版社，2010.

［26］王婉芳.中国商贸与文化传承［M］.北京：中国人民大学出版社，2015.

［27］王忆萍，等.中华老字号的故事［M］.济南：山东画报出版社，2012.

［28］三糊涂.有味的传统文化课［M］.北京：中国广播电视出版社，2012.

［29］张明来，等.中国古代商业文化史［M］.济南：山东大学出版社，2015.

［30］谭志浩.论语商道［M］.广州：广东经济出版社，2014.

［31］钱穆.中国经济史［M］.北京：北京联合出版公司，2014.

［32］刘迎胜.丝绸之路［M］.南京：江苏人民出版社，2014.

［33］芮乐伟·韩森.丝绸之路新史［M］.张湛，译.北京：北京联合出版公司，2015.

［34］李剑农.中国古代经济史稿［M］.武汉：武汉大学出版社，2011.

［35］苏士梅.中国近现代商业广告史［M］.开封：河南大学出版社，2006.

［36］侯晓盼.方寸故事——中国近代商标艺术［M］.重庆：重庆大学出版社，2009.

［37］朱和平.中国古代包装艺术史［M］.北京：人民出版社，2016.

［38］王茹芹.中国商路［M］.北京：高等教育出版社，2017.

［39］周建松，章金萍.中国金融文化［M］.北京：高等教育出版社，2017.

［40］司马迁.史记（全四册）精——中华国学文库/简体横排/三家注［M］.北京：中华书局，2011.

［41］吴晓波.浩荡两千年（中国企业公元前7世纪—1869年）［M］.北京：中信出版社，2017.

［42］吴晓波.激荡三十年：中国企业1978—2008（十年典藏版套装）［M］.北京：中信出版社，2017.

［43］胡雪岩.红顶商人胡雪岩经营处世谋略［M］.王秋萍，译.北京：当代世界出版社，2005.

［44］王保民，王智，范爱明．晋商翘楚乔致庸用人、经商、处世之道［M］．北京：清华大学出版社，2006.

［45］孙力科．任正非传［M］．杭州：浙江人民出版社，2017.

［46］《环球人物》杂志社．商道［M］．北京：现代出版社，2016.

［47］张立娜．老干妈创始人陶华碧：我不坚强，就没得饭吃［M］．北京：华文出版社，2016.

［48］茅于轼．中国人的道德前景［M］．广州：暨南大学出版社，2008.

［49］黄文锋．企业家精神［M］．北京：中国人民大学出版社，2018.

［50］郭丽双，曲直．商人道德决定中国未来［M］．太原：山西人民出版社，2009.

［51］雷蕾．千秋商祖范蠡全传［M］．武汉：华中科技大学出版社，2010.

［52］安之忠，林锋．端木子贡：儒商始祖［M］．北京：当代世界出版社，2013.

［53］刘亚丽，王瑞芬，陈文慧．晋商五百年·商贵望族［M］．太原：山西教育出版社，2014.

［54］翟玉忠．中国商道：中国商人的长生久富之道［M］．北京：中央编译出版社，2012.

［55］赵耀华．商贾奇谋：财富背后的传奇［M］．北京：中国经济出版社，2013.

［56］马银春．商人也要懂点哲学［M］．北京：中国商业出版社，2012.

［57］马银春．商人也要知道点历史［M］．北京：中国商业出版社，2012.

［58］费正清．美国与中国［M］．张理京，译．北京：世界知识出版社，1999.

［59］夏东元．郑观应全集（上）［M］．上海：上海人民出版社，1982.

［60］马华珩，姬世法．商战谋略［M］．北京：中国财政经济出版社，1999.

［61］刘刚，李冬君．中国政治思想通史·近代卷［M］．北京：中国人民大学出版社，2014.

［62］李玉．创业先驱：范旭东大传［M］．北京：中华工商联合出版社，1998.

［63］清秋子．中国人能做到：民国实业家卢作孚［M］．南京：凤凰出版

社，2010.

[64] 齐大之，任安秦.百年浮沉——近代中国民族工商业的发展道路〔M〕.
北京：中国广播电视出版社，1991.

[65] 吴晓波.跌荡一百年：中国企业：1870—1977.上〔M〕.北京：中信出
版社，2014.

[66] 文昊.民国的金融大亨〔M〕.北京：中国文史出版社，2013.

[67] 卢作孚.一桩惨淡经营的事业——民生实业公司.见：卢作孚自述.合
肥：安徽文艺出版社，2013.

[68] 徐盈.当代中国实业人物志〔M〕.上海：上海中华书局，1984.

[69] 中国人民政治协商会议天津市委员会文史资料委员.近代天津十大实
业家〔M〕.天津：天津人民出版社，1999.

[70] 王法德.商战兵法：用《孙子兵法》谋略赢"一带一路"商战〔M〕.
北京：中国财政经济出版社，2017.

[71] 赵富海.商都老字号〔M〕.郑州：河南人民出版社，2009.

[72] 张继焦，丁惠敏，黄忠彩.中国"老字号"企业发展报告〔M〕.北京：
社会科学文献出版社，2011.

[73] 孔清溪，陈宗楠，朱斌杰.品牌重塑〔M〕.北京：中国市场出版社，
2012.

[74] 杨秉强.鲁商历史与文化〔M〕.青岛：青岛出版社，2016.

[75] 杨伯峻.论语译注〔M〕.北京：中华书局，2006.

[76] 黎红雷.儒家商道智慧〔M〕.北京：人民出版社，2017.

[77] 任芳.品人生：邵逸夫——中华首善的百年传奇〔M〕.西安：西安电
子科技大学出版社，2015.

[78] 淞泉.商道如水〔M〕.吉林：吉林出版集团股份有限公司，2006.

[79] 李刚，李丽雯.大话豫商〔M〕.西安：陕西人民出版社，2008.

[80] 苏万益.中国商贸经典文化〔M〕.北京：中国人民大学出版社，2016.

[81] 王烨.中国古代商号〔M〕.北京：中国商业出版社，2015.

[82] 马东岐，康为民.中华商标与文化〔M〕.北京：中国文史出版社，2007.

[83] 许俊基.中国广告史〔M〕.北京：中国传媒大学出版社，2006.

[84] 杨海军.中国古代商业广告史〔M〕.开封：河南大学出版社，2005.

[85] 司马迁.史记（第三、十册）[M].北京：中华书局，2013.

[86] 中共中央文献研究室. 荣毅仁 [M]，北京：中央文献出版社，2010.

[87] 卫春回. 张謇评传 [M]，南京：南京大学出版社，2001.

[88] 彭南生. 中国近代商人团体与经济社会变迁 [M]，武汉：华中师范大学出版社，2013.

[89] 张鸽，金开诚. 古代商人与商业 [M]. 长春：吉林文史出版社，2010.

[90] 阳泉市政协文史资料委员会，《晋商史料与研究》编委会. 晋商史料与研究 [C]，太原：山西人民出版社 .1996.

[91] 袁媛. 中国商人历史地位的变迁及其原因 [J]，甘肃农业，2005（6）：61–62.

[92] 兰天祥：近代商人的社会地位及特征 [J]，宝鸡文理学院学报（社会科学版），2007（4）：54–58.

[93] 杨慧. 新时代下传统义利观的话语创新 [J]，中共济南市委党校学报，2020 年（5）：94–100.

[94] 张海英. 走向大众的计然之术——明清时期的商书研究 [M]. 北京：中华书局，2019.

主编简介

　　成光琳，博士，二级教授，享受国务院特殊津贴专家，河南省教育科学规划与评估院院长。全国商业职业教育教学指导委员会商业文化素质教育分会副主任，全国电子商务职业教育教学指导委员会商业文化传承与创新工作委员会副主任委员，中国职业技术教育学会21世纪海上丝绸之路职业教育研究会专家指导委员会专家委员。河南省高层次人才，河南省职业教育教学专家，河南省优秀教师，河南省高等学校优秀思想政治理论课教师。国家精品在线开放课程主持人，河南省高等学校精品课程、精品资源共享课程主持人。在CSSCI和中文核心等期刊发表论文30余篇；主持、参与省部级以上课题10余项；获得河南省高等教育教学成果特等奖、一等奖等省级科研成果奖10项；主编和副主编教材12本，其中主编的4本教材先后被评为"十一五""十二五""十三五"国家规划教材，1本获评教育部精品教材，2本分别获得河南省首届教材建设奖特等奖、一等奖。

　　杜柳，河南经贸职业学院学生处副处长，副教授。多年来扎根教育教学一线，多次荣获河南经贸职业学院"十佳教师""教学标兵""优秀工作者""优秀教育工作者"等荣誉称号。长期从事思政课程、传统文化课程教学和学生管理工作，在思政引导、文化建设、学生工作等方面积累了丰富经验。主编"十三五"职业教育国家规划教材一本，参与主持河南省精品在线开放课程一门。主持、参与省厅级重点课题25项，在核心期刊和专业期刊发表论文20余篇，获国家级、省级、厅级教育教学优秀研究成果奖项20余项。

图书在版编目（ＣＩＰ）数据

中国商贸文化 / 成光琳，杜柳主编. -- 2版. -- 北
京 ： 高等教育出版社，2023.7
ISBN 978-7-04-060227-2

Ⅰ．①中… Ⅱ．①成… ②杜… Ⅲ．①贸易史－中国
－高等职业教育－教材 Ⅳ．①F729.2

中国国家版本馆CIP数据核字(2023)第049488号

中国商贸文化（第二版）
ZHONGGUO SHANGMAO WENHUA

项目策划　赵　洁	策划编辑　梁　木	责任编辑　贾若曦	封面设计　赵　阳
版式设计　李彩丽	责任绘图　李沛蓉	责任校对　刘俊艳　刘丽娴	责任印制　耿　轩

出版发行	高等教育出版社	网　　址　http://www.hep.edu.cn
社　　址	北京市西城区德外大街 4 号	http://www.hep.com.cn
邮政编码	100120	网上订购　http://www.hepmall.com.cn
印　　刷	山东临沂新华印刷物流集团有限责任公司	http://www.hepmall.com
开　　本	787mm×1092mm　1/16	http://www.hepmall.cn
印　　张	16.25	版　　次　2019 年 3 月第 1 版
字　　数	270 千字	2023 年 7 月第 2 版
购书热线	010–58581118	印　　次　2023 年 7 月第 1 次印刷
咨询电话	400–810–0598	定　　价　49.50 元

本书如有缺页、倒页、脱页等质量问题，请到所购图书销售部门联系调换

版权所有　侵权必究
物 料 号　60227-00

读者意见反馈

为收集对教材的意见建议，进一步完善教材编写并做好服务工作，读者可将对本教材的意见建议通过如下渠道反馈至我社。

咨询电话　400-810-0598

反馈邮箱　gjdzfwb@pub.hep.cn

通信地址　北京市朝阳区惠新东街4号富盛大厦1座　高等教育出版社总编辑办公室

邮政编码　100029

防伪查询说明

用户购书后刮开封底防伪涂层，使用手机微信等软件扫描二维码，会跳转至防伪查询网页，获得所购图书详细信息。

防伪客服电话　（010）58582300

资源服务提示

欢迎访问中国大学MOOC平台——爱课程网（http://www.icourses.cn），以前未在本网站注册的用户，请先注册。用户登录后，在首页或"在线开放课程"频道搜索本书对应课程"中国商贸文化"即可进行在线学习。用户也可以在爱课程网主页下载移动客户端，通过该客户端进行在线学习。

授课教师如需获得本书配套教辅资源，请登录"高等教育出版社产品信息检索系统"（http://xuanshu.hep.com.cn/）搜索下载，首次使用本系统的用户，请先注册并进行教师资格认证。

全国高职高专经管论坛：101187476

高教社商贸经典文化QQ群：236533013

高教社市场营销专业教学研讨交流QQ群：20643826